Free Trade Zone and Opening Strategy of
Cultural Industries

自贸试验区
与文化产业开放战略

臧志彭　解学芳　著

知识产权出版社

全国百佳图书出版单位

图书在版编目（CIP）数据

自贸试验区与文化产业开放战略 / 臧志彭，解学芳著 . —北京：知识产权出版社，2017. 12

ISBN 978 - 7 - 5130 - 5346 - 4

Ⅰ. ①自… Ⅱ. ①臧… ②解… Ⅲ. ①自由贸易区—文化产业—产业发展—研究—中国 Ⅳ. ①G124

中国版本图书馆 CIP 数据核字（2017）第 314215 号

责任编辑：雷春丽　　　　　　　　责任出版：卢运霞

封面设计：SUN 工作室　韩建文

自贸试验区与文化产业开放战略

臧志彭　解学芳　著

出版发行：知识产权出版社 有限责任公司		网　　址：http：//www. ipph. cn	
社　　址：北京市海淀区气象路 50 号院		邮　　编：100081	
责编电话：010 - 82000860 转 8004		责编邮箱：leichunli@ cnipr. com	
发行电话：010 - 82000860 转 8101/8102		发行传真：010 - 82000893/82005070/82000270	
印　　刷：北京科信印刷有限公司		经　　销：各大网上书店、新华书店及相关专业书店	
开　　本：720mm × 1000mm　1/16		印　　张：16. 25	
版　　次：2017 年 12 月第 1 版		印　　次：2017 年 12 月第 1 次印刷	
字　　数：245 千字		定　　价：60. 00 元	

ISBN 978 - 7 - 5130 - 5346 - 4

前言 preface

　　改革开放是中国前进发展的永恒动力，是中华民族伟大复兴的必由之路，是中华文明生生不息的不竭源泉。2017 年 3 月 30 日，国务院正式印发辽宁、浙江、河南、湖北、重庆、四川、陕西七大自贸试验区的总体方案，同时发布了上海自贸试验区总体方案第三版《全面深化中国（上海）自由贸易试验区改革开放方案》，加上 2014 年 12 月国务院决定设立的广东、天津、福建三大自贸试验区，全国范围内已经形成纵贯南北、横跨东西的"1＋3＋7"的自由贸易试验区战略格局，标志着中国新一轮改革开放正式进入自由贸易试验区全面探索模式。

　　然而，具有天然的意识形态属性的文化产业是否应该开放？应该在多大程度上开放？这是一个困扰全世界很多年的难解课题。以美国为代表的少数国家主张全面自由的文化产业开放战略；与此同时，法国和加拿大面对美国强大的文化攻势却坚决主张文化例外战略。联合国教科文组织在 2001 年通过了《世界文化多样性宣言》，又在 2005 年通过了《保护和促进文化表现形式多样性公约》，主张"实现文化产品和服务的均衡流动""在可持续发展框架内整合文化"。从表面上看，美国的文化产业自由开放，美国好莱坞最大的电影公司中，哥伦比亚被日本索尼收购，福克斯被澳大利亚新闻集团收购；在流行音乐行业日本的索尼、法国的环球、德国的贝塔斯曼长期占据市场主导位置。尽管如此，美国的文化内涵其实并没有被"收购"，反而在外国资本的助力下在全世界的文化市场不断"攻城略地"。而且，在维护社会主流价值方面，美国核心的传媒企业，如《纽约时报》《华盛顿邮报》，在公司治理结构层面都设置了特殊管理股制度，将公司重大事项的绝对表决权和一票否决权牢牢控制在本国。

2017年7月，美国《财富》杂志发布了最新的世界500强排行榜。本书仔细梳理了世界500强中与文化产业紧密相关的数字创意企业，分析了中国数字创意产业在世界500强中的竞争地位。研究发现，虽然中国数字创意企业进入世界500强的数量位列全球第二，仅次于美国，但是在营业收入和利润方面，美国、韩国和日本稳居前三位，中国数字创意企业平均营业收入仅占韩的57.5%，平均利润水平仅占美国的31.3%；虽然中国数字创意产业在媒介载体环节形成了较为完善的软硬件媒介载体网络，但核心分发渠道已被美国掌控；而且中国数字创意产业在创意内容核心环节的竞争力明显不足、在产业技术开发环节更是"势单力薄"。当然，从发展趋势来看，中国与西方发达国家在文化创意产业相关领域的差距正在逐步缩小。

长期以来，以美国为代表的西方发达国家凭借其多年累积的知识产权优势、市场优势和资本优势在传统行业全球价值链中牢牢占据了高附加值的主导地位，而以中国为代表的发展中国家在嵌入传统行业全球价值链过程中，陷入了"被俘获"与"低端锁定"的劣势循环。进入21世纪以来，以美、欧、日、韩为代表的发达国家或地区正试图以控制制造业等传统行业的方法"俘获"新兴市场国家的文化产业价值链，延伸建构西方国家在文化产业全球价值链中的主导地位。鉴于制造业被长期俘获和低端锁定的历史教训，为寻求新兴产业背景下的国家主动权，2016年12月6日，商务部、国家发展和改革委员会、科技部等七部委联合下发《关于加强国际合作提高我国产业全球价值链地位的指导意见》，希望能够通过政府的制度创新推动中国产业全球价值链地位升级。然而，国内外研究证明，处于全球价值链低端的企业虽然可以采取工艺升级、产品升级、功能升级和链的升级四种路径，但是发展中国家其实很难在发达国家主导和控制的全球价值链中由低端向高端跃升，更不可能实现自动快速升级机制。归根结底，中国等新兴发展中国家的文化产业是不可能依靠建构于发达国家主导的、以制造业和传统国际贸易模式为基础的全球价值链理论获得文化产业全球价值链的主导地位，而必须突破现有全球价值链理论和升级逻辑，构建文化产业全球价值链重构的理论范式，建立文化产业全球价值链重构新型战略模式。本书借鉴战略管理经典理论，以文化产业国内价值链成熟度、文化产业全球价值链成熟度、文化产业发展成熟度三大因素为三轴坐标系，以内容创新、技术创新和制度创新为三大动力因素，构建全新的文化产业全球价值链重构战略立方体模型，提出了文化产业全球价值链重构八大新型战略模块组合，希望能够为中国文化产业全球价值链重构提供全新战略方向指引与战略路径选择。

综上所述，本书对自贸试验区文化产业开放战略研究现状进行了初步分析；对全国自贸试验区文化产业开放战略制度创新进行了全面考察；对上海自贸试验区开放制度感知效能进行了深入一线的调查研究和实证分析；对自贸试验区文化产业开放战略的对外贸易、科技创新、公司治理等战略基础，以及国家文化安全、全球竞争格局进行了深度解析；对美国、阿联酋、新加坡、欧盟、韩国、巴西、伊朗、法国、加拿大等国家及自贸区文化产业开放战略与制度创新进行了简要梳理和总结分析；提出了基于全球价值链重构的文化产业开放战略，结合自贸试验区制度创新实践，从投资、贸易、金融、科技创新、法制保障、文化安全等领域提出了文化产业开放战略路径。希望本书能够为学术界研究自贸试验区与文化产业开放战略提供有理论价值的研究成果，能够为自贸试验区主管部门提供有实践意义的政策参考。

本研究从 2013 年开展以来，华东政法大学文化产业管理硕士研究生李沛欣、崔煜、安雅洁，文化产业管理专业本科生陈钊辉、王丽君、刘伟、朱童、黄彦均等同学以及同济大学文化产业管理硕士研究生韩晓芳、盖小飞、刘芹良、李琳等同学在上海自贸试验区调研、问卷数据整理、国外资料翻译、文献资料整理分析等各项工作中作出了重要的贡献，在此特别予以感谢！

必须指出的是，限于作者的时间和能力所限，本书的研究仍然存在诸多的不足，敬请各位专家、学者批评、指正！

臧志彭　解学芳

2017 年 8 月·上海

目　录　contents

第一章　绪　论

建立强大的国际文化软实力是中华民族伟大复兴的核心内容之一。在GDP位列全球第二的基础上，如何全面提升中国的国际文化影响力成为摆在各级政府、学术界及社会各界面前至关重要的课题。中国文化产业全球化发展时代已经来临。通过自贸试验区建设，促进中国文化产业的开放发展、系统增强中国文化软实力，是一项具有重大而深远意义的改革试验。

第一节　研究背景

党的十九大报告明确提出要"推进国际传播能力建设，讲好中国故事，展现真实、立体、全面的中国，提高国家文化软实力"。十八大报告指出"文化实力和竞争力是国家富强、民族振兴的重要标志"，并且提出要"扩大文化领域对外开放，积极吸收借鉴国外优秀文化成果"。十八届三中全会《中共中央关于全面深化改革若干重大问题的决定》更是明确指出要"提高文化开放水平""培育外向型文化企业"。由此可见，对外开放已经成为中国文化产业的战略要求，文化产业"引进来"和"走出去"已经成为当前和今后很长一段时期中国文化产业发展的主旋律。

《中华人民共和国国民经济和社会发展第十三个五年规划纲要》明确提出要"创新对外传播、文化交流、文化贸易方式，在交流互鉴中展示中华文化独特魅力，推动中华文化走向世界"，"鼓励文化企业对外投资合作，推进文化产品和服务出口，努力开拓国际文化市场。积极吸收借鉴国外优秀文化成果、先进文化经营管理理念，鼓励外资企业在华进行文化科技研发和服务外包。维护国家文化安全"，"坚持社会主义先进文化前进方向，坚持以人民为中心的工作导向，坚持把社会效益放在首位、社会效益和经济效益相统一，加快文化改革发展，推动物质文明和精神文明协调发展，建设社会主义文化强国。"

2016 年 9 月，随着辽宁省、浙江省、河南省、湖北省、重庆市、四川省、陕西省 7 个自由贸易试验区（以下简称自贸试验区）的批准设立，全国已经有 11 个自贸试验区，这距离 2013 年中国（上海）自由贸易试验区（以下简称上海自贸试验区）的成立整整过去了 3 年。2017 年 3 月，国务院《政府工作报告》明确提出要"高标准高水平建设 11 个自贸试验区，全面推广成熟经验"。2017 年 3 月 31 日，国务院正式印发辽宁、浙江、河南、湖北、重庆、四川、陕西七大自贸试验区的总体方案，同时发布了上海自贸试验区总体方案第三版《全面深化中国（上海）自由贸易试验区改革开放方案》，由此，在全国范围内形成了纵贯南北、横跨东西的"1 + 3 + 7"的自由贸易试验区战略格局，标志着中国新一轮改革开放正式进入自由贸易试验区全面探索模式。

自由贸易试验区是中国新一轮改革开放的重大战略创新，文化产业的对外开放必然需要自由贸易试验区的开拓创新。2013 年 9 月正式挂牌成立的中国（上海）自由贸易试验区明确将文化服务作为六大重点开放领域之一，这一创新性举措对于提升中国文化产业全球贸易价值链地位具有重要的战略意义，是中国文化产业对接国际贸易规则、提升国际竞争力的战略突破口。而 2017 年国务院正式批复的七大自贸试验区总体方案则分别从"一带一路"文化交流与贸易、推动文化企业对外贸易与监管方式创新等多个方面对文化产业对外开放提出了规划路线和实施路径。由此可见，基于自由贸易试验区的文化产业开放已经成为"推动中华文化走向世界""建设社会主义文化强国"的重要战略举措。

然而，需要注意的是，文化产业对外开放与传统制造业对外开放有着根本的不同，文化产业不仅具有经济属性，而且具有天然的意识形态属性。纵观全球文化产业对外开放战略，可以发现，世界各国对于文化产业的对外开放至今仍然存在着相当大的战略分歧：美国主张文化产业的自由贸易，而法国和加拿大则坚定地支持"文化例外"，WTO 规则中也有专门的文化例外条款①，而且中美文化产品争端由来已久②。在上述背景下，中国文化产业的开放政策应该如何制定、开放尺度如何把握？当前中国的文化产业开放战略基础环境如何？国外有哪些比较先进与成熟的文化产业开放举措值得借鉴？特别是应该如何在美国特朗普新贸易保护主义、欧洲动荡不安等新的国际政治经济形势下进行文化产业对外开放战略的改进和完善？一系列理论和现实问题迫切需要解决，相关研究亟须加强。

第二节　研究意义

基于上述背景分析，结合当前中国自贸试验区和文化产业对外开放发展实际，本研究在理论层面和实践层面都具有重要的意义。

一、理论意义

一是将多学科领域的理论、方法、工具综合运用到文化产业开放战略研究领域，促进了学科交叉与融合发展。本研究涉及文化产业管理学、公共政策学、国际经济学、国际贸易以及管理科学与工程等诸多学科领域，是非常有探索意义的跨学科研究。

二是为自贸试验区文化产业对外开放战略理论研究提供了新的思路。本研究采用问卷调查法深入调研上海自贸试验区文化产业对外开放制度创新对企业的影响现状，从本国优势与不足、国外环境机遇与威胁等多个维度深入分析文化产业对外开放战略基础，同时深入分析美国、欧盟等国家和地区文化产业对外开放的先进经验与模式，实现客观分析与主观评价的有机整合、定性分析与定量评价的有效结合。

---

① 吴承忠，牟阳. 从 WTO 与"文化例外"看国际文化贸易规则［J］. 国际贸易问题，2013（3）：132 – 142.

② 彭岳. 贸易与道德：中美文化产品争端的法律分析［J］. 中国社会科学，2009（2）：136 – 148.

三是为适用于文化产业开放战略一般模型构建提供参考思路和研究基础。本研究通过对自贸试验区文化产业制度创新的实证研究和深入分析，尝试性构建对于中国自贸试验区文化产业开放战略具有借鉴价值的理论框架和研究思路，将在一定程度上丰富文化产业对外开放有关理论和方法。

二、实践意义

一是本研究对2013年9月上海自贸试验区成立以来的文化产业对外开放相关制度创新，以及全国各大自贸试验区文化产业对外开放的有关政策进行了全面系统梳理考察，将有助于全国自贸试验区管理部门、有关企业以及社会各界充分认识自贸试验区文化产业开放制度现状，有助于充分把握当前自贸试验区文化产业对外开放总体水平。

二是本研究对美国和欧洲等主要国家和地区的文化产业开放战略与制度进行了梳理分析，有助于管理部门有效识别自贸试验区文化产业对外开放水平与世界不同开放水平之间存在的战略与制度差异，进而帮助自贸试验区管理部门及时调整、修正与优化文化产业对外开放战略与政策。

三是本研究通过问卷调查和实地走访深入了解了上海自贸试验区文化产业对外开放制度创新现实状况，调研了文化产业对外开放制度执行过程中存在的深层次问题，有助于管理部门和社会各界更加清晰、深入地了解自贸试验区文化产业对外开放制度创新的实际情况。

四是本研究从全球价值链重构角度提出自贸试验区文化产业开放战略，从科技创新环境，投资、贸易、金融制度创新，法制保障以及国家文化安全等角度提出了多种制度创新路径，为自贸试验区文化产业对外开放战略优化提供了有价值的实践指引，有助于为国家和地方政府有关部门制定可复制、可推广的文化产业开放政策提供符合实际的参考建议，有利于为将来的中长期发展提供可参考的政策思路，同时也为全国各地自贸试验区文化产业开放战略的制定提供实践参考。

第三节　概念与定位①

一、自贸试验区基本概念

自贸试验区，全称是自由贸易试验区。关于自贸试验区，对应的英文内涵有两个，一是 Free Trade Area，即 FTA，关贸总协定（General Agreement on Tariffs and Trade，GATT）中作出了明确的界定，并且明确指出 FTA 是涉及两个及两个以上的领土国家的自贸试验区域。很明显，这样的区域并不是本研究所指的自贸试验区这一类自由贸易区。二是 Free Trade Zone，即 FTZ。上海自贸试验区官方网站的英文翻译"China（Shanghai）Pilot Free Trade Zone"，说明中国自贸试验区的内涵是指第二种自由贸易区。

关于自由贸易区（FTZ）的概念，从国际公认的界定来看，主要形成了两个层面的概念：

一是《京都公约》（1973 年）将其确定为"一国的部分领土内进入的任何货物，就其进口关税及其相关各种税负来讲，均被视为在关境以外，且免于实施惯常的海关监管制度"。

二是美国关税委员会指出，自由贸易区是一个相对独立的封闭区域，在这个区域内，凡是进入后用于再出口的商品，均视为其不流入国内市场，因而享受关税豁免政策。

结合上述定义及分析，可以认为，自贸试验区是指在领土范围内运入的货物，视为在关境以外，享受进口关税及有关税负的减免，且免于实施惯常海关监管制度的特殊区域。

二、中国自贸试验区的发展定位

截至目前，全国已经基本形成了纵贯南北、横跨东西的"1 + 3 + 7"的 11

---

① 本节要特别感谢华东政法大学文化产业管理专业硕士毕业生李沛欣在研究过程中作出的贡献。

自由贸易试验区发展战略格局。经过检索整理，本研究将中国自贸试验区的战略定位和总体目标（发展目标）进行系统梳理，形成如下汇总表格。

表1-1 中国自贸试验区的发展定位

自贸试验区	批准时间	战略定位	总体目标（发展目标）
中国（上海）自由贸易试验区	2013.9	建设目标：经过两至三年的改革试验，加快转变政府职能，积极推进服务业扩大开放和外商投资管理体制改革，大力发展总部经济和新型贸易业态，加快探索资本项目可兑换和金融服务业全面开放，探索建立货物状态分类监管模式，努力形成促进投资和创新的政策支持体系，着力培育国际化和法治化的营商环境，力争建设成为具有国际水准的投资贸易便利、货币兑换自由、监管高效便捷、法制环境规范的自由贸易试验区，为中国扩大开放和深化改革探索新思路和新途径，更好地为全国服务	
中国（天津）自由贸易试验区	2015.4	以制度创新为核心任务，以可复制、可推广为基本要求，努力成为京津冀协同发展高水平对外开放平台、全国改革开放先行区和制度创新试验田、面向世界的高水平自由贸易园区	经过三至五年改革探索，将自贸试验区建设成为贸易自由、投资便利、高端产业集聚、金融服务完善、法制环境规范、监管高效便捷、辐射带动效应明显的国际一流自由贸易园区，在京津冀协同发展和中国经济转型发展中发挥示范引领作用
中国（广东）自由贸易试验区	2015.4	依托港澳、服务内地、面向世界，将自贸试验区建设成为粤港澳深度合作示范区、21世纪海上丝绸之路重要枢纽和全国新一轮改革开放先行地	经过三至五年改革试验，营造国际化、市场化、法治化营商环境，构建开放型经济新体制，实现粤港澳深度合作，形成国际经济合作竞争新优势，力争建成符合国际高标准的法制环境规范、投资贸易便利、辐射带动功能突出、监管安全高效的自由贸易园区

续表

自贸试验区	批准时间	战略定位	总体目标（发展目标）
中国（福建）自由贸易试验区	2015.4	围绕立足两岸、服务全国、面向世界的战略要求，充分发挥改革先行优势，营造国际化、市场化、法治化营商环境，把自贸试验区建设成为改革创新试验田；充分发挥对台优势，率先推进与台湾地区投资贸易自由化进程，把自贸试验区建设成为深化两岸经济合作的示范区；充分发挥对外开放前沿优势，建设21世纪海上丝绸之路核心区，打造面向21世纪海上丝绸之路沿线国家和地区开放合作新高地	坚持扩大开放与深化改革相结合、功能培育与制度创新相结合，加快政府职能转变，建立与国际投资贸易规则相适应的新体制。创新两岸合作机制，推动货物、服务、资金、人员等各类要素自由流动，增强闽台经济关联度。加快形成更高水平的对外开放新格局，拓展与21世纪海上丝绸之路沿线国家和地区交流合作的深度和广度。经过三至五年改革探索，力争建成投资贸易便利、金融创新功能突出、服务体系健全、监管高效便捷、法制环境规范的自由贸易园区
中国（重庆）自由贸易试验区	2017.3	以制度创新为核心，以可复制、可推广为基本要求，全面落实党中央、国务院关于发挥重庆战略支点和连接点重要作用、加大西部地区门户城市开放力度的要求，努力将自贸试验区建设成为"一带一路"和长江经济带互联互通重要枢纽、西部大开发战略重要支点	经过三至五年改革探索，努力建成投资贸易便利、高端产业集聚、监管高效便捷、金融服务完善、法治环境规范、辐射带动作用突出的高水平、高标准自由贸易园区，努力建成服务于"一带一路"建设和长江经济带发展的国际物流枢纽和口岸高地，推动构建西部地区门户城市全方位开放新格局，带动西部大开发战略深入实施

续表

自贸试验区	批准时间	战略定位	总体目标（发展目标）
中国（河南）自由贸易试验区	2017.3	以制度创新为核心，以可复制、可推广为基本要求，加快建设贯通南北、连接东西的现代立体交通体系和现代物流体系，将自贸试验区建设成为服务于"一带一路"建设的现代综合交通枢纽、全面改革开放试验田和内陆开放型经济示范区	经过三至五年改革探索，形成与国际投资贸易通行规则相衔接的制度创新体系，营造法治化、国际化、便利化的营商环境，努力将自贸试验区建设成为投资贸易便利、高端产业集聚、交通物流通达、监管高效便捷、辐射带动作用突出的高水平、高标准自由贸易园区，引领内陆经济转型发展，推动构建全方位对外开放新格局
中国（浙江）自由贸易试验区	2017.3	以制度创新为核心，以可复制、可推广为基本要求，将自贸试验区建设成为东部地区重要海上开放门户示范区、国际大宗商品贸易自由化先导区和具有国际影响力的资源配置基地	经过三年左右有特色的改革探索，基本实现投资贸易便利、高端产业集聚、法治环境规范、金融服务完善、监管高效便捷、辐射带动作用突出，以油品为核心的大宗商品全球配置能力显著提升，对接国际标准初步建成自由贸易港区先行区
中国（辽宁）自由贸易试验区	2017.3	以制度创新为核心，以可复制、可推广为基本要求，加快市场取向体制机制改革、积极推动结构调整，努力将自贸试验区建设成为提升东北老工业基地发展整体竞争力和对外开放水平的新引擎	经过三至五年改革探索，形成与国际投资贸易通行规则相衔接的制度创新体系，营造法治化、国际化、便利化的营商环境，巩固提升对人才、资本等要素的吸引力，努力建成高端产业集聚、投资贸易便利、金融服务完善、监管高效便捷、法治环境规范的高水平、高标准自由贸易园区，引领东北地区转变经济发展方式、提高经济发展质量和水平

续表

自贸试验区	批准时间	战略定位	总体目标（发展目标）
中国（四川）自由贸易试验区	2017.3	以制度创新为核心，以可复制、可推广为基本要求，立足内陆、承东启西、服务全国、面向世界，将自贸试验区建设成为西部门户城市开发开放引领区、内陆开放战略支撑带先导区、国际开放通道枢纽区、内陆开放型经济新高地、内陆与沿海、沿边、沿江协同开放示范区	经过三至五年改革探索，力争建成法治环境规范、投资贸易便利、创新要素集聚、监管高效便捷、协同开放效果显著的高水平、高标准自由贸易园区，在打造内陆开放型经济高地、深入推进西部大开发和长江经济带发展中发挥示范作用
中国（陕西）自由贸易试验区	2017.3	以制度创新为核心，以可复制、可推广为基本要求，全面落实党中央、国务院关于更好发挥"一带一路"建设对西部大开发带动作用、加大西部地区门户城市开放力度的要求，努力将自贸试验区建设成为全面改革开放试验田、内陆型改革开放新高地、"一带一路"经济合作和人文交流重要支点	经过三至五年改革探索，形成与国际投资贸易通行规则相衔接的制度创新体系，营造法治化、国际化、便利化的营商环境，努力建成投资贸易便利、高端产业聚集、金融服务完善、人文交流深入、监管高效便捷、法治环境规范的高水平、高标准自由贸易园区，推动"一带一路"建设和西部大开发战略的深入实施
中国（湖北）自由贸易试验区	2017.3	以制度创新为核心，以可复制、可推广为基本要求，立足中部、辐射全国、走向世界，努力成为中部有序承接产业转移示范区、战略性新兴产业和高技术产业集聚区、全面改革开放试验田和内陆对外开放新高地	经过三至五年改革探索，对接国际高标准投资贸易规则体系，力争建成高端产业集聚、创新创业活跃、金融服务完善、监管高效便捷、辐射带动作用突出的高水平、高标准自由贸易园区，在实施中部崛起战略和推进长江经济带发展中发挥示范作用

续表

自贸试验区	批准时间	战略定位	总体目标（发展目标）
全面深化中国（上海）自由贸易试验区改革开放方案	2017.3	建设目标：到2020年，率先建立同国际投资和贸易通行规则相衔接的制度体系，把自贸试验区建设成为投资贸易自由、规则开放透明、监管公平高效、营商环境便利的国际高标准自由贸易园区，健全各类市场主体平等准入和有序竞争的投资管理体系、促进贸易转型升级和通关便利的贸易监管服务体系、深化金融开放创新和有效防控风险的金融服务体系、符合市场经济规则和治理能力现代化要求的政府管理体系，率先形成法治化、国际化、便利化的营商环境和公平、统一、高效的市场环境。强化自贸试验区改革同上海市改革的联动，各项改革试点任务具备条件的在浦东新区范围内全面实施，或在上海市推广试验	

第二章　国内外研究回顾

自贸试验区是一个极具时代意义的研究课题，从 2013 年上海自贸试验区正式成立以来，逐渐成为学术界研究的焦点。而文化产业的对外开放长期以来都是学术界、政府决策者以及国际组织始终关注的重要议题。

第一节　文化产业对外开放战略取向研究

从全球视野来看，世界各国关于文化产业是否应该对外开放的问题主要聚焦于以下三种战略取向：一是适度开放战略，二是自由贸易战略，三是文化例外与文化保护战略。

一、适度开放：文化多样性与文化开放

学术界对文化产业对外开放的研究始于文化贸易。从文化贸易的特点来看，文化产品贸易中存在着均质化效应，贸易自由化过程中有获利也有失败，文化贸易并不是所有国家都必须采取的方式。Bala & Long（2005）通过研究发现国与国之间的文化贸易不仅仅是贸易问题，还存在偏好取代的问题，在大国与小国的文化贸易中，小国的偏好会受到大国的影响，甚至有被大国偏好取代的危险[①]。而从国家层面来看，英国、日本、韩国等国家倾向于文化适度开放政策，普遍认同文化的特殊性以及民族文化保护的重要性，采取了

---

① Venkatesh Bala & Ngo Van Long. International Trade and Cultural Diversity with Preference Selection [J]. European Journal of Political Economy, 2005, (21): 143.

带有特定保护性的适度开放政策（向勇、范颖，2012）①。实际上，国际版权制度、文化多样性与文化贸易息息相关，版权制度嵌入国际贸易体系，是其重要构成，但与联合国教科文组织主张的文化多样性又容易产生冲突，即2007年开始实施的《保护和促进文化表现形式多样性公约》实际上是以国际法律的强制约束力确定了保护文化多样性的基本原则，赋予了各个缔约方采取措施避免或消除自由贸易对文化多样性带来冲击的合法性权利（Acheson & Maule，2006）②。总体来看，联合国教科文组织（United Nations Educational，Scientific and Cultural Organization，UNESCO）、国际文化政策论坛、国际文化多样性论坛等国际组织都主张保护文化多样性，反对完全的文化贸易自由化。

二、自由贸易：文化贸易带来福利增加

以美国为代表的文化自由贸易战略取向明显，认为文化同其他物品一样不存在特殊性，因此应该采取完全开放的自由贸易策略，并反对联合国教科文组织的《保护和促进文化表现形式多样性公约》，认为其假借保护文化多样性掩护贸易保护主义利益，阻碍商品与思想的自由流动（潘嘉玮，2006）③。近些年，美国文化贸易发展迅速，文化产品出口已经超过其商品和服务的出口，处于全球绝对主导地位，这离不开美国政府采取的积极的文化扩张战略（Guan，Hao & Xi，2009）④。Disdier & Head 等（2010）发现了一个有意思的现象：国外视听产品引入法国后对法国儿童起名产生了实质性影响，儿童的名字更加多样化了，并且父母的福利获得了增加，积极的文化贸易优势凸显⑤。此外，Burri（2010）指出，联合国教科文组织

---

① 向勇，范颖. 中国对外文化贸易的战略方向和政策建议 [A]. 中国对外文化贸易年度报告 (2012)[C]. 北京：北京大学出版社，2012：29.

② Acheson K &Maule C. Culture in International Trade [J]. Handbook of the Economics of Art and Culture，2006（1）：1141－1182.

③ 潘嘉玮. 加入世界贸易组织后中国文化产业政策与立法研究 [M]. 北京：人民出版社，2006：212－216.

④ Guan PQ, Hao W &Xi W. Culture Industry Policy in China and the United States：A Comparative Analysis [D]. Kennesaw State University，2009.6.

⑤ Disdier AC & Head K & Mayer T. Exposure to Foreign Media and Changes in Cultural Traits：Evidence from Naming Patterns in France [J]. Journal of International Economics，2010：80，227－336.

的文化多样性公约产生了国际化水平上的贸易与文化的分离问题，政策与决策断层的缺陷，应实现文化贸易与文化多样性的协调，最可能的路径是回归到遵循 WTO 的原则而非联合国教科文组织①，实际上是突出积极开展文化贸易的观点。与之相同的观点，认为政府文化贸易战略目标是通过海外市场的文化活动获得国家认同与国家软实力的提升，是文化外交与提升民族文化品牌的交融，是从单一的文化与贸易发展到文化贸易的复合体，同样表达出支持积极文化开放的态度（Minnaert，2014）②。有研究指出，中国的动漫产业贸易承接了国际产业转移却处于加工低端环节，亟须培育外部互补性资产，做强动漫产业集群从而实现文化贸易水平的升级（王缉慈，2008）；③蒋多与杨斋（2016）从微笑曲线切入分析中国自主研发网络游戏在全球文化贸易中的现状，虽已成功在全球化布局，但仍然处于全球价值链中的薄弱环节。④

三、文化例外：文化产品的特殊性与文化主权

20 世纪 80 年代，法国前文化部长雅克·朗提出"文化例外"（cultural exception）的概念，认为文化产品和一般的商品不同，应该在国际贸易自由化中做例外处理，允许文化贸易可以不遵循国民待遇和最惠国待遇的贸易准则。但伴随全球化的推行，托夫勒（1996）指出，文化全球化是以文化多样性为基础的，在文化问题上，即使发达国家也不一定认同全球一体化的文化而打出保护与扶持民族文化的口号来对抗极少数的文化超级大国。⑤ 拥有文化保护战略取向的典型代表是法国和加拿大，他们强调文化的特殊性，担心

---

① Burri M. Trade and Culture in International Law: Paths to (Re) Conciliation [J]. Journal of World Trade, 2010, 44 (1): 49 – 80.

② Minnaert T. Footprint or Fingerprint: International Cultural Policy as Identity Policy [J]. International Journal of Cultural Policy, 2014, 20 (1): 99 – 113.

③ 王缉慈，梅丽霞，谢坤泽. 企业互补性资产与深圳动漫产业集群的形成——基于深圳的经验和教训 [J]. 经济地理，2008 (01): 49 – 54.

④ 蒋多，杨斋. 微笑曲线中的价值链攀升之路——中国自主研发网络游戏"走出去"的第一个十年 [J]. 国际文化管理，2016 (00): 100 – 111.

⑤ 阿尔温·托夫勒，海勒·托夫勒. 创造一个新的文明 [M]. 上海：三联出版社，1996: 9.

本国、本民族文化在自由贸易（特别是美国文化）冲击下难以存活，于是加拿大提出了保护文化主权的政策，且以政府为主导，给予财政支持、基金项目支持、设定外商投资的规定与加拿大内容的规定等（Griffiths，1996）①；而美国与澳大利亚自由贸易协定作为 20 世纪 90 年代中期签订的双边自由贸易协定之一，明确纳入了数字内容自由贸易，但 Breen（2010）认为，这实际上是澳大利亚的政策制定者们未能认识到这一协议给民族文化产业带来的负面影响，即美国文化产业入侵给澳大利亚电影、电视与流行音乐产业带来的威胁。② 此外，Ding（2012）强调世界贸易组织规则下的文化例外政策，伴随联合国教科文组织的文化遗产国际法的发展而逐渐被忽视，如何平衡国际文化贸易与文化遗产保护之间的关系成为重要问题，这需要各国与国际组织的协作。③ 此外，文化产品与普通产品相比具有特殊性，基于国家文化安全的目的，应采取积极有效的文化贸易保护政策，保护本国文化安全与文化利益（Ruan & Ouyang，2010）。④ 傅才武、陈庚（2011）则侧重艺术表演行业的特殊性，提出以文化事业发展模式向公共文化服务模式转变为政策取向，确立市场手段与计划手段兼容的政策思路，完善过渡阶段的保障性政策体系，并强化投融资政策与税收政策的引导与调控作用，构建推动改革的激励性政策体系。⑤ 还有作者对中国"十五""十一五""十二五"时期的数字内容产业政策进行了定性梳理，并分析了目前影响文化产业政策的主要因素和存在问题（周城雄、周庆山，2013）。⑥

① Griffiths F. Strong and Free: Canada and the New Sovereignty [M], Canada: Stoddart, 1996: 8 – 9.

② Breen M. Digital Determinism: Culture Industries in the USA – Australia Free Trade Agreement [J]. New Media & Society, 2010, 12 (4): 657 – 676.

③ Ding, Kwok Wing James. International Trade and Cultural Heritage Conservation in Some Asian Countries: the Role of International Law and International Institutions [D]. The University of Queensland, 2012.

④ Ruan TT & Ouyang YW. Effect Analysis of Cultural Trade Barrier [J]. International Business, 2010 (5).

⑤ 傅才武，陈庚. 当代中国艺术表演行业的市场适应性问题及其对国家政策环境的特殊要求 [J]. 艺术百家，2011 (1): 11 – 16.

⑥ 周城雄，周庆山. 我国数字内容产业政策演变及分析 [J]. 学习与实践，2013 (12): 115 – 123.

第二节 自贸试验区文化产业对外开放政策研究

从自贸试验区文化产业对外开放政策内容来看，重点聚焦在投资准入、贸易开放、金融开放和税收促进四个方面的政策创新研究。

一、投资准入政策：倡导灵活与分类管理

Feng & Hsigh（2010）认为自贸区应选择合适的产业进入自贸区保税区内，促进附加值高的业务实现产业联动，提高自贸区的竞争力[①]；Tornhill（2011）研究了尼加拉瓜的自由贸易区的政策，强调其为积极吸引跨国资本进入，在自贸区内实施免税政策，大力宣传将尼加拉瓜品牌打造为跨国资本的理想目的地，在全新的自由主义框架内重组"共同利益"[②]。Dennis（1999）发现虽然加拿大在美加自由贸易协定中争取到了一定的文化例外权，但是在实际操作中，当加拿大采取保护文化产业的措施时，美国就有权对加拿大实施等量的商业报复[③]；马冉（2009）则指出 GATT1994 第 4 条电影制品特殊条款、第 3 条第 10 款将电影制品在满足第 4 条规定的具体条件下列为国民待遇的例外、第 20 条一般例外的第 a 款为保护公共道德必要措施和第 f 款为保护具有艺术、历史或考古价值的国家宝藏所采取的必要措施，都与文化产品相关联，这种灵活的承诺方式实际上为成员国提供了非常宽泛的贸易保护空间，导致许多成员国将限制外国影视节目播出时间与时长作为保护本国视听产业及意识形态安全的普遍性措施[④]。针对目前中国的制度创新，应

---

① Feng CM, Hsieh HC. An Empirical Study of Choosing the Core Industries of Free Trade Zones［C］. International Conference on Logistics Systems and Intelligent Management, Harbin, 2010：9–10.

② Tornhill S. Capital Visions Scripting Progress and Work in Nicaraguan Free–Trade Zones［J］. 2011，38（5）：74–92.

③ Browne Dennis. Canada's Cultural Trade Quandary：How Do We Resolve the Impasse?［J］. International Journal, 1999，54（3）：367–368.

④ 马冉. 论 WTO 自由贸易体制内文化政策的选择空间——兼论中国文化政策措施的建议［J］. 河南省政法管理干部学院学报，2009（02）：68–76.

有一套科学的分类管理机制，建立新的准入标准，降低准入门槛、简化登记程序，建立更加有效的准入秩序，实行出版登记和工商登记双轨制。曾令良（2010）就中美出版物市场准入案上诉机构裁决对国际贸易相关条约解释的新趋势进行了分析，指出当代意义解释法作为条约解释方法的一种新趋势，尽管确立了诸如条约术语的"一般性"和条约的"无限期"等适用的前提条件，但尚存疑问和不确定性有待于国际争端解决机构进一步澄清与发展。①

二、贸易开放政策：影响因素探究与数字化挑战

中美在文化内容开放政策问题上围绕国家文化安全展开博弈，美国利用开放战略试图向中国出口更多的文化产品与服务（Pauwelyn，2010），② 并于2011 年 3 月 19 日起按照世界贸易组织的裁决，中国对美国电影、音像、图书制品进一步开放中国文化市场。中美贸易关系是当今世界最重要的双边贸易关系，Tian & Yang（2010）通过回归分析，分析了影响文化贸易的因素与中美文化贸易逆差的原因，提出缩小中美贸易逆差的策略。Chen & Maxwell（2010）研究了 30 多年中美版权贸易协商的历史，指出在国际文化贸易的管理机制中，尊崇贸易自由化的 WTO 扮演了最为有效的角色。实际上，在数字化条件下消费者有了更多的文化产品接受渠道，文化消费方式也有所改变，产品配额制度、关税、产业补贴、内容限制等传统形式的贸易壁垒功能减弱，甚至成为摆设，但《与贸易有关的知识产权协议》（TRIPS 协议）的签署充分体现了发达国家以高水平、严格的知识产权保护作为贸易保护利器的战略（李怀亮、佟雪娜，2012）。实际上，中国的文化政策正在根据市场的行为演进而不断调整，有的学者以文化例外条款为例，探讨文化贸易壁垒的实施给中国带来的经济效应和文化效应，并对两种效应进行权衡分析，认为从保护文化主权安全的角度来看，中国需要积极推动文化贸易壁垒的实施（阮婷

---

① 曾令良. 从"中美出版物市场准入案"上诉机构裁决看条约解释的新趋势 [J]. 法学，2010（8）：12－17.

② Pauwelyn J. Squaring Free Trade in Culture with Chinese Censorship: The WTO Appellate Body Report on China－Audiovisuals，MELBOURNE JOURNAL OF INTERNATIONAL LAW，2010，119（11）：131－138 .

婷、欧阳有旺，2010）；Doyle（2012）探究了视听产业的贸易政策，对贸易自由化与文化市场开放的关键因素进行了分析，并探究其如何影响国际文化贸易形式，有助于理解文化产业开放的政策。

三、金融开放政策：困境、路径与经验借鉴

金融与文化产业的融合度愈来愈高。从现有研究来看，主要聚焦三个维度，一是强调中国文化金融创新所面临的困境，例如定价问题，文化产业链内容生产端弱势而形式生产端强势导致产业链内部结构不合理，以及知识产权抵质押制度不完备等（张扬，2014）[①]；同时，文化产业投融资渠道单一，担保与资产评估体系尚未健全，未来收益不确定性带来融资难、操作性弱的市场现状无法为中小文化企业搭建自由的多层次的融资平台。二是金融开放的路径，强调金融机构的投融资优势与新型融资平台有助于解决文化产业战略发展的融资瓶颈问题，应建立银行业与文化产业的直接融资体系，探索文化艺术品份额化交易、文化资产证券化，促进文化产业国际竞争力的提升（刘战武，2012）。[②] 三是探究国外金融开放政策，如美国文化产业的财政支持与税收优惠政策、文化基金等公共资金投融资方式，风险投资、股权融资、债券融资、国际融资、社会捐赠等市场资金投融资方式，加拿大则在连年削减联邦预算的情况下不断增加对文化产业的投入等（Wang，2003）。[③] 还有学者提出要开放金融市场，实现资金的自由流动与资本项目的自由兑换，建立起金融创新的机制（周迎洁等，2016）。[④]

四、税收促进政策：减免优惠是普遍做法

文化产业税收政策的改革是目前研究的重点。一方面，税收是制约文化产业发展的关键因素。2010 年北京政协教文卫体委员会的调研结果表明，税

[①] 张扬. 文化金融创新呼唤合理定价机制 [N]. 中国文化报，2014 – 01 – 04.

[②] 刘战武. 金融创新支持区域文化产业发展的对策 [J]. 当代经济. 2012（19）：8 – 10.

[③] Wang J. Framing Policy Research on Chinese 'Culture Industry'：Cultural Goods，Market – State Relations，and the International Free Trade Regime [C]. Workshop on Critical Policy Studies，MIT，2003；1 – 16.

[④] 周迎洁，刘小军，过晓颖. 中国自贸区服务业开放制度创新研究——基于迪拜、新加坡经验的启示 [J]. 当代经济，2016（01）：118 – 121.

收是困扰文化产业发展的七大问题之一；且目前的文化产业税收政策存在政策体系不完整与不规范、政策力度不够及新兴高端文化产业税收政策不完善等问题（王香茜，2013），① 如"营改增"之前文化产业普遍征收 3% 或 5% 的营业税，而"营改增"之后很多行业税负增加——出版业因不属于服务业提高到 13% 的税率，影视设备租赁等由 5% 上升为 17%，且存在税收优惠未覆盖全产业链、版权资产不能进行税前抵扣等诸多问题（戚骥，2013）。② 另一方面，研究强调了国际文化产业领域采用税收减免政策被认可与推广。学者们从国际视角对艺术家、税收和福利进行了研究，发现加拿大魁北克省认为艺术工作者的创新活动能够为其他行业提供同等重要的价值，因此该省一直对作家、制片人、音乐人、演艺人员等艺术从业者实行税收减免政策，并且，加拿大对文化艺术产业给予减免税收的政策正在萨斯喀彻温省、安大略省等地区得到普遍的认可和推广，爱尔兰与美国也实施所得税减免政策，德国与法国等采用收入评价法等（郭玉军等，2012）。③ 此外，学者们还提出了在文化产业领域普遍实施税收优惠的政策趋向，强调学习欧美文化产业发达国家在文化人才、文化区域与文化行业三个方面实施税收优惠政策，制定专门性优惠政策，将税收优惠作为文化产业立法的基本制度（兰相洁、焦琳，2012）。④

第三节　自贸试验区文化产业开放制度创新研究

自贸试验区在文化产业对外开放战略构建和发展过程中进行了开创性的制度创新，特别是 2013 年上海自贸试验区在文化产业开放制度创新方面进行了很多有益的探索。学者们在这方面进行了较为深入的研究，值得进行细致

---

① 王香茜. 税收政策促进文化产业发展的对策研究 [J]. 未来与发展，2013 (2)：65 - 68.
② 戚骥. 支持文化产业发展的税收政策研究 [J]. 财政研究，2013 (6)：37 - 39.
③ 郭玉军，李华成. 欧美文化产业税收优惠法律制度及其对我国的启示 [J]. 武汉大学学报（哲学社会科学版），2012 (1)：5 - 10.
④ 兰相洁，焦琳. 文化产业财税支持政策的国际比较及启示 [J]. 中国财政，2012 (15)：76 - 78.

的梳理与考察。

一、关于上海自贸试验区早期的研究

从 20 世纪 70 年代以来，西方学者对于自贸区研究的关注点主要集中在经济效益、福利效应和失业问题的评估上。Hamada（1974）[1]、Rodriguez（1976）[2]、Helena（1994）对免税区和出口加工区进行了经济学分析[3]。Carl 和 Svensson（1982）[4]、Kaz 和 Miyagiwa（1986）[5]、Tsui（1993）将关注点转移到了自贸区的福利效应分析方面[6]。Young 和 Miyagiwa（1987）关注到了自贸区形成后带来的失业问题[7]。Choudhuree 和 Adhikari（1993）则采用哈里斯 - 托达罗（HarrisTodaro）模型分析了自贸区引发的失业问题[8]。Kim（2010）在对韩国的案例研究基础上提出了自由贸易区的经济效益评估方法[9]。Pak & Ali（2011）研究指出波斯湾地区的自由贸易区着重强调海岸带的综合管理研究的方法与战略管理的计划[10]，具有一定的借鉴意义。

在上海自贸试验区之前，已有学者呼吁文化领域的自由贸易区政策。国内学者曲建（2000）研究指出，保税区的管理职能是不完整、不系统的，已

① Hamada. An Economic Analysis of the Duty – Free Zone [J]. Journal of International Economics, 1974, (4): 225 – 241.

② Rodriguez. A Note on the Economics of the Duty – Free Zone [J]. Journal of International Economics, 1976, (6): 385 – 388.

③ Johansson Helena. The Economics of the Export Processing Zones Revisited [J]. Development Policy Review, 1994, 12 (4): 387 – 402.

④ Carl, Svensson. On the Welfare Effects of a Duty – Free Zone [J]. Journal of International Economics, 1982, 13 (1/2): 45 – 64.

⑤ Kaz F, Miyagiwa. A Reconsideration of the Welfare Economics of a Free – Trade Zone [J]. Journal of Development Economics, 1986, 21: 337 – 350.

⑥ Tsui K Y. Welfare Effects and Optimal Incentive Package of Export Processing Zones [J]. Journal of International Economics, 1993 (7): 77 – 89.

⑦ Young L, Miyagiwa K F. Unemployment and the Formation of Duty – Free Zones [J]. Journal of Development Economics, 1987, 26: 397 – 405.

⑧ Choudhuree D T, Adhikari S. Free Trade Zones with Harris Todaro Unemployment. A Note on Young – Miyagiwa [J]. Journal of Development Economics, 1993, 41: 157 – 162.

⑨ Kim SK. An Analysis on Measuring the Economic Benefit of Free Trade Zones: Case Studies on Preliminary Feasibility Studies in Korea [J]. Journal of Korea Trade, 2010, 14 (2): 55 – 80.

⑩ Pak Ali, Majd F. Integrated Coastal Management Plan in Free Trade Zones, a Case Study [J]. Ocean & Coastal Mnangement, 2011, 54 (2): 129 – 136.

授权的管理职能在与有关部门协商过程中难以真正落实，造成公共服务的低效率[①]。王宗军、崔鑫等（2005）以决策支持系统为基础，提出了中国保税区发展水平综合评价指标体系，构建了集成式智能化综合评价系统的基本结构模式[②]，给出了实现技术方法及应用实例。研究指出国外实践证明，设立文化区域并赋予特殊政策，既能鼓励刺激文化产业复苏也可使得区域经济得到快速发展；据美国艺术中心报告，目前美国有 100 多个城市正在或已经划定其城市某一区域为具有税收优惠的文化区域，建议借鉴国外经验由国务院批准设立文化产业"税收特区"，在该区域内实行特殊的经济财政制度，作为文化领域的实验区（郭玉军、李华成，2012）[③]。也有学者提出在综合保税区现有框架下设立文化保税区的政策，鼓励探索多样化保税形式，从制度及法律层面明确文化保税区的功能定位，积极探索离岸生产制作中心和离岸营销展示中心建设，推进"两头在外"模式，并进行分类改革引导，大力创新监管及管理运营模式，不断提升文化保税区的功能（李小牧、王海文，2012）[④]，从而真正推动中国文化产业国际化水平与国际文化市场话语权的提升。

二、自贸试验区制度创新的有关研究

上海自贸试验区的建立为中国外贸企业的发展带来巨大的机遇，贸易政策的开放与双向投资的频繁将推动外向型企业现代企业制度的建构与中国贸易结构的优化（Guan，Fu & Li，2014）[⑤]；朱宁（2013）[⑥] 和华仁根、陈翔（2013）等研究认为，上海自贸试验区是一种平衡改革红利与把握改革风险

① 曲建.对我国保税区管理体制模式的探索［J］.特区经济.2000（12）：22–23.

② 王宗军，崔鑫，郭忠林，周庆维.中国保税区发展水平的集成式智能型综合评价系统研究［J］.中国管理科学，2005（01）：112–117.

③ 郭玉军，李华成.欧美文化产业税收优惠法律制度及其对我国的启示［J］.武汉大学学报（哲学社会科学版），2012（1）：5–10.

④ 李小牧，王海文.文化保税区：新形势下的实践与理论探索［J］.国际贸易，2012（4）：4–7.

⑤ Guan B，Fu CH，Li YW. Influences on Shanghai Free Trade Zone on China's Foreign Trade Enterprises and Countermeasures［C］. International Conference on Global Economy，Commerce and Service Science（GECSS 2014），2014：51–53.

⑥ 朱宁.上海自贸区试验改革的风险控制［N］.第一财经日报，2013–10–24（A07）.

的一项重要的制度创新，如何以试验区的方式把风险控制在可控范围内是面临的问题①。裴长洪、樊瑛（2014）②、王道军（2013）等研究都指出了对上海自贸试验区开展制度创新评估研究的重要性③。上海自贸试验区的建立对中国外商投资管理体制产生重大变革，将传统上由行政机关实施的对外国投资主体与投资行为的预审之责转由投资经营后通过司法审判中的监督与评价机制来完成，而贸易政策的开放与双向投资的频繁将推动外向型企业现代企业制度的建构与中国贸易结构的优化（王克玉，2014；④ Guan, Fu & Li, 2014⑤）。龚柏华（2014）指出为了构建与国际投资、贸易通行规则相衔接的基本制度框架，上海自贸试验区必须在投资、贸易、金融和行政等方面建立国际化、法治化的营商环境⑥。孟广文和刘铭（2011）利用模糊综合评价法、层次分析法及问卷调查方法，建立了自由贸易区综合发展水平评价模型与指标体系，以香港自由港为参照，从目标效用度、开放自由度、功能开发度与环境完善度四个方面对天津滨海新区 3 个保税区发展水平进行了总体综合评价⑦。还有学者通过定量分析验证了上海自贸试验区建设对于上海市 GDP、投资、进出口增长的促进效应，其扩区后的自贸试验区"制度红利"效应进一步扩大，即推动了制度创新在全国范围内的可复制与可推广（殷华、高维和，2017）⑧ 以及在知识产权司法制度上带来的变革（崔汪卫，2015）。⑨ 在政府管理体制上，从"正面清单"走向"负面清单"，实现了政府减权，也

① 华仁根，陈翔．上海自由贸易区为周边地区带来法律服务机遇 [J]．唯实（现代管理），2013（10）：58 - 60.

② 裴长洪．上海自贸区亟待研究十个问题 [N]．第一财经日报，2014 - 02 - 18.

③ 王道军．上海自贸区建立的基础与制度创新 [J]．开放导报．2013（05）：30 - 33.

④ 王克玉．"负面清单"模式下司法对外国公司的审判与评判——基于"自贸区"外国投资主体的维度 [J]．暨南学报（哲学社会科学版），2014（05）：10 - 17.

⑤ Guan B, Fu CH, Li YW. Influences on Shanghai Free Trade Zone on China's Foreign Trade Enterprises and Countermeasures [C]. International Conference on Global Economy, Commerce and Service Science (GECSS 2014), 2014：51 - 53.

⑥ 龚柏华．国际化和法治化视野下的上海自贸区营商环境建设 [J]．学术月刊，2014（01）：38 - 44.

⑦ 孟广文，刘铭．天津滨海新区自由贸易区建立与评价 [J]．地理学报，2011（02）：223 - 234.

⑧ 殷华，高维和．自由贸易试验区产生了"制度红利"效应吗？——来自上海自贸区的证据 [J]．财经研究，2017（02）：48 - 59.

⑨ 崔汪卫．自贸区知识产权司法保护制度的构建 [J]．中国科技论坛，2015（03）：130 - 134.

有助于扩大其开放力度和增加管理的透明度（陈爱贞、刘志彪，2014；^① 李晶，2015^②）。此外，还有学者呼吁加快制定中国自贸区法，减少地方政府的干预，给予自贸试验区管委会更多权限，推动自贸试验区法律制度和管理模式从三层级过渡到双层级，迎合自贸试验区制度创新以及其加快开放的内在属性（李猛，2017）^③。

三、自贸试验区文化产业制度创新的有关研究

多数学者认为应借助自贸试验区建设的重大历史性机遇，积极进行文化产业对外开放制度创新：试点入区企业自用文化设备享受减免税，试点允许符合条件的外商独资和合资企业、中外合作拍卖公司，在自贸试验区内从事文物拍卖业务；大力推动文化金融创新，在文化产品和服务贸易的人民币跨境使用等方面先行先试，降低企业在文化投资、制作、服务外包和合作生产等方面可能遇到的汇率风险；加快培育文化产业的跨境电子商务服务功能，进一步延伸中国文化产业在全球文化市场上的价值链、供应链和服务链；加强培育外向型文化企业，形成国际竞争力强的文化企业集群（花建，2013；^④ 2014^⑤）。同时，胡环中（2014）指出上海自贸试验区将为艺术品进出口提供最佳通道，为艺术品保税仓储、保税展示、保税交易、金融配套提供了广阔的发展空间，这同样亟须艺术品保税制度创新的跟进^⑥。此外，李猛、沈四宝（2017）指出自贸试验区现行管理制度创新取得的成绩，包括"安全高效，区内自由"的海关监管模式、跨部门综合性服务管理平台、货物分类监管制度和保税改革、外资管理负面清单制度、涉外投资备案管理等，并基于现状提出通关制度便利化、宽松外资市场准入制度、宽松外资市场准入制度、

---

① 陈爱贞，刘志彪. 自贸区：中国开放型经济"第二季"[J]. 学术月刊，2014（01）：20–28.
② 李晶. 中国（上海）自贸区负面清单的法律性质及其制度完善[J]. 江西社会科学，2015（01）：154–159.
③ 李猛. 中国自贸区法律制度的构造及其完善[J]. 上海对外经贸大学学报，2017（02）：45–60.
④ 花建. 中国对外文化贸易体系构建研究[J]. 学习与探索，2013（7）：90–95.
⑤ 花建. 上海自贸区：增强文化产业竞争力的集结号[N]. 中国文化报，2014–01–18.
⑥ 胡环中. 自贸区将成艺术品进出国门最佳通道[N]. 上海证券报，2014–01–06（008版）.

进一步开放区内金融市场等建议①；自贸试验区金融改革应向场外市场拓展，以开拓融资与股份流转渠道为抓手，加快建立迎合多元市场主体投融资需求的场外市场制度规范（刘沛佩，2017）②。还有学者研究了自贸试验区金融制度与文化贸易融合发展，强调利用自贸试验区在教育培训领域的开放政策，加大复合型文化贸易人才培养；利用自贸试验区聚集的技术与资本优势，打造具有竞争力的出口型文化产品；利用自贸试验区实施文化企业扶持政策，培育文化企业出口竞争力（王慧，2015）。③

《中国（上海）自由贸易试验区文化市场开放项目实施细则》的颁布进一步放开了外资在自贸试验区内外从事文化产品与服务经营管理的各种限制，加大了文化服务领域的开放，为上海文化产业开放与贸易发展提供契机；"离岸贸易"有助于提高文化企业的竞争力，营造多元投资者平等准入文化市场的制度环境，建立完善的文化贸易促进机制（朱晓辉、张佑林，2015）④。但目前上海自贸试验区建设更多的是依靠"政策模式"推动前行，是政策优惠程度的竞争，是保税政策的普惠制以及政策话语权的竞争（白莉华，2016）⑤。李睿源（2016）系统研究了负面清单制度的变迁，回顾了2013年版负面清单对新闻和出版业、广播影视、文化艺术及娱乐业严格的限制及禁止措施，强调了2014年版本《中国（上海）自由贸易试验区外商投资准入特别管理措施（负面清单）》的制度创新推动着文化领域的开放，并总结了2016年版《自由贸易试验区外商投资准入特别管理措施（负面清单）》的高度开放性，将清单实施范围扩容到广东、天津、福建等四个自贸试验区，并对文化产业开放度再次修订，更符合文化贸易的国际规则⑥，特别是负面清单的管理模式为上海文化贸易发展提供便利条件；还包括其他文化服务管

①　李猛，沈四宝. 中国自贸区管理制度创新现状与发展 [J]. 现代管理科学，2017 (04)：21 - 23.

②　刘沛佩. 上海自贸区证券场外市场制度建设研究 [J]. 岭南学刊，2017 (01)：84 - 89.

③　王慧. 借助上海自贸区平台拓展上海文化出口贸易的新途径 [J]. 对外经贸实务，2015 (05)：82 - 85.

④　朱晓辉，张佑林. 自贸区框架下上海文化贸易发展所面临的问题和对策研究 [J]. 浙江理工大学学报，2015. (04)：92 - 95.

⑤　白莉华. 上海自贸区法律制度的完善与构建 [J]. 法制与社会，2016 (13)：43 - 44.

⑥　李睿渊. 自贸区背景下浙江省文化贸易发展新途径 [J]. 经贸实践，2016 (12)：186 - 187.

理体制的创新，如自贸试验区内设文化审批专用窗口，提高文化产品内容审批效率；在进出境环节设立文化贸易企业专窗，提高文化产品出口效率；海关监管实现便利化，提高文化产品与相关设备的通关流程提速①。自贸试验区在服务贸易、投资、政府采购、知识产权保护、标准化等更多领域成为扩大开放的重要手段，其中在知识产权制度上，上海自贸试验区建设迫使上海加快与世界先进版权保护体系接轨，促使文化产业领域的知识产权保护体系建设的加速，实现与世界接轨（田纪鹏等，2015）②；建立完善的知识产权司法保护制度与知识产权纠纷多元化解决机制，提高自由贸易试验区知识产权司法保护标准，实现知识产权案件诉讼和非诉讼解决机制协同，作为知识产权纠纷处理的新途径（崔汪卫，2015）③。

自贸试验区文化开放制度创新仍然存在一些难点问题。自贸试验区是一种平衡改革红利与把握改革风险的一项重要的制度创新，如何以试验区的方式把风险控制在可控范围内是面临的问题（朱宁，2013）④。裴长洪（2014）指出目前自贸试验区有十个方面的问题需要研究，包括对已经出台的政策做评估，区内区外关系，海关便利化的联动机制，人民币资本项目开放，外商的认定标准与企业诚信体系培育及相关技术，后续管理的法律体系建设，电子围网监管技术体系，培训人才与积累经验的机制等，上述问题都与文化产业开放息息相关⑤。周子学（2013）明确指出与文化产业密切相关的信息产业还存在准入问题、境内关外的政策问题、税收优惠问题以及外汇管制等金融体制障碍、交易成本高、离岸金融与海关政策风险等，这些问题都有待于制度创新予以破解。⑥杜颖（2014）基于中国面临的背景与问题，指出自贸试验区要加强知识产权保护，要尽早在自贸试验区内建立知识产权一站式综

---

① 王慧. 借助上海自贸区平台拓展上海文化出口贸易的新途径 [J]. 对外经贸实务，2015 (05)：82-85.

② 田纪鹏，刘少湃，蔡萌，姚昆遗. 自贸区与文化产业发展：上海问题与国际经验 [J]. 上海对外经贸大学学报，2015 (02)：29-38.

③ 崔汪卫. 自贸区知识产权司法保护制度的构建 [J]. 中国科技论坛，2015 (03)：130-134.

④ 朱宁. 上海自贸区试验改革的风险控制 [N]. 第一财经日报，2013-10-24 (A07).

⑤ 裴长洪. 上海自贸区亟待研究十个问题 [N]. 第一财经日报，2014-02-18.

⑥ 周子学. 上海自由贸易区对我国信息产业的影响 [J]. 现代产业经济，2013 (11)：7-10.

合服务平台，设立知识产权法院的派出法庭或普通法院的知识产权法庭，为知识产权法律制度的实施提供行政保障和司法保障。① 此外，有学者指出，需要进一步加快梳理自贸试验区建设中的法律缺乏问题，理清监管机构权责和清理区中有区的现象，实现自贸试验区的发展决策与现实状况有机对接（刘璐，2017）②。宋伟哲（2017）强调法治都是上海自贸试验区推广海派文化的必由之路，将面临上海自贸试验区的法治改革问题，以及上海自贸试验区和内地的法制体系对接问题。③ 在延伸价值层面，自贸试验区对于鼓励区内文化企业与新兴互联网技术、金融投资、教育等行业相融合与跨界协作，对于开发独具特色文化产业链具有重要作用（陈迪，2016）。④

———————————

① 杜颖. 中国（上海）自由贸易试验区知识产权保护的构想 [J]. 法学，2014（1）：36–42
② 刘璐. 论述两岸自贸区法律制度的比较与借鉴 [J]. 法制与社会，2017（03）：25–26.
③ 宋伟哲. 上海自贸区海派文化推广的法治困境及发展路径 [J]. 上海市经济管理干部学院学报，2017（01）：42–49.
④ 陈迪. 韩国文化产业发展经验——对上海自贸区文化产业发展的启示 [J]. 科教文汇，2016（3）：166–167.

第三章　自贸试验区文化产业开放战略基础：制度创新现状评估

文化产业开放战略的实施，需要具备良好的战略基础环境。制度是战略基础环境中至关重要的部分。自贸试验区是当前和今后较长一段时间承载中国制度创新使命的主要载体，本章将重点对自贸试验区文化产业开放战略的制度创新基础进行梳理考察与实证评估。

第一节　文化企业"走出去"的政府扶持政策

从 2004 年开始，中国就通过文化财税政策扶持文化产品出口、鼓励文化企业进入国外文化市场。例如，《关于进一步加强和改进文化产品和服务出口工作的意见》（2005），在政策导向上表明扶持外向型文化企业出口的鲜明态度，颁布了"有关部门对书报刊、影视音像制品、电子出版物、动漫和网络游戏等文化产品和服务出口采取资助方式，对战略性投资项目给予重点支持，对企业在境外提供文化劳务获得的境外收入不征营业税"等举措。总体来看，对文化企业"走出去"的扶持力度上不大、具体扶持细则不明确。而 2006 年颁布的《关于鼓励和支持文化产品和服务出口的若干政策》（2006），改变了 2005 年的用词"加强与改进"，而鲜明提出了更为积极的"鼓励与支持"，要求"中央和省级宣传文化发展专项资金与文化走出去专项资金加大对文化产品和服务出口的支持"，除了奖励开发国际文化市场的外向型文化企业，还进一步拓宽了享受免征营业税的范围。从近期来看，2014 年实施的《推进文化创意和设计服务与相关产业融合发展的若干意见》特别强调"对国家重点鼓励的文化创意和设计服务出口实行营业税免税，对纳入增值税征收范围的国家重点鼓励的文化创意和设计服务出口实行增值税零税率或免税，对国家重点鼓励的创意和设计产品出口实行增值税零税率"的扶持举措，表明了中国推动文化创意和设计服务企业提升竞争力、进入国际主流文化市场的决心。此外，支持文化产业"走出去"的相关政策还包括，对优秀的文化出口企业、优秀出口文化产品和服务项目给予 5－15 万不等的奖励，对港澳文化交流重点项目给予经费扶持等。①

表 3－1 推动文化企业"走出去"的政府扶持政策梳理

政策名称/颁布部门/文号	政策内容要点
关于促进商业演出展览文化产品出口的通知（文外发〔2004〕54 号）	对列入《国家商业演出展览文化产品出口指导目录》的项目，文化部优先考虑派出赴国外及香港、澳门特别行政区和台湾地区执行官方交流任务一次，提供项目人员、演出道具及展品自国内离境口岸到国外及中国香港、中国澳门特别行政区和中国台湾地区第一个演出或展览目的地及自国外及香港、澳门特别行政区和台湾地区最后一个演出或展览目的地回国的部分国际往返旅运费（经济舱、海运），负担国内文化企事业单位因推广列入指导目录项目的需要而邀请的国外及香港、澳门特别行政区和台湾地区人员在华的住宿费用。项目列入指导目录并立项后，先预拨资助总额的 60% 给项目实施文化企事业单位，项目完成并验收合格后再下拨 40%
关于进一步加强和改进文化产品和服务出口工作的意见（中办发〔2005〕20 号）	中央有关部门和有条件的地方部门对书报刊、影视音像制品、电子出版物、动漫和网络游戏等文化产品和服务出口采取资助等方式予以支持。财政部会同有关部门通过现有经费渠道支持文化产品和服务出口的政策措施，进一步加大投入，对战略性投资项目给予重点支持。各地可利用中小企业国际市场开拓资金资助文化企业单位赴国外参展等相关活动，对企业在境外提供文化劳务获得的境外收入不征营业税；对纳税人在境外已缴纳所得税款，按现行有关规定抵扣

---

① 臧志彭. 中国文化产业政府补助研究［M］. 北京：中国社会科学出版社，2015.

续表

政策名称/颁布部门/文号	政策内容要点
关于鼓励和支持文化产品和服务出口的若干政策（国办发〔2006〕88号）	中央和省级宣传文化发展专项资金、文化走出去专项资金，要加大对文化产品和服务出口的支持，奖励开发国际文化市场成绩突出的企业，资助电影和音像制品的翻译、外文配音和字幕的打印制作、重点出口图书的翻译，对参加境外文化商业性演出的人员和道具的国际旅运费、参加境外博览会的场馆租金可给予一定补贴。对参加境外文化节的文化单位，可根据情况给予经费资助。利用中央外贸发展基金支持文化产品和服务出口。利用中小企业国际市场开拓资金支持文化企业在境外参展、宣传推广、培训研讨和境外投标等市场开拓活动。对企业在境外提供文化劳务取得的境外收入不征营业税，对企业向境外提供翻译劳务和进行著作权转让而取得的境外收入免征营业税，对在境外已缴纳的所得税款按现行有关规定抵扣。对从事广播影视节目在境外落地的集成播出企业，从境外取得的收入免征营业税
关于奖励优秀出口文化企业、优秀出口文化产品和服务项目的通知（文产发〔2007〕40号）	对9家优秀出口文化企业给予5-15万元奖励、对18个优秀出口文化产品和服务项目（演出、展览类）给予5-10万元奖励
对港澳文化交流重点项目扶持办法（试行）的通知（文港澳台发〔2013〕34号）	扶持领域包括演出展、人员交流、人才合作、产业贸易；每年11月30日前确定《年度对港澳文化交流重点项目》，并在文化部网站上公示后正式立项。重点项目扶持经费的使用范围主要包括：赴港澳出访项目的创作费用、策展费用、制作费用和推介费用等；人员往返港澳旅费、展品、道具等的运输费用；港澳来访项目的内地接待费用等；展品、道具等的保险费用
推进文化创意和设计服务与相关产业融合发展的若干意见（国办发〔2014〕10号）	增加文化产业发展专项资金规模，加大对文化创意和设计服务企业支持力度。对经认定为高新技术企业的文化创意和设计服务企业，减按15%的税率征收企业所得税。对国家重点鼓励的文化创意和设计服务出口实行营业税免税。落实营业税改增值税试点有关政策，对纳入增值税征收范围的国家重点鼓励的文化创意和设计服务出口实行增值税零税率或免税，对国家重点鼓励的创意和设计产品出口实行增值税零税率

第二节 上海自贸试验区文化产业
开放战略制度创新系统考察①

文化产业对外开放是上海自贸试验区从创立伊始就着力构建的特色领域。在这里本节将对上海自贸试验区从 2013 年 9 月建立以来至今在文化产业对外开放方面的制度创新进行系统梳理和考察。

一、总体方案中关于文化产业对外开放的制度创新

上海自贸试验区的总体方案从 2013 年至今经历了三次改进和完善：2013 年 9 月颁布了《国务院关于印发中国（上海）自由贸易试验区总体方案的通知》（国发〔2013〕38 号），2015 年 4 月颁布《进一步深化中国（上海）自由贸易试验区改革开放方案》（国发〔2015〕21 号），2017 年 3 月颁布《全面深化中国（上海）自由贸易试验区改革开放方案》（国发〔2017〕23 号）。

三次总体方案中都有文化产业对外开放战略相关的制度创新。2013 年的总体方案创新性地将文化服务作为六大重点开放领域之一，对于提升中国文化产业全球价值链地位具有重要的战略意义，是中国文化产业对外开放战略的重要突破。2015 年的深化方案重点在文化贸易平台和知识产权方面进行了制度创新探索。最新的全面深化方案进一步强调了自贸试验区在文化、文物方面的投资准入开放以及文化旅游等领域的贸易便利化。

① 本节要感谢华东政法大学文化产业管理专业硕士毕业生李沛欣在上海自贸试验区文化产业相关制度创新的系统梳理过程中作出的贡献。

表 3 - 2   总体方案中文化产业对外开放制度创新

总体方案	文化产业开放战略制度创新
《国务院关于印发中国（上海）自由贸易试验区总体方案的通知》（国发〔2013〕38号）	● 游戏机、游艺机销售及服务：允许外资企业从事游戏游艺设备的生产和销售，通过文化主管部门内容审查的游戏游艺设备可面向国内市场销售。 ● 演出经纪：取消外资演出经纪机构的股比限制，允许设立外商独资演出经纪机构，为上海市提供服务。 ● 娱乐服务：允许设立外商独资的娱乐场所，在试验区内提供服务
《国务院关于印发进一步深化中国（上海）自由贸易试验区改革开放方案的通知》（国发〔2015〕21号）	● 深化贸易平台功能，依法合规开展文化版权交易、艺术品交易、印刷品对外加工等贸易，大力发展知识产权专业服务业
《国务院关于印发全面深化中国（上海）自由贸易试验区改革开放方案的通知》（国发〔2017〕23号）	● 进一步放宽投资准入。最大限度缩减自贸试验区外商投资负面清单，推进金融服务、电信、互联网、文化、文物、维修、航运服务等专业服务业和先进制造业领域对外开放。 ● 创新跨境服务贸易管理模式。在风险可控的前提下，加快推进金融保险、文化旅游、教育卫生等高端服务领域的贸易便利化

二、负面清单中关于文化产业对外开放的制度创新

负面清单是自贸试验区文化产业开放战略制度创新的具体体现。2013 年以来，自贸试验区文化产业开放战略制度创新经历了不断的改进和完善。2017 年 6 月国务院办公厅印发了《自由贸易试验区外商投资准入特别管理措施（负面清单）（2017 年版）》，相比之前的负面清单，最新版的负面清单作出了四个方面改进：一是取消了"禁止投资互联网上网服务营业场所"；二是取消了"禁止从事美术品和数字文献数据库及其出版物等文化产品进口业务（上述服务中，中国入世承诺中已开放的内容除外）"；三是关于"演出经纪机构属于限制类，须由中方控股"的条款中，由"为本省市提供服务的除

外"调整为"为设有自贸试验区的省份提供服务的除外"；四是取消了"大型主题公园的建设、经营属于限制类"。

表3－3　负面清单中文化产业对外开放制度创新（2013年版和2014年版）

负面清单	文化产业开放战略制度创新
《中国（上海）自由贸易试验区外商投资准入特别管理措施（负面清单）（2013年）》	（1）电信、广播电视和卫星传输服务： ● 限制投资电信、广播电视和卫星传输服务。 ● 禁止投资各级广播电台（站）、电视台（站）、广播电视频道（率）、广播电视传输覆盖网（发射台、转播台、广播电视卫星、卫星上行站、卫星收转站、微波站、监测台、有线广播电视传输覆盖网）。 （2）互联网和相关服务： ● 除应用商店外，投资经营其他信息服务业务的外方投资比例不得超过50%。 ● 禁止投资新闻网站、网络视听节目服务、互联网上网服务营业场所、互联网文化经营（音乐除外）。 ● 禁止直接或间接从事和参与网络游戏运营服务。 （3）新闻和出版业： ● 禁止投资新闻机构。 ● 禁止投资图书、报纸、期刊的出版业务。 ● 禁止投资音像制品和电子出版物的出版、制作业务。 （4）广播、电视、电影和影视录音制作业： ● 限制投资电影院的建设、经营（中方控股）。 ● 限制投资广播电视节目、电视的制作业务（限于合作）。 ● 禁止投资广播电视节目制作经营公司、电视制作公司、发行公司、院线公司。 （5）文化艺术业： ● 投资文化艺术业须符合相关规定。 （6）体育： ● 禁止投资高尔夫球场的建设、经营。 （7）娱乐业： ● 禁止投资互联网上网服务营业场所（网吧活动）。 ● 限制投资大型主题公园的建设、经营。 ● 禁止投资博彩业（含赌博类跑马场）。 ● 禁止投资色情业。

续表

负面清单	文化产业开放战略制度创新
《中国（上海）自由贸易试验区外商投资准入特别管理措施（负面清单）（2014年修订)》	（1）电信、广播电视和卫星传输服务： • 禁止投资各级广播电台（站）、电视台（站）、广播电视频道（率）、广播电视传输覆盖网（发射台、转播台、广播电视卫星、卫星上行站、卫星收转站、微波站、监测台、有线广播电视传输覆盖网）。 （2）互联网和相关服务： • 除应用商店外，投资经营其他信息服务业务的外方投资比例不得超过50%。 • 禁止投资新闻网站、网络视听节目服务、互联网上网服务营业场所、互联网文化经营（音乐除外）。 • 禁止直接或间接从事和参与网络游戏运营服务。 （3）新闻和出版业： • 禁止投资新闻机构。 • 禁止投资图书、报纸、期刊的出版业务。 • 禁止投资音像制品和电子出版物的出版、制作业务。 （4）广播、电视、电影和影视录音制作业： • 除香港、澳门服务提供者外，限制投资电影院的建设、经营（中方控股）。 • 限制投资广播电视节目、电视的制作业务（限于合作）。 • 禁止投资广播电视节目制作经营公司、电视制作公司、发行公司、院线公司。 （5）体育： • 禁止投资高尔夫球场的建设、经营。 （6）娱乐业： • 限制投资大型主题公园的建设、经营。

表3-4 2015年版负面清单中文化产业对外开放制度创新
（适用于上海、广东、天津、福建四个自贸试验区）

文化行业		文化产业开放战略制度创新
信息传输、软件和信息技术服务业	互联网和相关服务	• 禁止投资互联网新闻服务、网络出版服务、网络视听节目服务、网络文化经营（音乐除外）、互联网上网服务营业场所、互联网公众发布信息服务（上述服务中，中国入世承诺中已开放的内容除外）。 • 互联网新闻信息服务单位与外国投资者进行涉及互联网新闻信息服务业务的合作，应报经中国政府进行安全评估

续表

文化行业		文化产业开放战略制度创新
文化、体育和娱乐业	广播电视播出、传输、制作、经营	• 禁止投资设立和经营各级广播电台（站）、电视台（站）、广播电视频率频道和时段栏目、广播电视传输覆盖网（广播电视发射台、转播台〔包括差转台、收转台〕、广播电视卫星、卫星上行站、卫星收转站、微波站、监测台〔站〕及有线广播电视传输覆盖网等），禁止从事广播电视视频点播业务和卫星电视广播地面接收设施安装服务。 • 禁止投资广播电视节目制作经营公司。 • 对境外卫星频道落地实行审批制度。引进境外影视剧和以卫星传送方式引进其他境外电视节目由新闻出版广电总局指定的单位申报。 　对中外合作制作电视剧（含电视动画片）实行许可制度
	新闻出版、广播影视、金融信息	• 禁止投资设立通讯社、报刊社、出版社以及新闻机构。 • 外国新闻机构在中国境内设立常驻新闻机构、向中国派遣常驻记者，应当经中国政府批准。 • 外国通讯社在中国境内提供新闻的服务业务须由中国政府审批。 • 禁止投资经营图书、报纸、期刊、音像制品和电子出版物的出版、制作业务；禁止经营报刊版面。 • 中外新闻机构业务合作、中外合作新闻出版项目，须中方主导，且须经中国政府批准（经中国政府批准，允许境内科学技术类期刊与境外期刊建立版权合作关系，合作期限不超过 5 年，合作期满需延长的，须再次申请报批。中方掌握内容的终审权，外方人员不得参与中方期刊的编辑、出版活动）。 • 禁止从事电影、广播电视节目、美术品和数字文献数据库及其出版物等文化产品进口业务（上述服务中，中国入世承诺中已开放的内容除外）。 • 出版物印刷属于限制类，须由中方控股。 • 未经中国政府批准，禁止在中国境内提供金融信息服务。 • 境外传媒（包括外国和港澳台地区报社、期刊社、图书出版社、音像出版社、电子出版物出版公司以及广播、电影、电视等大众传播机构）不得在中国境内设立代理机构或编辑部。如需设立办事机构，须经审批

续表

文化行业		文化产业开放战略制度创新
文化、体育和娱乐业	电影制作、发行、放映	• 禁止投资电影制作公司、发行公司、院线公司。 • 中国政府对中外合作摄制电影实行许可制度。 • 电影院的建设、经营须由中方控股。放映电影片，应当符合中国政府规定的国产电影片与进口电影片放映的时间比例。放映单位年放映国产电影片的时间不得低于年放映电影片时间总和的2/3
	非物质文化遗产、文物及考古	• 禁止投资和经营文物拍卖的拍卖企业、文物购销企业。 • 禁止投资和运营国有文物博物馆。 • 禁止不可移动文物及国家禁止出境的文物转让、抵押、出租给外国人。 • 禁止设立与经营非物质文化遗产调查机构。 • 境外组织或个人在中国境内进行非物质文化遗产调查和考古调查、勘探、发掘，应采取与中国合作的形式并经专门审批许可
	文化娱乐	• 禁止设立文艺表演团体。 • 演出经纪机构属于限制类，须由中方控股（为本省市提供服务的除外）。 • 大型主题公园的建设、经营属于限制类

表3-5　2017年版负面清单中文化产业对外开放制度创新（适用于全国11个自贸试验区）

文化行业		文化产业开放战略制度创新
信息传输、软件和信息技术服务业	互联网和相关服务	禁止投资互联网新闻服务、网络出版服务、网络视听节目服务、网络文化经营（音乐除外）、互联网上网服务营业场所、互联网公众发布信息服务（上述服务中，中国入世承诺中已开放的内容除外）。 互联网新闻信息服务单位与外国投资者进行涉及互联网新闻信息服务业务的合作，应报经中国政府进行安全评估

续表

文化行业		文化产业开放战略制度创新
文化、体育和娱乐业	广播电视播出、传输、制作、经营	• 禁止投资设立和经营各级广播电台（站）、电视台（站）、广播电视频率频道和时段栏目、广播电视传输覆盖网（广播电视发射台、转播台〔包括差转台、收转台〕、广播电视卫星、卫星上行站、卫星收转站、微波站、监测台〔站〕及有线广播电视传输覆盖网等），禁止从事广播电视视频点播业务和卫星电视广播地面接收设施安装服务。 • 禁止投资广播电视节目制作经营公司。 • 对境外卫星频道落地实行审批制度。禁止投资电影及广播电视节目的引进业务，引进境外影视剧和以卫星传送方式引进其他境外电视节目由新闻出版广电总局指定的单位申报。 • 对中外合作制作电视剧（含电视动画片）实行许可制度
	新闻出版、广播影视、金融信息	• 禁止投资设立通讯社、报刊社、出版社以及新闻机构。 • 外国新闻机构在中国境内设立常驻新闻机构、向中国派遣常驻记者，须经中国政府批准。 • 外国通讯社在中国境内提供新闻的服务业务须由中国政府审批。 • 禁止投资经营图书、报纸、期刊、音像制品和电子出版物的编辑、出版、制作业务；禁止经营报刊版面。但经中国政府批准，在确保合作中方的经营主导权和内容终审权并遵守中国政府批复的其他条件下，中外出版单位可进行新闻出版中外合作项目。 • 中外新闻机构业务合作须中方主导，且须经中国政府批准。 • 出版物印刷须由中方控股。 • 未经中国政府批准，禁止在中国境内提供金融信息服务。 • 境外传媒（包括外国和港澳台地区报社、期刊社、图书出版社、音像出版社、电子出版物出版公司以及广播、电影、电视等大众传播机构）不得在中国境内设立代理机构或编辑部。未经中国政府批准，不得设立办事机构，办事机构仅可从事联络、沟通、咨询、接待服务

续表

文化行业		文化产业开放战略制度创新
文化、体育和娱乐业	电影制作、发行、放映	●禁止投资电影制作公司、发行公司、院线公司，但经批准，允许中外企业合作摄制电影。 ●电影院的建设、经营须由中方控股。放映电影片，应当符合中国政府规定的国产电影片与进口电影片放映的时间比例。放映单位年放映国产电影片的时间不得低于年放映电影片时间总和的2/3
	文物及非物质文化遗产保护	●禁止投资和经营文物拍卖的拍卖企业、文物购销企业。 ●禁止投资和运营国有文物博物馆。 ●禁止不可移动文物及国家禁止出境的文物转让、抵押、出租给外国人。 ●禁止设立与经营非物质文化遗产调查机构。 ●境外组织或个人在中国境内进行非物质文化遗产调查和考古调查、勘探、发掘，应采取与中国合作的形式并经专门审批许可
	文化娱乐	●禁止设立文艺表演团体。 ●演出经纪机构须由中方控股（为设有自贸试验区的省市提供服务的除外）

第三节　全国自贸试验区文化产业开放战略制度创新系统考察

从全国其余十大自贸试验区总体方案来看，基本上各个自贸试验区都结合自身经济社会发展实际和地理区位特点，进行了文化产业开放的战略布局与制度创新。在战略布局方面，各大自贸试验区都对辖区进行了功能发展定位，在文化产业开放发展方面可以概括为两大主要的规划方向：一是文化和科技融合产业与区位发展定位；二是文化旅游休闲产业与区位发展定位。在制度创新方面，各大自贸试验区都高度重视知识产权领域的制度创新，纷纷出台多项措施建立知识产权保护、运营、服务、调解与援助等一系列制度体系；此外，在文化服务贸易基地、文化旅游、信息服务、创意设计等多个文化产业细分领域进行了制度创新探索。

本书对全国各地自贸试验区（除上海）文化产业开放战略有关布局定位与制度创新系统整理，形成表3－6。

表3－6　全国自贸试验区文化产业开放战略制度创新

自贸试验区	文化开放战略布局与定位	文化开放战略制度创新
中国（天津）自由贸易试验区	重点选择航运服务、商贸服务、专业服务、文化服务、社会服务等现代服务业和装备制造、新一代信息技术等先进制造业领域扩大对外开放，积极有效吸引外资。	• 发展服务外包业务，建设文化服务贸易基地。探索开展财政资金支持形成的知识产权处置和收益管理改革试点，建立华北地区知识产权运营中心，发展知识产权服务业。开展知识产权跨境交易，创新知识产权投融资及保险、风险投资、信托等金融服务，推动建立知识产权质物处置机制。 • 完善国际邮轮旅游支持政策，提升邮轮旅游供应服务和配套设施水平，建立邮轮旅游岸上配送中心和邮轮旅游营销中心。允许在自贸试验区内注册的符合条件的中外合资旅行社，从事除台湾地区以外的出境旅游业务。符合条件的地区可按政策规定申请实施境外旅客购物离境退税政策。 • 提高知识产权行政执法与海关保护的协调性和便捷性，建立知识产权执法协作调度中心。 • 依法合规开展知识产权转让，建立专利导航产业发展协同工作机制
中国（广东）自由贸易试验区	珠海横琴新区片区重点发展旅游休闲健康、商务金融服务、文化科教和高新技术等产业，建设文化教育开放先导区和国际商务服务休闲旅游基地，打造促进澳门经济适度多元发展新载体。	• 完善知识产权管理和执法体制，完善知识产权纠纷调解和维权援助机制，探索建立自贸试验区重点产业知识产权快速维权机制。 • 提高知识产权行政执法与海关保护的协调性和便捷性。 • 建立华南地区知识产权运营中心，探索开展知识产权处置和收益管理改革试点。积极承接服务外包，推进软件研发、工业设计、信息管理等业务发展。 • 在自贸试验区建立与粤港澳商贸、旅游、物流、信息等服务贸易自由化相适应的金融服务体系。 • 创新知识产权投融资及保险、风险投资、信托等金融服务，推动建立知识产权质物处置机制。 • 发挥自贸试验区高端要素集聚优势，搭建服务于加工贸易转型升级的技术研发、工业设计、知识产权等公共服务平台

自贸试验区	文化开放战略布局与定位	文化开放战略制度创新
中国（福建）自由贸易试验区	平潭片区重点建设两岸共同家园和国际旅游岛；厦门片区重点建设两岸新兴产业和现代服务业合作示范区；福州片区重点建设先进制造业基地、21世纪海上丝绸之路沿线国家和地区交流合作的重要平台、两岸服务贸易与金融创新合作示范区。	• 先行选择航运服务、商贸服务、专业服务、文化服务、社会服务及先进制造业等领域扩大对外开放，积极有效吸引外资。 • 进一步扩大通信、运输、旅游、医疗等行业对台开放。 • 发展知识产权服务业，扩大对台知识产权服务，开展两岸知识产权经济发展试点。 • 在自贸试验区内，允许申请成为赴台游组团社的三家台资合资旅行社试点经营福建居民赴台湾地区团队旅游业务。允许台湾导游、领队经自贸试验区旅游主管部门培训认证后换发证件，在福州市、厦门市和平潭综合实验区执业。允许在自贸试验区内居住一年以上的持台湾方面身份证明文件的自然人报考导游资格证，并按规定申领导游证后在大陆执业。允许台湾服务提供者以跨境交付方式在自贸试验区内试点举办展览，委托福建省按规定审批在自贸试验区内举办的涉台经济技术展览会。 • 自贸试验区内一般性赴台文化团组审批权下放给福建省。 • 创新知识产权投融资及保险、风险投资、信托等金融服务，推动建立知识产权质物处置机制。 • 建设国际旅游岛。加快旅游产业转型升级，推行国际通行的旅游服务标准，开发特色旅游产品，拓展文化体育竞技功能，建设休闲度假旅游目的地。研究推动平潭实施部分国家旅游团入境免签政策，对台湾居民实施更加便利的入出境制度。平潭国际旅游岛建设方案另行报批

续表

自贸试验区	文化开放战略布局与定位	文化开放战略制度创新
中国（重庆）自由贸易试验区	两江片区着力打造高端产业与高端要素集聚区，重点发展高端装备、电子核心部件、云计算、生物医药等新兴产业及总部贸易、服务贸易、电子商务、展示交易、仓储分拨、专业服务、融资租赁、研发设计等现代服务业	• 开展知识产权综合管理改革试点。紧扣创新发展需求，发挥专利、商标、版权等知识产权的引领作用，打通知识产权创造、运用、保护、管理、服务全链条，建立高效的知识产权综合管理体制，构建便民利民的知识产权公共服务体系，探索支撑创新发展的知识产权运行机制，推动形成权界清晰、分工合理、责权一致、运转高效、法治保障的体制机制。 • 搭建便利化的知识产权公共服务平台，设立知识产权服务工作站，大力发展知识产权专业服务业。 • 探索建立自贸试验区跨部门知识产权执法协作机制，完善纠纷调解、援助、仲裁工作机制。 • 探索建立自贸试验区重点产业专利导航制度和重点产业快速协同保护机制。 • 大力培育高端饰品、精密仪器、智能机器人、集成电路、平板显示等加工贸易新产业集群，搭建加工贸易转型升级的技术研发、工业设计、知识产权等公共服务平台。 • 大力发展面向设计开发、生产制造、售后服务全过程的检验检测、标准、认证等第三方服务。 • 鼓励开展研发设计、高技术高附加值产品开发和面向全球市场、风险可控的境内外维修、检测、拆解等业务。 • 依托自贸试验区内的海关特殊监管区域，加快发展对外文化贸易，支持开展面向全球的保税文化艺术品的展示、拍卖、交易业务。 • 深化艺术品交易市场功能拓展。 • 培育文化产业，重点发展影视后期制作、光盘复刻、印刷、胶片拷贝等。 • 支持以自贸试验区为依托建设中德、中韩等国际经贸、产业、人文合作平台

自贸试验区	文化开放战略布局与定位	文化开放战略制度创新
中国（河南）自由贸易试验区	开封片区重点发展服务外包、医疗旅游、创意设计、文化传媒、文化金融、艺术品交易、现代物流等服务业，提升装备制造、农副产品加工国际合作及贸易能力，构建国际文化贸易和人文旅游合作平台，打造服务贸易创新发展区和文创产业对外开放先行区，促进国际文化旅游融合发展洛阳片区重点发展装备制造、机器人、新材料等高端制造业以及研发设计、电子商务、服务外包、国际文化旅游、文化创意、文化贸易、文化展示等现代服务业，提升装备制造业转型升级能力和国际产能合作能力，打造国际智能制造合作示范区，推进华夏历史文明传承创新区建设	●开展知识产权综合管理改革试点，紧扣创新发展需求，发挥专利、商标、版权等知识产权的引领作用，打通知识产权创造、运用、保护、管理、服务全链条，建立高效的知识产权综合管理体制，构建便民利民的知识产权公共服务体系，探索支撑创新发展的知识产权运行机制，推动形成权界清晰、分工合理、责权一致、运转高效、法治保障的体制机制。 ●探索建立自贸试验区跨部门知识产权执法协作机制，完善纠纷调解、援助、仲裁工作机制。 ●搭建便利化的知识产权公共服务平台，设立知识产权服务工作站，大力发展知识产权专业服务业。探索建立自贸试验区重点产业专利导航制度和重点产业快速协同保护机制。探索建设中部地区知识产权运营中心，加快建设郑州国家知识产权服务业集聚区。 ●深化艺术品交易市场功能拓展。 ●大力发展服务贸易，推进金融、文化创意、客户服务、供应链管理等服务外包发展。 ●促进国际医疗旅游产业融合发展。发挥国际航空网络和文化旅游优势，积极吸引国际高端医疗企业和研发机构集聚，以健康检查、慢病治疗康复、中医养生保健、整形美容、先进医疗技术研发和孵化为重点，培育康复、健身、养生与休闲旅游融合发展新业态。 ●允许在自贸试验区内注册的符合条件的中外合资旅行社，从事除台湾地区以外的出境旅游业务。 ●探索与"一带一路"沿线国家文化交流、文化贸易创新发展机制，推进文化传承和开发，完善服务链条，推进华夏历史文明传承创新区建设

续表

自贸 试验区	文化开放战略 布局与定位	文化开放战略制度创新
中国 （浙江） 自由贸易 试验区	舟山岛南部片区重点发展大宗商品交易、航空制造、零部件物流、研发设计及相关配套产业，建设舟山航空产业园，着力发展水产品贸易、海洋旅游、海水利用、现代商贸、金融服务、航运、信息咨询、高新技术等产业	• 开展知识产权综合管理改革试点。紧扣创新发展需求，发挥专利、商标、版权等知识产权的引领作用，打通知识产权创造、运用、保护、管理、服务全链条，建立高效的知识产权综合管理体制，构建便民利民的知识产权公共服务体系，探索支撑创新发展的知识产权运行机制，推动形成权界清晰、分工合理、责权一致、运转高效、法治保障的体制机制。 • 搭建便利化的知识产权公共服务平台，设立知识产权服务工作站，大力发展知识产权专业服务业。 • 探索建立自贸试验区跨部门知识产权执法协作机制，完善纠纷调解、援助、仲裁工作机制。 • 探索建立自贸试验区重点产业专利导航制度和重点产业快速协同保护机制。 • 推动与旅游相关的邮轮、游艇等旅游运输工具出行的便利化。 • 在环境风险可控的前提下开展飞机零部件制造维修业务试点，积极引进飞行驾驶培训、空中旅游观光、通用航空基地运营服务及相关科研机构，鼓励高端先进航空制造、零部件物流、研发设计及配套产业向自贸试验区集聚
中国 （辽宁） 自由贸易 试验区	沈阳片区重点发展装备制造、汽车及零部件、航空装备等先进制造业和金融、科技、物流等现代服务业，提高国家新型工业化示范城市、东北地区科技创新中心发展水平，建设具有国际竞争力的先进装备制造业基地	• 开展知识产权综合管理改革试点。紧扣创新发展需求，发挥专利、商标、版权等知识产权的引领作用，打通知识产权创造、运用、保护、管理、服务全链条，建立高效的知识产权综合管理体制，构建便民利民的知识产权公共服务体系，探索支撑创新发展的知识产权运行机制，推动形成权界清晰、分工合理、责权一致、运转高效、法治保障的体制机制。 • 搭建便利化的知识产权公共服务平台，设立知识产权服务工作站，大力发展知识产权专业服务业。 • 探索建立自贸试验区跨部门知识产权执法协作机制，完善纠纷调解、援助、仲裁工作机制。 • 探索建立自贸试验区重点产业专利导航制度和重点产业快速协同保护机制。 • 推进对外文化贸易基地建设，深化艺术品交易市场功能拓展。推动检测维修、生物医药、软件信息、管理咨询、数据服务、文化创意等服务外包业务发展。 • 探索与东北亚各国在文化、教育、体育、卫生、娱乐等专业服务领域开展投资合作。 • 推动与旅游相关的邮轮、游艇等旅游运输工具出行的便利化

自贸试验区	文化开放战略布局与定位	文化开放战略制度创新
中国（四川）自由贸易试验区	成都青白江铁路港片区重点发展国际商品集散转运、分拨展示、保税物流仓储、国际货代、整车进口、特色金融等口岸服务业和信息服务、科技服务、会展服务等现代服务业	• 完善行业监管制度和资格审查制度，进一步规范开展文化、教育、信息服务的内容审查。 • 开展知识产权综合管理改革试点。紧扣创新发展需求，发挥专利、商标、版权等知识产权的引领作用，打通知识产权创造、运用、保护、管理、服务全链条，建立高效的知识产权综合管理体制，构建便民利民的知识产权公共服务体系，探索支撑创新发展的知识产权运行机制，推动形成权界清晰、分工合理、责权一致、运转高效、法治保障的体制机制。 • 探索建立自贸试验区跨部门知识产权执法协作机制，完善纠纷调解、援助、仲裁工作机制。 • 探索开展知识产权、股权、探矿权、采矿权、应收账款、订单、出口退税等抵质押融资业务。 • 鼓励发展动漫创意、信息管理、数据处理、供应链管理等服务外包产业。 • 搭建便利化的知识产权公共服务平台，设立知识产权服务工作站，大力发展知识产权专业服务业。 • 探索建立自贸试验区重点产业专利导航制度和重点产业快速协同保护机制。 • 依托现有交易场所开展知识产权跨境交易，推动建立市场化运作的知识产权质物处置机制。 • 支持和鼓励商标品牌服务机构在品牌设计、价值评估、注册代理、法律服务等方面不断提升服务水平。 • 扩大对外文化贸易和版权贸易。 • 深化艺术品交易市场功能拓展，支持在海关特殊监管区域（保税监管场所）内开展艺术品保税业务，为境内外艺术品生产、物流、仓储、展示和交易提供服务，对从境外进入海关特殊监管区域（保税监管场所）的文化产品，除法律、行政法规和规章另有规定的外，不实行许可证管理。 • 创新文化服务海外推广模式，支持发展以传统手工技艺、武术、戏曲、民族音乐和舞蹈等为代表的非物质文化遗产与旅游、会展、品牌授权相结合的开发模式，鼓励广播影视、新闻出版等企业以项目合作方式进入国际市场，试点国外巡演的商业化运作。 • 大力发展中医药服务贸易，建立四川省中医药服务及贸易大平台，积极与境外开展中药材种植、研发等合作，鼓励开展中医药国际健康旅游线路建设，扩大国际市场

自贸试验区	文化开放战略布局与定位	文化开放战略制度创新
中国（陕西）自由贸易试验区	中心片区重点发展战略性新兴产业和高新技术产业，着力发展高端制造、航空物流、贸易金融等产业，推进服务贸易促进体系建设，拓展科技、教育、文化、旅游、健康医疗等人文交流的深度和广度，打造面向"一带一路"的高端产业高地和人文交流高地	• 开展知识产权综合管理改革试点。紧扣创新发展需求，发挥专利、商标、版权等知识产权的引领作用，打通知识产权创造、运用、保护、管理、服务全链条，建立高效的知识产权综合管理体制，构建便民利民的知识产权公共服务体系，探索支撑创新发展的知识产权运行机制，推动形成权界清晰、分工合理、责权一致、运转高效、法治保障的体制机制。 • 探索建立自贸试验区跨部门知识产权执法协作机制，完善纠纷调解、援助、仲裁工作机制。 • 探索建立重点产业快速协同保护机制。 • 巩固提高旅游、航空运输等传统服务业竞争力，大力促进文化艺术、数字出版、动漫游戏开发、软件开发测试、中医药、技术等服务贸易发展。 • 支持知识产权服务业集聚发展，完善挂牌竞价、交易、信息检索、政策咨询、价值评估等功能，推动知识产权跨境交易便利化。 • 加强自贸试验区内重点产业知识产权海外布局和风险防控。 • 创建与"一带一路"沿线国家人文交流新模式。创新文化交流合作机制。加强与"一带一路"沿线国家合作，构建全方位、多层次、宽领域的对外文化交流新格局。保护和传承中华老字号，大力推动中医药、中华传统餐饮、工艺美术等企业"走出去"。与"一带一路"沿线国家共同开展文物保护与考古研究工作，开展博物馆国际交流与合作，建设以丝绸之路文化为主题的智慧博物馆国际合作交流平台和历史文化研究交流平台。依托自贸试验区开展陕西文物国际展示、国际交流试点。鼓励社会资本以多种形式参与文化产业和文化园区建设。鼓励民营文化企业健康快速发展。加强对非物质文化遗产、民间文艺、传统知识的普查、保护和合理利用，振兴传统工艺，推进文化创意、设计服务与相关产业融合发展，打造"国风秦韵"等具有国际影响力的文化品牌。建设中影丝路国际电影城等一批文化产业项目，推出一批具有国际影响力的文化艺术精品。依托现有交易场所，在国家

自贸试验区	文化开放战略布局与定位	文化开放战略制度创新
		政策法规允许范围内开展文化艺术品交易业务。 • 发展对外文化贸易。积极推动文化产品和服务出口，减少对文化出口的行政审批事项。拓展艺术品交易市场功能。对完全针对国外外语市场开展出版业务的非公有制企业、中外合资企业给予特殊政策扶持。依托海关特殊监管区域政策功能，促进文化产业发展。加快西安国家数字出版基地、西安印刷包装产业基地建设，创建国家级出版物物流基地。开展文化产品跨境电子商务试点，依托现有交易场所开展文化产品跨境电子交易，鼓励文化企业借助电子商务等新型交易模式拓展国际业务。试点以政府和社会资本合作（PPP）等模式推动对外文化投资。加强文化知识产权保护。积极推进文化金融改革创新。 • 创新旅游合作机制。深化旅游业资源开放、信息共享、行业监管、公共服务、旅游安全、标准化服务等方面的国际合作，提升旅游服务水平。允许在自贸试验区内注册的符合条件的中外合资旅行社，从事除台湾地区以外的出境旅游服务。吸引外商投资旅行社在自贸试验区内设立公司运营总部。积极与"一带一路"沿线国家签订旅游合作框架协议、旅游合作备忘录等整体性协议，合作举办国际旅游展会。推动中医药健康旅游发展。 • 及时总结推广"双创"示范、系统推进全面创新改革及知识产权保护的经验，推动有条件的地区建设具有强大带动力的创新型城市和区域创新中心，培育一批知识产权试点示范城市和知识产权强市、强县。创新军民融合发展机制，建立军民成果双向转化"人才池"和"专利池"。建立重点产业专利导航工作机制，建设国家知识产权服务业聚集区。积极推动国家军民融合知识产权运营工作，依托国家知识产权运营军民融合特色试点平台，探索国防专利横向流通转化、国防专利解密与普通专利跟进保护有机衔接、普通专利参与军品研发生产等机制，促进军民科技成果共享共用

续表

自贸试验区	文化开放战略布局与定位	文化开放战略制度创新
中国（湖北）自由贸易试验区	武汉片区重点发展新一代信息技术、生命健康、智能制造等战略性新兴产业和国际商贸、金融服务、现代物流、检验检测、研发设计、信息服务、专业服务等现代服务业	• 建立知识产权质押融资市场化风险补偿机制，按照风险可控、商业可持续的原则，开展知识产权质押融资。 • 全面推进产业技术创新、科技成果转移转化、科研机构改革、知识产权保护运用、国际创新合作等领域体制机制改革。 • 健全知识产权保护运用机制。开展知识产权综合管理改革试点。紧扣创新发展需求，发挥专利、商标、版权等知识产权的引领作用，打通知识产权创造、运用、保护、管理、服务全链条，建立高效的知识产权综合管理体制，构建便民利民的知识产权公共服务体系，探索支撑创新发展的知识产权运行机制，推动形成权界清晰、分工合理、责权一致、运转高效、法治保障的体制机制。 • 搭建便利化的知识产权公共服务平台，设立知识产权服务工作站，大力发展知识产权专业服务业。 • 加快建设武汉东湖国家知识产权服务业集聚区。 • 探索建立自贸试验区跨部门知识产权执法协作机制，完善纠纷调解、援助、仲裁工作机制。 • 探索建立自贸试验区重点产业专利导航制度和重点产业快速协同保护机制。 • 建立长江经济带知识产权运营中心，积极推进高校知识产权运营等特色平台建设。 • 促进"设计+""旅游+""物流+""养老+""商业+"等新型服务业态发展。 • 统筹研究部分国家旅游团入境免签政策，打造国际文化旅游目的地。允许在自贸试验区内注册的符合条件的中外合资旅行社，从事除台湾地区以外的出境旅游业务

第四节　上海自贸试验区对外开放
制度创新感知效能实证评估①

　　2014 年 7 - 11 月，国务院发展研究中心、普华永道、上海财经大学、上海对外经贸大学及上海投资咨询公司 5 家机构受自贸试验区有关部门委托开展了第三方评估，也进行了大量的问卷访谈调查。② 这是很有价值的尝试，但远远不够，还需要更多对企业，特别是对广大中小微型企业进行感知效能独立深度调查的研究成果。

　　十八届三中全会《关于全面深化改革若干重大问题的决定》（以下简称《决定》）明确提出"必须切实转变政府职能，深化行政体制改革，创新行政管理方式，增强政府公信力和执行力，建设法治政府和服务型政府"。建设法治政府与服务型政府实际上是当前中国深化行政体制改革、加快转变政府职能的核心目标。上海自贸试验区目前也在重点加强政府职能转变，朝着法治政府和服务型政府方向努力，然而广大企业对于上海自贸试验区法治政府和服务型政府建设感知度、认同度如何？法治政府和服务型政府建设跟当前上海自贸试验区制度创新使命之间存在怎样的关系，能够在多大程度上促进上海自贸试验区的制度创新效能？这些问题对于上海自贸试验区下一步的改革创新至关重要。而这些问题的解答都需要基于上海自贸试验区的现场一线调研。

　　作者带领研究团队在 2014 年和 2015 年先后两次深入上海自贸试验区公共服务现场（包括自贸试验区工商注册大厅和税务大厅、海关大楼）对广大企业，特别是很多中小微型文化类企业对于上海自贸试验区运行以来的法治政府与服务型政府建设效能、制度创新效能的感知度进行了完全独

---

　　① 臧志彭. 法治政府、服务型政府建设与上海自贸区制度创新感知效能 ［J］. 经济体制改革，2015（03）：27 - 37.

　　② 徐维维. 自贸区第三方评估报告出炉："政府一再强调要独立，互相不通气" ［N］. 21 世纪经济报道，2014 - 11 - 15.

立的问卷调查，希望能够为上海自贸试验区的建设与完善提供有价值的第一手研究成果。

一、研究假设的提出

（一）法治政府建设与上海自贸试验区制度创新

中共十八大、十八届三中全会都明确强调了法治政府建设，十八届四中全会研究了全面推进依法治国若干重大问题，作出了新的战略部署。由此可见，法治政府建设是当前和今后很长一段时期中国政府的改革方向。

上海自贸试验区从成立伊始，就特别注重法治化建设。在《中国（上海）自由贸易试验区总体方案》里，也明确提出了建设法治化营商环境的目标。上海自贸试验区的核心使命是制度创新。制度就是一个社会的游戏规则，是为规范人与人之间相互关系而设定的人为制约。[①] 所谓制度创新，实际上是对原有制度的突破和改革。所谓不破不立，在制度创新过程中必然要对原有制度和规范造成破坏，甚至是颠覆。政府在制度创新过程中具有显著的强制优势、组织优势和效率优势，是交易成本最低的创新形式（谢庆奎，2005）。[②]

上海自贸试验区的制度创新，必然要对原有的法律法规、制度文件产生冲击和影响。沈国明（2013）认为现有法律框架已经不能满足上海自贸试验区的现实法治需要，甚至有的已经成为上海自贸试验区发展的法律障碍，在这种情况下，上海自贸试验区必须突破既有规则来谋求创新发展。[③] 由此看来，制度创新与法治政府建设两者之间似乎是矛盾对立的关系。刘剑文（2014）研究指出法治政府建设与改革创新并不矛盾，而是相互促进的关系。上海自贸试验区制度创新的核心在于妥善处理政府、人大、企业及社会组织等主体的关系，通过转变政府职能，适当放松国家对金融、投资、贸易等方面的行政管制，有效激发各类市场主体竞争活力，进而达到由单向度的国家

---

① ［美］诺斯．制度、制度变迁与经济绩效［M］．刘守英，译．上海三联书店出版社，1994：3-5.

② 谢庆奎．服务型政府建设的基本途径：政府创新［J］．北京大学学报（哲学社会科学版），2005（1）：126-131

③ 沈国明．法治创新：建设上海自贸区的基础要求［J］．东方法学，2013（6）：124-129.

管理向多中心的社会治理转变；法治政府建设不仅对于改革创新成果能够加以固化和保障，还具有引领、推动和规范改革的作用，只有遵循法治理念和路径进行的改革创新才是可持续的。① 沈国明也明确指出，法治建设是上海自贸试验区的前提和基础，是上海自贸试验区发展的制度保障，是上海自贸试验区制度创新经验可复制、可推广的基础。上海自贸试验区的制度创新，虽然要突破现有规则，但其依据的是"国家战略"，而且必须是在依法的前提下进行突破。理查德·卡尔伦（2014）在《中国经济报告》中也指出香港和新加坡能够取得今天的优势，关键源于其法治建设。上海自贸试验区如果能够建立一个制度周密、公平的法治体系，将极大促进中国经济、社会等各方面的发展。②

通过对上述文献回顾可以发现，现有学者对于法治政府建设与上海自贸试验区制度创新之间关系的判断主要是基于定性理论分析，尚缺乏基于现场调研取得第一手资料的定量研究。本研究将借助现场调查对这一问题开展定量实证分析。鉴于调研问卷中反馈的制度创新效能实际上是被调查者的主观感受，因此这里将其称之为"感知效能"。

由此提出本研究的第一个理论假设：

H1：法治政府建设对上海自贸试验区制度创新感知效能具有正向促进作用。

根据前文提到的上海自贸试验区运行一年来制度创新取得阶段性成果中，除了政府职能转变外，重点关注了投资、贸易和金融制度创新，因此这里将假设中的上海自贸试验区制度创新分解为投资、贸易和金融三个方面分别进行定量分析，于是进一步提出如下子假设：

H1a：法治政府建设对上海自贸试验区投资准入制度创新感知效能具有正向促进作用；

H1b：法治政府建设对上海自贸试验区贸易便利制度创新感知效能具有正向促进作用；

---

① 刘剑文. 法治财税视野下的上海自贸区改革之展开 [J]. 法学论坛, 2014 (3)：86 - 94.
② 理查德·卡尔伦，栗盼盼. 让上海自贸区成为法治试验田 [J]. 中国经济报告, 2014 (1)：63 - 64.

H1c：法治政府建设对上海自贸试验区金融开放制度创新感知效能具有正向促进作用。

（二）服务型政府建设与上海自贸试验区制度创新

服务型政府的理念实际上源起于西方20世纪七八十年代的新公共管理运动，目的在于改善西方国家政府的效率低下、财政赤字与公共信任危机等问题。Osborne和Gaebler（1992）提出了再造政府的理念，认为政府应该学习企业，树立顾客意识、提高服务效能。[1] 著名的公共行政管理学者马克·霍哲认为，政府要为公民提供公共服务，以公民为导向的公共服务将引导政府将更多的资源投入公民真正需要解决的问题上，并最终促进公共服务提供者提升公共服务质量。[2] 1993年，美国颁布了世界上第一部有关政府公共服务效能的法案——《政府绩效与结果法案》，明确指出政府要提高公共服务质量、提升公共服务满意度，增强公众对政府的信任度；以美国和英国为代表的西方国家还专门建立了关于政府公共服务评估的4E标准，即经济（economic）、效率（efficiency）、效益（effectiveness）和公平（equity）。

从国内对服务型政府的内涵界定来看，一种观点认为，服务型政府是指在公民本位、社会本位理念指导下，在整个社会民主秩序的框架下，通过法定程序，按照公民意志组建起来的以为公民服务为宗旨并承担着服务责任的政府（刘熙瑞，2002）；[3] 一种观点强调服务型政府是指"为社会提供基本有保障的公共产品和有效的公共服务，以不断满足广大社会成员日益增长的公共需求和公共利益诉求，在此基础上形成政府治理的制度安排（迟福林，2006）；[4] 还有的观点强调服务型政府是在以人本理念为核心的、以公共服务为主导，科学定位政府角色切实转变政府职能，致力于提高公共服务绩效的

① Osborne, D. and T. Gaebler. Reinventing Government: How the Entrepreneurial Spirit Is Transforming the Public Sector From the Schoolhouse to Statehouse [M]. City Hall to the Pentagon. Reading, Mass.: Addison - Wesley, 1992: 5.

② 马克·霍哲，张梦中. 公共部门业绩评估与改善 [J]. 中国行政管理，2000（3）：36-40.

③ 刘熙瑞. 服务型政府——经济全球化背景下中国政府改革的目标选择 [J]. 中国行政管理，2002（7）：5-7.

④ 迟福林. 全面理解"公共服务型政府"的基本含义 [J]. 人民论坛，2006（5）：14-15.

一种全新政府范型 (刘厚金, 2009)[①]。

上海自贸试验区的成功, 不在于硬件设施的成功, 而在于服务型政府的成功 (韩哲, 2013)。[②] 服务型政府建设, 一方面将为上海自贸试验区制度创新明确努力的根本目标、明确衡量的根本标准, 使其不会因为外部各种因素的干扰而迷失方向; 另一方面将通过政府职能转变, 加强和改善政府公共服务质量, 促进广大企业更加深切地感受上海自贸试验区各项制度创新的成效, 提升企业对于上海自贸试验区制度创新的感知效能。

基于上述分析, 提出本研究第二个理论假设:

H2: 服务型政府建设对上海自贸试验区制度创新感知效能具有正向促进作用。

鉴于服务型政府建设同时会对投资、贸易和金融制度创新感知效能都产生影响, 在此进一步提出三个子假设:

H2a: 服务型政府建设对上海自贸试验区投资准入制度创新感知效能具有正向促进作用;

H2b: 服务型政府建设对上海自贸试验区贸易便利制度创新感知效能具有正向促进作用;

H2c: 服务型政府建设对上海自贸试验区金融开放制度创新感知效能具有正向促进作用。

(三) 法治政府与服务型政府的相关关系

法治政府建设和服务型政府建设在十八届三中全会《决定》中作为转变政府职能的两大目标被同时提出, 其中法治政府在前、服务型政府在后。实际上, 法治政府和服务型政府虽然有着各自的内涵, 但在政府活动空间、责任性质和治理方式等方面具有很强的交叉性、包容性和高度的统一性 (杨鸿台, 2004);[③] 莫于川 (2010) 研究认为现代政府不再是一个简单的 "守夜人" 的消极角色, 它不仅有规制行政、秩序行政的消极职能, 还要

---

① 刘厚金. 公共服务型政府在法治与市场中的理论内涵与职能定位 [J]. 求实, 2009 (2): 63 - 69.

② 韩哲. 自贸区成功在于服务型政府成功 [N]. 北京商报, 2013 - 11 - 8.

③ 杨鸿台. 论法治政府、责任政府、服务政府及政府职能转变 [J]. 毛泽东邓小平理论研究, 2004 (7): 3 - 13.

担负起给付行政、指导行政等多方面的积极职能。改革开放以来中国政府职能正逐渐从全能型政府向有限政府转变，从管制型政府向服务型政府转变；行政法制模式从单纯依靠政策行政到依法行政，再到建设法治政府和服务型政府。①

从本质来看，法治政府与服务型政府是相通的。服务型政府是指政府的一切决策和行为都要以人民群众的根本利益为出发点，要全心全意为人民大众谋求福利。法治政府是指政府的设立、决策、执行及监督等各个环节都要以法制为依据，政府的一切权力来源于法律。而一切法律法规从根本上说，都是人民群众意志的体现。正如十八届四中全会《全面推进依法治国若干重大问题的决定》所明确指出的，"法治建设为了人民、依靠人民、造福人民、保护人民，以保障人民根本权益为出发点和落脚点"。由此可见，法治政府与服务型政府本质上都是为了维护最广大人民群众的根本利益。

法治政府与服务型政府两者相互支撑、互为补充。法治政府为服务型政府的建立、服务职能的履行提供法治保障和规范要求，服务型政府的服务主体、服务对象、服务内容、服务范围及服务行为规范等都需要法治政府来保障和约束。服务型政府则为法治政府建设明确了方向和宗旨，指引法治政府建设始终围绕最广大人民群众根本权益为出发点和落脚点。在实际运行过程中，服务型政府侧重点在于政府主动为公民和广大企业提供优质高效的公共服务，而法治政府的侧重点在于建立良好的法治环境、规范政府的行政行为、限制政府的权力滥用，两者互为补充、缺一不可。

在上海自贸试验区制度创新过程中，一方面需要通过服务型政府建设明确政府制度创新的行动方向和重点内容，并且通过改善服务行为举止，增强服务专业度、效率性、公平性，让广大投资者和社会公众以愉悦的心情感受到制度创新的效能；另一方面需要通过法治政府建设来推动自贸试验区法制完善进程，规范制度创新路径、保障制度创新成果。而在这个过程中，上海自贸试验区的服务型政府建设和法治政府建设需要彼此互动、双向促进，共同增强制

---

① 莫于川. 建设法治政府和服务型政府的基本路向——透视地方行政改革创新经验 [J]. 社会科学研究，2010（2）：96 – 103.

度创新的实际成效。基于上述认识，提出本研究第三个理论假设：

H3：上海自贸试验区法治政府建设与服务型政府建设间具有显著的相关关系。

二、研究设计与数据来源

（一）量表设计

本研究主要采用被调查者主观感知评价的方法来测量上海自贸试验区在法治政府与服务型政府建设及其与制度创新效能之间的相互关系问题。对于一项针对上海自贸试验区的全新课题研究，国内外可参考的文献资料非常少，直接援引国内外成熟量表十分困难，本研究结合上海自贸试验区的实际情况，以及借鉴国内外相关研究经验基础上，利用 Likert 5 点量表方法，设计了关于上海自贸试验区法治政府、服务型政府与制度创新调研量表。

在法治政府建设方面：第一，考虑到上海自贸试验区应首先加强法律法规制度建设，而且在《中国（上海）自由贸易试验区总体方案》（以下简称《总体方案》）和《中国（上海）自由贸易试验区管理办法》（市政府令第7号）中就明确提出了要着力培育法治化的营商环境，要力争建设成为具有国际水准的法制环境规范的自由贸易试验区；2014 年 8 月 1 日，自贸试验区"基本法"——《中国（上海）自由贸易试验区条例》正式施行；截至 2014年年底，已有全国人大常委会相关政策法规 2 件，国务院及相关部委相关政策法规 42 件，上海市人民政府相关政策法规 34 件。由此设置法律法规制度作为法治政府建设首要的考察变量。第二，对于上海自贸试验区，知识产权保护体系在法治政府建设中至关重要。2014 年 9 月 26 日，上海自贸试验区管委会知识产权局在外高桥保税区正式成立，其目的正是加强自贸试验区知识产权综合管理、协同执法能力，促进新兴业务和专业服务的发展。政府对知识产权的保护将为企业提供必要的制度环境，直接降低企业的政治环境风险和市场环境风险（包国宪、任世科，2010）。[①] 一般来说，自贸试验区管控

---

① 包国宪，任世科. 政府行为对企业技术创新风险影响路径 [J]. 公共管理学报，2010（2）：89－96.

力度不强就会带来知识产权保护的障碍，导致假货、侵权、盗版泛滥——在自贸试验区伪造原产地、假冒商标与专利，重新包装后再出口，直接危及自贸试验区贸易可持续增长的目标。① 欧盟采取有条件地使用知识产权执法——对有进入欧盟市场的风险和侵犯欧盟境内知识产权的行为采取执法措施，但美国则明确宣布对自贸区内过境货物采取知识产权执法（张伟君，2014）。② 从知识产权保护来看，上海自贸试验区承载的历史使命与自贸试验区在知识产权保护方面的脆弱性同在，如何加快建构自贸试验区内知识产权保护制度是适应自贸试验区带来的便利性改革与政府管控的内生需求（杨静，2014）③。在此设置知识产权保护作为法治政府建设第二个测量变量。第三，诚信体系是上海自贸试验区建设国际化、法治化营商环境的重要内容，也是自贸试验区从事前审批转变为事中、事后监管的重要制度创新。事前审批取消后，解决了入口难的问题，而当入口放开之后，如果没有后期的有效监管，必将导致秩序的混乱。诚信体系建设，就是为了解决后期"管得住"的问题，通过建立企业的信用信息记录体系、信用信息共享体系、守信激励机制和失信惩戒机制，促使广大企业珍惜信用、守法经营，从而降低政府部门后期监管成本、提高监管有效性。企业诚信体系培育及相关技术也被众多学者列为上海自贸试验区亟须解决的重点问题（裴长洪、樊瑛，2014；王道军，2013）。2014 年 3 月 3 日，上海市工商行政管理局印发《中国（上海）自由贸易试验区企业年度报告公示办法（试行）》《中国（上海）自由贸易试验区企业经营异常名录管理办法（试行）》；9 月 23 日，"中国（上海）自由贸易试验区企业信用信息公示系统"披露了首批 1467 家经营异常企业名录，标志着上海自贸试验区企业信用体系开始实质性运行。因此，这里设置诚信体系建设作为法治政府建设又一测量变量。此外，培育国际化和法治化的营商环境是上海自贸试验区制度创新的重要目标之一。营商环境的建设水

① BASCAP Report . International Chamber of Commerce. Controlling the Zone：Balancing Facilitation and Control to Combat Illicit Trade in the World's Free Trade Zones［R］. Paris：ICC, 2013, 28.

② 张伟君. 上海自贸试验区知识产权执法：自由贸易与打击侵权的平衡［J］. 外国经济与管理，2014（2）：73 – 80.

③ 杨静. 基于内生需求与外向视野的上海自贸区知识产权保护构想［J］. 电子知识产权，2014（2）：27 – 33.

平将集中体现上海自贸试验区在投资准入、贸易便利、金融开放和政府职能转变等各方面改革创新成效。龚柏华（2014）研究指出，上海自贸试验区建设要建设投资便利的营商环境、贸易便利的营商环境、金融市场化的营商环境和行政法治化的营商环境。这里设置法治化营商环境作为法治政府建设的测量变量。

在服务型政府建设方面：其一，服务态度是政府部门工作人员在为企业和社会公众提供公共服务过程中的言谈、举止所表现出来的神情状态。这种神情状态实际上反映了两个层面的内涵，一是服务提供者对服务对象的尊重程度；二是服务提供者自身的品德修养。服务态度是企业和社会公众对自贸试验区制度创新的第一心理感受，对于企业和社会公众的感知满意度具有重要的影响。因此，设置服务态度作为服务型政府建设的测量变量。其二，服务专业性是政府部门在为企业和社会公众提供公共服务过程中所表现出的专业化水平，也包含两层内涵，一是服务体系设计的专业性，包括服务内容安排、服务流程设计等；二是公共服务人员的业务知识通晓度、业务操作熟练程度等。由此设置服务专业性作为测量变量。其三，中国政府部门公共服务效率一直为国内外企业所诟病。曲建（2000）研究指出部门间协作困难是造成公共服务低效率的根源。上海自贸试验区一成立就在《总体方案》中明确提出要"建立一口受理、综合审批和高效运作的服务模式，完善信息网络平台，实现不同部门的协同管理机制"。上海浦东新区政府新闻办表示，企业在自贸试验区办理营业执照、机构代码证、税务登记证、外商投资企业备案证明仅需 4 个工作日。[①] 对企业而言，效率就是金钱。上海自贸试验区政府部门的服务效率将直接影响到投资者对自贸试验区制度创新的总体评价。这里设置服务效率作为测量变量。其四，在西方政府公共服务评估演进过程中，特别在原来的"3E"评估基础上增加了"公平"维度，可见，公平性在服务型政府建设中的重要价值。《中国（上海）自由贸易试验区条例》在第 8 章第 47 条中明确规定"自贸试验区内各类市场主体的平等地位和发展权利，受法律保护。区内各类市场主体在监管、税收和政府采购等方面享有公平待

---

① 孙昌銮．上海自贸区发出首批企业营业执照［R］．北京青年报，2013 - 10 - 15．

遇"。能否受到公平对待将直接影响投资者对自贸试验区制度创新的效能感知，因此设置服务公平性测量变量。

在投资准入制度方面：对于一个发展中国家而言，如何引导与规制外国投资进而实现本国的可持续发展是难题，即考虑外国投资条件的开放与自由，实现本国的可持续发展是自贸试验区基于外国投资体制同等重要的目标（Dimopoulos，2010）。① 上海自贸试验区把扩大开放和体制改革相结合、把培育功能和制度创新相结合，形成与国际投资、贸易通行规则相衔接的基本制度框架（龚柏华，2014）。在投资准入方面，放眼全球，各国在自贸试验区内大多推行"境内关外"政策，在市场准入、投资服务、外资待遇、业务经营等方面打造了一个高度开放、宽松的经济环境（唐健飞，2014）。② 裴长洪（2013）就国民待遇与市场准入两个层面对中美服务贸易开放度进行了研究，强调中国服务业开放度主要集中在环境服务、视听服务、计算机服务、专业服务、旅游服务等方面。③ 2013 年 10 月 1 日，上海市政府公布了《中国（上海）自由贸易试验区外商投资准入特别管理措施（负面清单）（2013年)》（沪府发〔2013〕75 号），提出试行"准入前国民待遇"与探索建立"负面清单"管理模式，表达了"法无禁止即自由"的法律理念（龚柏华，2013)④，迎合了目前全球七十余个国家采用"负面清单"模式的大趋势。然而，2013 版负面清单和一直实施的《外商投资产业指导目录》相比，开放程度明显不大而饱受争议（张明、郭子睿，2013)⑤。2014 年 7 月 1 日，上海市政府公布了 2014 版负面清单，其中特别管理措施共计 139 条，比 2013 版减少了 51 条。在 139 条中，限制性措施 110 条，禁止性措施 29 条。在投资准入制度创新评价方面，将主要通过投资审批时间、投资领域开放度、2014 版

① Angelus Dimopoulos. Shifting the Emphasis from Investment Protection to Liberalization and Development: The EU as a New Global Factor in the Field of Foreign Investment [J]. World Investment & Trade, 2010 (11): 25.

② 唐健飞. 中国（上海）自贸区政府管理模式的创新及法治对策 [J]. 国际贸易, 2014 (4): 29 - 34.

③ 裴长洪. 全球治理视野的新一轮开放尺度: 自上海自贸区观察 [J]. 改革, 2013 (12): 30 - 40.

④ 龚柏华. 中国（上海）自由贸易试验区外资准入"负面清单"模式法律分析 [J]. 世界贸易组织动态与研究, 2013 (6): 23 - 33.

⑤ 张明，郭子睿. 上海自贸区: 进展、内涵与挑战 [J]. 金融与经济, 2013 (12): 19 - 22.

负面清单和内资外资公平性加以考察。

在贸易便利制度方面：上海自贸试验区的重要功能是实现贸易便利化，实施"一线"（国境线）彻底放开、"二线"（关境线）安全高效管住、"区内"货物自由流动的监管服务新模式（胡锋、成胜，2014）。① 上海自贸试验区作为中国参与高标准的国际投资和贸易规则制定先行者，将最终提升中国在国际投资与贸易规则制定中的话语权。王冠凤、郭羽诞（2014）认为应该构建完善的自贸试验区体系，推进上海自贸试验区贸易自由化和便利化，优化口岸贸易环境与跨境贸易环境，扩大服务业的对外开放，将贸易利益惠及生产者和消费者，并真正形成东部沿海、中部内陆与西部沿边的全方位、立体开放体系，汲取全球化红利。② 从实际操作层面，贸易便利化主要体现在进出口开放度、通关速度和便利性、仓储物流、展览展示、贸易结算、贸易规则国际化等方面。本研究将重点从上述方面设置考察项。

在金融开放制度方面：金融开放是上海自贸试验区服务业扩大开放的重要组成，被定为《中国（上海）自由贸易试验区服务业扩大开放措施》清单首位，体现金融开放对于自贸试验区服务业扩大开放的关键作用，可以说，金融开放政策与满足自贸试验区贸易和相关服务业的金融需求一脉相承。从金融创新政策来看，2013 年 12 月，中国人民银行出台《关于金融支持中国（上海）自由贸易试验区建设的意见》明确自贸试验区金融开放的重点是"人民币跨境使用、人民币资本项目可兑换、利率市场化与外汇管理"，银监会出台《中国银监会关于中国（上海）自由贸易试验区银行业监管有关问题的通知》，而证监会出台《资本市场支持促进中国（上海）自由贸易试验区若干政策措施》以及保监会实施《支持中国（上海）自由贸易试验区建设批复》。可以说，上海自贸试验区与国内其他保税区的最大不同是增加了金融和外汇方面的开放，实际上打造了一个范围更大的"金融自贸试验区"，真正推动人民币的国际化。例如，所有金融机构在机构注册和业务上与国有机构

---

① 胡锋，成胜. 中国（上海）自贸区建立对外资管理体制带来变革的几个问题［J］. 对外经贸实务，2014（3）：22 – 25.

② 王冠凤，郭羽诞. 2014 促进上海自贸区贸易自由化和贸易便利化发展的对策［J］. 经济纵横，2014（2）：58 – 62.

享受同等待遇，并且取消了对国有银行的优惠政策；支持外资与民间资本进入区内银行业、鼓励跨境投融资服务、简化准入方式等；在融资租赁方面，在自贸试验区内融资租赁公司设立的单机、单船子公司不设最低注册资本限制，并允许其兼营和主营业务相关的商业保险业务；支持开展人民币跨境再保险业务，培育发展再保险市场。从国际发展经验来看，香港建立自由港之初就从英美法系引入普通法法律体系，并经过长期市场检验形成高效的金融法治框架，降低了政策变动风险和制度性成本（张伟、杨文硕，2014）[1]；而且在利率市场化方面，日本、韩国与中国台湾地区用了近十年时间才实现（郑联盛，2013）[2]，自贸试验区的金融制度体系的建立与全面推行还需要很长一段路要走。金融体系封闭与缺乏创新一直是影响金融业发展的瓶颈，基于金融风险的考虑，金融开放在国内存在很大的争议。但借助上海自贸试验区这个"金融实验区"可以在开放度和创新性上更有所作为，实现人民币资本项目的可兑换、金融市场利率市场化、人民币跨境使用、金融机构资产价格市场化、鼓励开展跨境融资等（张幼文，2014）。[3] 可以说，整个上海自贸试验区的投资开放与贸易开放离不开金融市场的开放，而自贸试验区金融市场开放创新评价则主要聚焦在货币兑换自由度、利率市场化、资本项目开放、人民币跨境结算等关键问题上。

（二）数据来源与样本特征

本研究的数据来源于上海自贸试验区的现场问卷调查。课题组在上海自贸试验区办事大厅和税务大厅对前来自贸试验区办理公司注册和经营税务相关事宜的人员进行了随机抽样问卷调查，共计发放问卷300份，回收有效问卷167份，有效回收率为55.67%。本次调研样本覆盖了企业性质、注册资本、人员规模等具体统计特征，具有较强的代表性。具体样本结构如表3-7所示：在被调查企业中，民营企业最多，占57.6%，其次为外商独资企业，占25.5%，说明上海自贸试验区对非公企业的吸引力还是比较大的；从被调

---

① 张伟，杨文硕.上海自贸区金融开放的定位与路径分析——兼与香港自由港金融演进路径比较 [J].商业研究，2014（1）：132-136.

② 郑联盛.上海自贸区发展需更多配套改革 [J].中国金融，2013（20）：46-48.

③ 张幼文.自贸区试验与开放型经济体制建设 [J].学术月刊，2014（1）：11-19.

查企业的人员规模来看,57.5%的企业人员规模在11-100人,10人以下的微型企业约为25.7%,千人以上的企业仅占3.6%;在注册资本方面,41.2%的被调查企业注册资本为100万-1000万元,其次32.7%的企业注册资本介入10万-100万元,注册资本达10亿元以上的企业仅为0.6%。根据样本分布特征可以看出,本次调查样本里面中小微型企业占主要部分,因此,本研究的研究结论主要反映了中小微型企业层面的现实状况。

表3-7 研究样本特征

变量	类别	频率	有效百分比	变量	类别	频数	有效百分比
人员规模	10人及以下	43	25.7	企业性质	国有企业	12	7.3
	11-100人	96	57.5		民营企业	95	57.6
	101-300人	15	9.0		外商独资企业	42	25.5
	301-1000人	7	4.2		中外合资企业	11	6.7
	1001人及以上	6	3.6		中外合作企业	1	0.6
	合计	167	100.0		其他	4	2.4
注册资本	10万及以下	3	1.8		合计	165	100.0
	10万-100万(含)	54	32.7				
	100万-1000万(含)	68	41.2				
	1000万-1亿(含)	29	17.6				
	1亿-10亿元(含)	10	6.1				
	10亿元以上	1	0.6				
	合计	165	100.0				

三、调查数据初步分析

(一)信度分析

通过信度分析可以了解各测验项的内部一致性,一般可以采用Cronbach's Alpha系数进行检验,如果测度变量的Cronbach's Alpha值大于

0.70，说明信度较高，量表的信度越大，测量的标准误差就会越小。[①] 从表3-8中可以看出，问卷各子量表的 Alpha 值都大于 0.7，并且都在 0.9 以上。问卷总体的内部一致性系数达到了 0.970，说明量表内部一致性较好、具有较高的信度。

表3-8　信度检验

潜变量	量表总体	法治政府建设	服务型政府建设	投资准入制度创新	贸易便利制度创新	金融开放制度创新
Cronbach's Alpha 系数	0.970	0.929	0.926	0.904	0.965	0.960

（二）法治政府建设效能感知调查结果

对于"感知效能"，本研究采用满意度来进行评估。根据赫茨伯格的双因素理论，"满意"的对立面是"没有满意"，并不是"不满意"；而"不满意"的对立面不是"满意"，而是"没有不满意"。"没有满意"和"没有不满意"实际上属于"满意"和"不满意"的中间状态，这种状态实际上就是我们通常所说的"一般"。根据"满意"的程度，可以分为"非常满意"和"比较满意"两个基本状态；"不满意"程度可以分为"非常不满意"和"比较不满意"两个基本状态。由此，形成本研究关于调查对象感知满意度问卷的五个题项："非常满意""比较满意""一般""比较不满意"和"非常不满意"。通过实地调查，本研究发现：在自贸试验区法律法规制度效能感知方面，企业对自贸试验区法律法规制度的满意度为51.91%，不满意度为8.40%，感觉一般的占39.69%。[②] 虽然满意度不是最高的，但是法律保障的不满意度结果是所有政府公共服务指标测量结果中最低的。这一结果说明自贸试验区一直以来对于法制建设的重视程度得到了广大企业的认可，但同时也说明距离企业满意的水平还有较大的提升空间。

---

① 吴明隆. SPSS 统计应用实务 [M]. 北京：科学出版社，2003：109.
② 这里的满意度由比较满意率与非常满意率加总得到；不满意度由不太满意率与非常不满意率加总得到，下同。

在自贸试验区知识产权保护效能感知方面，企业对知识产权保护满意度为53.13%，不满意度为9.37%，感觉一般的占37.50%。不满意度相对较低，而满意度未超过半数，说明自贸试验区在知识产权保护方面还需要更加努力。

在自贸试验区诚信体系建设效能感知方面，企业对自贸试验区诚信体系建设的满意度为52.63%，不满意度是8.27%，感觉一般的占39.10%。其中满意度在所有政府公共服务指标测量结果中排在第二位，不满意度是最低的，这实际上说明，自贸试验区在诚信体系建设方面作出的努力得到了企业的认可和接受，但是不足半数的满意度也说明还有较大改进空间。

在自贸试验区营商环境建设效能感知方面，企业对自贸试验区法治化营商环境的满意度为56.52%，不满意度为9.42%，感觉一般的占34.06%。营商环境的企业满意度水平在政府公共服务各项指标测量结果中是相对最高的，说明自贸试验区在营商环境建设方面最能获得广大企业的认可。

表3－9　法治政府建设效能感知

变量	满意度	有效百分比	变量	满意度	有效百分比
法律保障满意度	非常不满意	1.53%	诚信建设满意度	非常不满意	1.50%
	不太满意	6.87%		不太满意	6.77%
	一般	39.69%		一般	39.10%
	比较满意	41.22%		比较满意	45.11%
	非常满意	10.69%		非常满意	7.52%
知识产权满意度	非常不满意	1.56%	营商环境满意度	非常不满意	2.90%
	不太满意	7.81%		不太满意	6.52%
	一般	37.50%		一般	34.06%
	比较满意	46.09%		比较满意	46.38%
	非常满意	7.04%		非常满意	10.14%

（三）服务型政府建设效能感知调查结果

在服务态度感知方面，企业对自贸试验区服务态度的满意度为

45.72%，不满意度则高达25.71%，感觉一般的占28.57%，这说明自贸试验区工作人员的服务态度还有进一步提升的空间。实际上在调研过程中，作者也对部分调查对象进行了非正式访谈。在访谈过程中，调查对象也反映了一个客观情况：由于从去年9月底自贸试验区挂牌以来，到自贸试验区办理公司事务的人特别多，导致各个部门工作人员每天都在高负荷工作，长时间的疲劳和紧张的工作状态必然会影响人的情绪，进而导致服务态度受影响。

在服务专业水平感知方面，企业对自贸试验区服务专业水平的满意度为43.75%，不满意度为18.75%，感觉一般的占37.50%。通过结合企业规模特征深入分析发现，11－100人规模企业满意度为37.9%，而员工规模在101－300人的企业满意度仅为28.6%，卡方检验发现差异在1%的水平下显著。这一结果说明，规模越大的企业对于自贸试验区政府提供的公共服务专业水平要求更高，满意度更低。从企业所有制类型来看，外商独资企业对自贸试验区服务专业水平满意度最高（52.5%），其次是民营企业（42.2%），国有企业相对最低（41.7%），上述差异在10%的水平下显著。

在服务公平性感知方面，企业对自贸试验区服务公平性的满意度为46.76%，不满意度为17.27%，感觉一般的占35.97%。根据注册资本差异分析发现，注册资本在10万－100万元规模的企业满意度相对最高（44.9%），1000万－1亿元规模企业满意度次之（42.3%），10万－1000万元规模企业满意度相对最低（40.3%），上述差异在5%的水平下显著。

在服务效率感知方面，企业对自贸试验区服务效率的满意度为39.58%，而不满意率达23.61%，感觉一般的占36.81%。关于服务效率，课题负责人和研究团队重点做了访谈，发现官方媒体报道的4个工作日完成公司注册对于现阶段绝大多数企业无法实现，原因在于此时到自贸试验区登记注册的公司数量确实太多，导致审批业务大量积压，很难在这么短的时间内完成。

表 3-10　服务型政府建设效能感知

变量	满意度	有效百分比	变量	满意度	有效百分比
服务态度满意度	非常不满意	9.28%	专业水平满意度	非常不满意	4.17%
	不太满意	16.43%		不太满意	14.58%
	一般	28.57%		一般	37.50%
	比较满意	37.86%		比较满意	36.11%
	非常满意	7.86%		非常满意	7.64%
服务效率满意度	非常不满意	8.33%	公平性满意度	非常不满意	2.88%
	不太满意	15.28%		不太满意	14.39%
	一般	36.81%		一般	35.97%
	比较满意	32.64%		比较满意	38.85%
	非常满意	6.94%		非常满意	7.91%

四、结构方程模型分析

（一）测量模型结构效度检验

结构效度是验证测量结果与期望评估内容之间的同构程度，是结构方程模型分析结果有效性的重要基础。本研究运用验证性因素分析（confirmatory factor analysis），利用 AMOS 软件来验证量表的结构效度。

验证性因子分析结果表明，测量指标的标准化因子负荷全部都达到了 0.60 以上，并且绝大部分都在 0.70 以上，对应 P 值都在 1% 的水平下显著。测量模型的拟合指数表明，χ^2 / df 都小于 3.0，规范拟合指标（NFI）、相对拟合优度指标（RFI）、比较拟合优度指标（CFI）的值均在 0.90 以上，近似误差均方根（RMSEA）都小于 0.08，由此可见，测量模型和数据具有较好的拟和度，本研究测量模型的结构效度较高，符合开展结构方程模型分析的要求。

表 3 – 11　验证性因子分析结果

变量	测量指标	标准因子负荷	P 值	拟合指数
法治政府建设	法律法规保障	0.960	0.000 * * *	$\chi^2 / df = 0.825$ IFI = 1.00 TLI = 1.00 CFI = 1.00 RMSEA = 0.000
	诚信体系建设	0.886	0.000 * * *	
	知识产权保护	0.862	0.000 * * *	
	营商环境建设	0.708	0.000 * * *	
服务型政府建设	服务态度	0.710	0.000 * * *	$\chi^2 / df = 0.478$ IFI = 1.00 TLI = 1.00 CFI = 1.00 RMSEA = 0.000
	服务专业性	0.927	0.000 * * *	
	服务公平性	0.790	0.000 * * *	
	服务效率	0.811	0.000 * * *	
投资准入制度创新	负面清单	0.781	0.000 * * *	$\chi^2 / df = 0.955$ IFI = 1.00 TLI = 1.00 CFI = 1.00 RMSEA = 0.000
	投资审批时间	0.744	0.000 * * *	
	投资开放	0.776	0.000 * * *	
	内外投资公平	0.746	0.000 * * *	
贸易便利制度创新	进出口开放	0.800	0.000 * * *	$\chi^2 / df = 1.883$ IFI = 0.991 TLI = 0.985 CFI = 0.991 RMSEA = 0.073
	通关速度	0.894	0.000 * * *	
	仓储物流	0.899	0.000 * * *	
	展览展示	0.866	0.000 * * *	
	贸易结算	0.898	0.000 * * *	
	贸易国际化	0.776	0.000 * * *	
金融开放制度创新	兑换自由度	0.798	0.000 * * *	$\chi^2 / df = 1.675$ IFI = 0.998 TLI = 0.992 CFI = 0.997 RMSEA = 0.064
	利率市场化	0.936	0.000 * * *	
	资本项目开放	0.898	0.000 * * *	
	人民币跨境	0.858	0.000 * * *	

注：＊＊＊表示 P＜0.001。

（二）结构模型实证检验

通过采用 AMOS18.0 软件对结构方程模型进行实证分析，模型拟合结果表明，χ^2 / df 小于 3.0，比较拟合优度指数（CFI）、修正规范拟合优度指数（IFI）和非规范拟合优度指数（TLI）都达到了 0.90 的模型拟合标准，近似误差均方根（RMSEA）为 0.079，也符合模型适配范围要求，因此，本研究构建的结构方程模型整体拟合优度符合要求，可以对前文提出的研究假设进行检验判断。

表 3 – 12　模型的拟合指数

拟合指数	卡方值/自由度	近似误差均方根	修正规范拟合指数	非规范拟合指数	比较拟合指数
	X^2/df	RMSEA	IFI	TLI	CFI
拟合结果	2.040	0.79	0.931	0.920	0.930
判断标准	<3.0	<0.08	>0.90	>0.90	>0.90
拟合优度	符合	符合	符合	符合	符合

结构方程模型的全模型路径系数和假设检验结果如表 3 – 13 所示。

表 3 – 13　模型的路径系数和假设检验

变量间关系	标准化路径系数	P 值（显著性）	对应假设	假设验证
法治政府建设→投资准入制度创新	0.430	0.000 ***	H1a	支持
法治政府建设→金融开放制度创新	0.372	0.000 ***	H1b	支持
法治政府建设→贸易便利制度创新	0.480	0.000 ***	H1c	支持
服务型政府建设→投资准入制度创新	0.335	0.000 ***	H2a	支持
服务型政府建设→金融开放制度创新	0.246	0.012 *	H2b	支持
服务型政府建设→贸易便利制度创新	0.223	0.014 *	H2c	支持
法治政府建设→服务型政府建设	0.624	0.000 ***	H3	支持

注：*** 表示 P < 0.001；** 表示 P < 0.01；* 表示 P < 0.05。

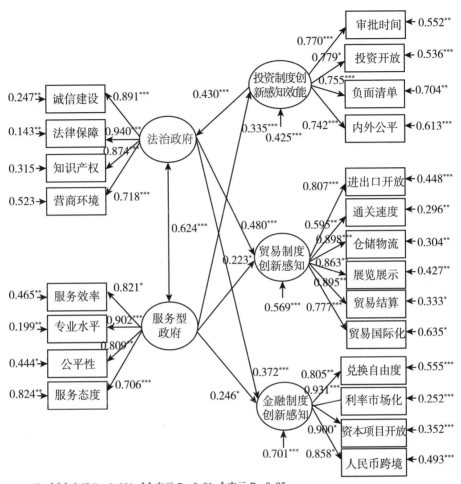

注：＊＊＊表示 P＜0.001；＊＊表示 P＜0.01；＊表示 P＜0.05。

图 3－1　结构方程模型分析结果

（三）实证结果

结构方程模型实证结果表明，法治政府建设对于投资准入、金融开放和贸易便利制度创新都具有正向影响，而且上述正向影响都在 1% 的水平下显著。其中，法治政府建设对贸易便利制度创新的正向影响最大，标准化系数达到 0.480；其次是对投资准入制度创新的正向促进效应，标准化系数达到 0.430；对金融开放制度创新的正向作用标准化路径系数为 0.372。可见，法治政府建设对于上海自贸试验区各项制度创新都具有较为强烈的正向促进作用（标准化路径系数都达到了 0.3 以上），说明理论假设 H1、H1a、H1b 和

H1c 都得到了验证。

在服务型政府建设与制度创新关系方面，从对应 P 值可以看到，服务型政府建设对投资准入制度创新的正向促进效应在 0.1% 的水平下显著，其中的标准化路径系数达到 0.335，这一结果验证了理论假设 H2a；同时还可以发现，服务型政府对金融开放制度创新和贸易便利制度创新的标准化路径系数分别为 0.246 和 0.223，对应 P 值都在 5% 的水平下显著，这一结果实际上说明理论假设 H2b 和 H2c 是成立的。

此外，结构方程模型还为我们提供了法治政府与服务型政府间相关关系的支撑结论。实证结果表明，法治政府建设和服务型政府建设之间的标准化路径系数达到了 0.624，并且在 0.1% 的水平下显著，充分验证了理论假设 H3。

五、结论与政策建议

基于完全独立的第三方评估研究，本研究对上海自贸试验区法治政府建设、服务型政府建设基本情况以及与自贸试验区制度创新的关系进行实证分析。本研究的主要研究结论及相应的政策建议如下。

一是上海自贸试验区法治政府建设和服务型政府建设距离企业期望水平至少尚有 40% 的提升空间。通过对自贸试验区企业办事现场问卷调查发现，企业对上海自贸试验区目前的法治政府建设和服务型政府建设满意度尚未达到理想状态，其中最高的营商环境建设满意度也仅达到 57%；总体来看，企业对法治政府建设满意度略高于服务型政府建设满意度。造成上述现状主要原因可能在于以下三个方面：其一，目前上海自贸试验区毕竟才挂牌 1 年，时间太短，很多改革举措尚未充分发挥应有效能；其二，自贸试验区企业投资热情高涨，大量申请审批业务积压，对自贸试验区的公共服务质量造成了较大压力；其三，更为重要的原因在于目前上海自贸试验区法律支撑不足。从国际来看，土耳其和智利都出台了《自由贸易区法》，韩国出台了《自由出口区设置管理条例》，都是从国家层面进行的立法；此外，《欧共体海关法典》《京都公约》等也都有专门针对自贸试验区的具体条款（刘剑文，2014）。而上海自贸试验区目前执行的是 2014 年 7 月由上海市人大常委会通过的《中国（上海）自由贸易试验区条例》，其法律效力仅仅限于上海市范围内。然而，上海自贸试验区是一项国家级的制度创新工程，其中不仅涉及上海市的有关制度改革，更为重要的是对国家层面有关体制机制进行创新，这其中必然需要国务院和各个部委的支持与协调配合，否则很多关键性制度创新要么根本无法开展，要么协调成本太高、创新效率过低。因此，从根本上讲，上海自贸试验区法治政府建设还需要从国家立法层面加大推进力度。

二是法治政府和服务型政府建设都对上海自贸试验区制度创新产生显著的正向影响。通过结构方程模型研究发现，法治政府建设和服务型政府建设对于自贸试验区制度创新企业感知效能都具有显著的正向的促进作用，其中法治政府建设对贸易和投资制度创新都具有0.4以上的促进效应，法治政府建设对金融制度创新和服务型政府对投资制度创新都具有0.3以上正向影响。从上海自贸试验区改革创新实践来看，如果说第一年上海自贸试验区的制度创新主要是聚焦在框架构建和表层改革，那么接下来上海自贸试验区制度改革创新将进入到比"触及灵魂"还要难的"触及利益"的深水区。下一步，上海自贸试验区的制度创新将如何推进？重点突破方向在哪里？这些问题成为摆在上海自贸试验区面前亟须解答的首要问题。根据实证调查研究结论，本研究认为上海自贸试验区下一步制度创新的关键就是在于法治政府和服务型政府建设，即如何本着法治政府建设要求，进一步加快和深化上海自贸试验区法律法规制度建设、知识产权保护建设、诚信体系建设和营商环境建设；如何以服务型政府建设为准绳，充分借鉴西方新公共管理运动的理念，通过制度创新构建一个效率与公平兼顾、效益与成本兼顾的公共服务新体系。这将是未来很长一段时期内，不仅上海自贸试验区，而且是将要获批建设的其他所有自贸试验区最为重要的创新使命。

三是法治政府建设与服务型政府建设之间的相关关系得到证实，而且本研究发现，两者在自贸试验区制度创新层面的相关强度达到0.624。关于法治政府与服务型政府间的关系，其实是近些年来困扰学术界的重点问题，很多学者从多维角度给出了自己的推理和论述，然而遗憾的是现有研究都是聚焦在定性理论推演层面，一直缺乏定量的实证研究证据。本研究在167份企业问卷调研基础上通过结构方程模型从自贸试验区制度创新层面验证了法治政府建设与服务型政府建设之间的显著相关关系，而且还发现两者之间相关路径系数为 0.596，标准化路径系数达到 0.624，对应 P 值小于 0.001。这一结论实际上表明，法治政府建设对上海自贸试验区制度创新效能的正向促进效应有很大一部分需要服务型政府来传导，而服务型政府建设效能也在很大程度上需要法治政府来保障。因此，在上海自贸试验区制度创新过程中，法治政府建设与服务型政府建设两者要齐头并进、不可偏废，一方面要积极推动高层级的法律法规制度建设，增强知识产权保护和诚信体系建设，打造国际化、法治化的营商环境；另一方面需要加强自贸试验区在公共服务态度、专业、效率、公平等方面的优化升级，从根本上提升自贸试验区公共服务能级，最终通过法治政府建设与服务型政府建设的良性互动有力促进上海自贸试验区制度创新在深水区取得实质成效。

虽然本研究是基于完全独立的自贸试验区办事现场一线调查得到的实证结果，但是限于时间、精力和能力，在调查对象方面主要集中在中小微型企业，尚缺乏足够的大型外资企业和国有企业的调查样本，因此本研究结论也表明，上海自贸试验区下一步的改革创新需要对中小微型企业更加重视和关怀。

第四章 文化产业对外开放战略基础：
竞争环境现状分析

本章将主要对目前自贸试验区文化产业对外开放战略面临的战略基础环境进行现状分析，包括文化产业开放战略的贸易基础、科技创新基础、企业治理基础、国家安全基础、全球竞争格局以及中美发展比较等六个方面。

第一节 文化产业开放战略的贸易基础分析：以长三角为例

在自由贸易试验区深入发展的带动下，整个长三角地区文化贸易发展迎来全新契机、文化产业"走出去"的能力进一步提高。从统计数据来看，2015 年，上海对外文化贸易发展保持增长态势，文化产品与服务进出口规模实现 90.63 亿美元，同比增长 8.63%，文化产品与服务的进口额与出口额均衡；贸易结构从依赖产品出口向高附加值的文化服务贸易转型。浙江省文化产品与服务进出口额实现 107.58 亿美元，其中文化产品进出口优势明显，规模实现 102.55 亿美元，文化服务进出口仅有 5.03 亿美元；文化服务贸易呈现贸易逆差，文化服务出口仅为 0.98 亿美元，但同比增长 24.78%，且主要集中在文化创意与设计服务业、广播影视服务业等。江苏省文化产品出口规模为 73.59 亿美元，贸易顺差 43.24 亿美元，其中文化产品出口 58.42 亿美元，进口 15.18 亿美元，对外文化贸易水平不断提升。安徽省对外文化贸易总规模呈现下滑趋势，2016 年文化产品进出口规模实现 9.2 亿美元，比 2015 年下降 9%；但文化产品贸易顺差 8.78 亿美元，其中出口规模 9 亿美元、进口规模仅为 0.22 亿美元。总体来看，长三角地区对外文化贸易发展处于稳中有增的上升阶段。①

一、长三角地区对外文化贸易的发展环境

（一）产业稳健发展为塑造文化贸易新格局提供大环境

长三角各省市文化产业发展保持着稳健的增长态势与发展活力，文化产业增加值持续增加，为长三角对外文化贸易的提升提供了基础与保障。

上海文化产业继续保持高速增长。2015 年，文化产业增加值为 1632.68 亿元，比上年增长 8.1%，占全市 GDP 比重 6.5%。其中，文化软件服务、广告与设计服务的增加值达 789.43 亿元，占比 48%；新闻传播、广播电视电影等传统文化产业跨界转型效果明显，增加值均呈现大幅度增长，② 文化产业结构进一步优化。与此同时，上海自贸试验区聚集了大批文化企业，成为全国规模最大的外向型文化企业集聚高地，对长三角地区对外文化贸易的助推作用凸显。

文化产业已成为浙江省国民经济发展的支柱性产业。2015 年，浙江省文化产业增加值攀升至 2490 亿元，年均增长高达 18%，文化产业增加值占全省 GDP 的比重为 5.81%，成为名副其实的支柱产业。其中，影视剧制作、动漫产业是浙江省的特色文化行业。2015 年，浙江省电视剧产量位居全国首位、动画片与电影产量则居于第二位、第三位。③ 此外，在 2016 年度全国文化企业 30 强中，浙江的华策影视、宋城演艺、浙江出版联合集团占据 3 席，龙头文化企业成为浙江省文化产业"走出去"的重要助推力量。

江苏文化产业发展良好，保持着高速增长态势。据统计，2015 年江苏省文化产业增加值达 3167 亿元，居全国第二位，文化企业数量 10 万余家，从业人员高达 110 万人，为江苏省对外文化贸易发展提供了良好条件。具体来

① 解学芳，臧志彭. 长三角地区对外文化贸易年度报告（2017）[R]. 中国对外文化贸易年度报告（2017）.

② 中共上海市委宣传部文化改革发展办公室，上海市文化事业管理处，上海社会科学研究院文学研究所. 2016 年上海文化产业发展报告 [R]. http://shcci. eastday. com/c/20170216/u1ai10345503. html，2017 – 02 – 16.

③ 浙江省文化产业发展现状 [N]. 浙江日报，2017 – 05 – 25.

看，一是拥有数量与规模位居前列的文化产业园区 200 余个，其中 1 个国家级文化产业试验园区、16 个国家文化产业示范基地、4 个国家级动漫产业基地、3 个国家级文化与科技融合示范基地；① 二是龙头文化企业数量多，年营业额 500 万元以上的企业高达 6500 余家，而且在 2016 年全国文化企业 30 强中，江苏凤凰出版传媒集团、江苏省广电有线信息网络、江苏广播电视集团等均是对外文化贸易的典范企业，引领着整个江苏省文化产业"走出去"。

安徽省文化产业规模相对较小，但发展速度较快。据国家统计局数据显示，2015 年，安徽省文化产业增加值实现 833.71 亿元，比 2014 年增长了 15%，文化产业占 GDP 比重为 3.79%；安徽省规模以上文化及相关法人单位 1907 个、主营业务收入 2094.9 亿元，位居全国第 11 位，增长势头迅猛。② 在 2016 年度全国文化企业 30 强中，安徽出版集团、安徽新华发行集团占据 2 席，凸显了安徽省出版业是优势文化产业行业。

综上来看，长三角地区文化产业增加值逐年稳健增长，文化产业对经济发展贡献率不断提升，以及龙头文化企业不断"出海"的示范带头作用，为长三角地区对外文化贸易水平的进一步提升打下了良好的产业基础。

（二）区域文化相关政策的落地为提高对外文化贸易水平提供制度保障

在国家积极推进"一带一路"倡议与全国建设自由贸易试验区的利好政策环境下，长三角地区各省市均积极出台了支持、鼓励文化贸易，扶持文化企业"走出去"的相关政策，推动了长三角地区对外文化贸易的增长。

其一，从大政策背景来看，自贸试验区试点在全国开展与"一带一路"倡议，是文化贸易呈现快速增长的制度推力，带动了长三角各地文化贸易政策的陆续出台：上海出台《关于加快发展本市对外文化贸易的实施意见》，提出"利用五年时间培育五家具有国际竞争力强的对外文化贸易骨干企业"，为提升上海对外文化贸易竞争力提供保障。浙江省出台《关于进一步推动我省文化产业加快发展的实施意见（2015）》，通过财税手段鼓励文化企业"走

---

① 江苏省文化厅."十二五"文化发展情况统计［EB/OL］. http://www.jscnt.gov.cn/gk/zd/tj/201705/t20170508_48044.html，2017 – 05 – 08.

② 李卉.安徽省 2015 年文化产业增加值约 840 亿元 同比增长 15%［EB/OL］. http://ah.ifeng.com/a/20160816/4874787_0.shtml，2016 – 08 – 16.

出去"。江苏省则出台《关于促进文化金融发展的指导意见》，其重点任务之一就是"支持文化企业从事境外投资，扶持重点文化企业通过新设、收购、合作等方式在境外开展文化领域投资合作"；而《2015年度江苏省文化产业引导资金项目申报指南》重点支持"骨干文化企业'走出去'和具有自主知识产权的文化产品和服务出口项目"。此外，2016年安徽省出台的《文化厅"十三五"时期文化改革发展规划》强调"扶持龙头企业，鼓励和支持品牌效应明显、核心竞争力强的龙头文化企业开展对外文化贸易，在境外兴办文化实体，建设海外文化基地"，把发展对外文化贸易放到了重要的战略位置。

其二，长三角地区出台了一系列鼓励文化版权"走出去"的扶持政策，而且诸多区域颁发了一系列文化贸易扶持政策。2016年，《上海市版权"走出去"扶持资金管理办法》致力于促进版权"走出去"战略，鼓励与支持优秀版权项目走出去；江苏省设立的省级现代服务业（文化）发展专项资金则重点扶持"具有国际影响力和竞争力，代表江苏较高艺术水准的走向国际市场的演艺项目，以及具有自主知识产权的文化服务出口项目"。在区域政策方面，苏州市实施《2015年度苏州市文化"走出去"境外展会名录》、为文化企业"走出去"积极搭建平台，宁波市出台《宁波市文化产业（贸易）发展若干意见》，绍兴市颁布《绍兴文化服务贸易发展三年行动方案》，这些区域政策都为文化贸易发展提供了积极的制度支持。

其三，长三角各省市鼓励重点文化行业积极"走出去"。在电影行业，《促进上海电影发展专项资金实施细则（2016年版）》支持"电影走出去，鼓励上海出品的电影赴境外参加国际电影节、上海出品的电影赴境外发行、搭建国产电影海外推广平台"，在政策红利的驱使下，上海电影备案、出品量大幅增长，出品影片总票房增长近三倍；在创意设计行业，上海制定了《贯彻〈国务院关于推进文化创意和设计服务与相关产业融合发展的若干意见〉的实施意见》；在新兴网络文化行业，江苏省出台《关于加快发展对外文化贸易的实施意见》，提出"加快发展创意设计、数字影视、网络电视、数字出版、动漫游戏等具有高增值性的新型文化业态，形成对外文化贸易新增长点；鼓励和引导文化企业加大内容创新力度，形成核心竞争力强、附加值高的国际知名品牌"。

综上可见，对外文化贸易实施的一系列财税优惠、开放政策等降低了文化企业"走出去"的门槛与成本，优化了现有的文化贸易生态，加快了长三角地区文化企业参与全球文化贸易的进程。

（三）对外文化交流水平的提高，涵养着长三角地区的文化贸易土壤

上海国际性文化节庆的顺利开展进一步提升了本土文化的知名度与影响力。2014 年第 17 届上海国际电影节，东方梦工厂、新加坡 MediaCorp、墨西哥 Televisa、英国 ITV 与韩国文化产业振兴院等在内的 400 余家国内外知名文化企业与 1808 部影片参展、24 个国家 253 个项目报名，进一步提升了上海国际电影节的全球影响力。① 第 16 届中国上海国际艺术节演出交易会有来自33 个国家和地区的 370 家机构参会，其中境外机构 128 家，中外各方达成341 项合作意向（其中，"走出去"项目 165 项、"引进来"项目意向 89项），均高于上一年度。② 此外，上海交响乐团 105 人赴德国、荷兰巡演 7场，上海杂技团《十二生肖》赴法国、比利时巡演 80 场，获得巨大成功，③提高了海派文化的知名度。

浙江对外文化交流活动与文化贸易活跃。2014 年第九届中国（义乌）文化产品交易博览会吸引大约 109 个国家与地区参展，外贸成交规模实现 30.12 亿元，洽谈交易为 49.1 亿元；第十届中国（杭州）国际动漫节则汇聚美国、日本、法国、俄罗斯等 74 个国家和地区的动漫企业与机构参展，达成交易或意向项目规模112.4 亿元，现场实际成交与消费规模达 26.2 亿元④；第八届中国杭州文化创意产业博览会吸引了来自美、法、德等 20 余个国家 2000 家机构参展，推出"线上线下互动办展"模式展示了国内外文创机构的 5000 余件最新文创成果。⑤

江苏积极开展外文化交流活动，"走出去"与"引进来"并举。2014

① 17 届上海国际电影节主页，http：//video. siff. com/，2014－06－23.

② 诸葛漪. 第十六届上海国际艺术节演出交易会达成 341 项合作意向 [N]. 解放日报. 2014－10－24.

③ 中共上海市委宣传部文化改革发展办公室，上海市文化事业管理处，上海社会科学研究院文学研究所. 2016 年上海文化产业发展报告 [R]. http：//shcci. eastday. com/c/20170216/u1ai10345503. html，2017－02－16.

④ 戴睿云. 第十届中国国际动漫节圆满落幕 [N]. 浙江日报，2014－05－05.

⑤ 2014 年浙江省社会发展报告 [R/OL]. http：//www. zjdpc. gov. cn/art/2015/71/21/art_ 343_ 1462207. html，2015－07－21.

年，苏州市成功入选联合国"全球创意城市网络联盟——手工艺和民间艺术之都"主题城市，获得世界级文化名片。从统计数据来看，2014年全省有65批文化团体赴世界19个国家及地区进行文化交流，高达73个国家及港澳台地区的1051批文化团组到江苏开展文化交流项目或参展。从国际展会举办情况来看，作为主宾省参加了"2014海峡两岸文化创意与传统艺术展"，成功举办了第11届常州国际动漫艺术节。此外，江苏省的演艺文化交流活跃。江苏省演艺集团·民族艺术团携《2014新春民族音乐会——江南情韵》赴欧洲法国、比利时、葡萄牙等国家参加海外"欢乐春节"活动；2014年赴俄罗斯举办为期7天的"感知江苏"文化周活动，宣传江苏本土绘画艺术与民俗文化，[1] 进一步提升了江苏本土文化知名度。

二、长三角地区对外文化贸易年度发展情况

（一）上海对外文化贸易发展状况

2015年，上海对外文化贸易发展呈现良好态势。首先，在规模上，文化产品和服务进出口规模继续保持增长，总额实现90.63亿美元，同比增长8.63%；其中进口为45.30亿美元，出口规模实现45.33亿美元，文化产品与服务的进出口均衡。其次，从贸易结构来看，文化产品的进出口规模为53.19亿美元，比上年度增长4.72%；文化服务进出口规模为37.44亿美元，比2014年增长14.70%，其中文化服务类进出口总量占比达41.35%，说明上海文化贸易从依赖产品出口的贸易结构开始致力于向高附加值的文化服务贸易的结构转型。最后，从细分行业增长情况来看，文化专用设备、文化与娱乐服务以及广告服务的进出口增幅均超过10%，其中视听与相关服务进出口额增幅最大，比上年度增长达111.51%，[2] 这与近年上海互联网文化服务业务增长有关。

上海市对文化出口重点企业和重点项目的关注度提升。根据"2015 - 2016年度国家文化出口重点企业和重点项目"名单，上海入选33家文化出

---

① 江苏省文化厅.2014年江苏省文化厅工作总结［EB/OL］. http：//www.jscnt.gov.cn/xxgk/xxkml/201502/t20150227_ 27872.htm，2015 - 02 - 27.

② 上海市委宣传部，上海市商务委员会，上海市发展改革研究院.2016上海对外文化贸易发展报告［R］. 2017 - 03 - 07.

口重点企业、15 项文化出口重点项目。与此同时，上海组织了"2016－2017年度上海市文化出口重点企业和重点项目"的评审，世纪出版、三联书店、上海新闻出版、游族信息、克顿传媒等为代表的 36 家企业与《恋舞 OL》海外推广、五岸传播与 SinoVision 合作经营中英文频道项目等 15 个项目入选，其示范引领效果带来外向型文化企业的发展态势良好。

（二）浙江对外文化贸易发展状况

浙江省对外文化贸易进入快速发展阶段。首先，从总规模上看，2015年，浙江省文化产品与服务进出口总规模为 107.58 亿美元，其中，文化产品进出口规模为 102.55 亿美元，比 2014 年增长 19.2%；文化服务进出口规模为 5.03 亿美元，比上年增长 15.1%，但占服务贸易进出口总额的比重还比较低，仅为 1.14%；其次，从文化贸易结构来看，文化服务贸易呈现贸易逆差，文化服务进口为 4.05 亿美元，同比增长 12.81%；文化服务出口虽然规模不大，仅为 0.98 亿美元，但呈现大幅度增长，比 2014 年增长 24.78%，增速远高于全省平均水平，而且主要出口到美国（占比 25.15%）、英国（10.02%）等主流国家；最后，从文化服务出口类型来看，新兴的文化创意与设计服务业以及传统的广播影视服务行业出口规模分别为 0.41 亿美元和0.34 亿美元，占文化服务出口总规模的 80%，而传统的文化艺术服务出口为0.09 亿美元（占 9.81%）、新闻出版服务出口为 0.05 亿美元（占 4.92%）、其他文化服务出口规模为 0.08 亿美元（占 8.00%）①。

此外，2016 年，浙江省对"一带一路"沿线国家出口文化服务达 4.99亿元，超过浙江省文化服务出口总规模的 1/3，成为浙江省文化出口第一市场；其中，文化创意行业出口规模实现 8.2 亿元，影视、出版、艺术等文化服务出口规模为 6.1 亿元。② 根据 2015－2016 年度国家文化出口重点企业和重点项目名录，浙江有华策影视、永乐影视、特立宙动漫等 17 家企业入选文化出口重点企业名单以及华策影视境外投资韩国 NEW、吉尔吉斯视频点播网

---

① 浙江省文化厅. 浙江省文化厅 2016 年工作总结［EB/OL］. http：//www. zj. gov. cn/art/2017/3/20/art_ 5496_ 2224513. html，2017－03－20.

② 2016 年浙江对外经济与贸易分析［EB/OL］. http：//tjj. zj. gov. cn/tjxx/tjjd/201702/t20170217_ 191768. html，2017－02－14.

络项目等 6 个文化出口重点项目；同时，浙江省也根据《浙江省文化出口重点企业项目管理办法》认定了 2015 – 2016 省级文化出口重点企业与项目 92 个，积极推动文化贸易的深入发展。

（三）江苏对外文化贸易发展状况

2015 年，江苏省文化产品出口规模实现 73.59 亿美元，贸易顺差 43.24 亿美元；其中文化产品出口 58.42 亿美元，进口 15.18 亿美元，文化贸易水平不断提升。[①] 但江苏省入选国家文化出口重点企业和重点项目的数量有所减少，2015 – 2016 年获得国家文化出口重点企业称号的有 24 家，比 2014 年减少 8 家；文化出口项目为 5 个，同比减少 4 个；入选的重点企业集中在动漫游戏（11 家）、新闻出版广电（5 家）、乐器制造（5 家）、工艺美术（2 家）与演艺（1 家）等行业。[②]

江苏省形成了一批有影响力的国际文化交流、博览交易平台。截至 2016 年年底，举办了十三届中国（常州）国际动漫艺术周，六届中国（无锡）国际文化艺术产业博览交易会、五届中国苏州文化创意设计产业交易博览会等，为江苏省文化企业"走出去"提供了国际化平台。

（四）安徽对外文化贸易发展状况

安徽省对外文化贸易发展速度减缓。一方面，文化产品进出口规模呈现下滑状态，从数据来看，2016 年，文化产品进出口规模实现 9.2 亿美元，比上年度下降 9%；另一方面，文化贸易呈现顺差的良好态势。文化产品贸易顺差 8.78 亿美元，其中，进口规模为 0.22 亿美元，下降了 4.7%；出口规模为 9 亿美元，下降了 9.1%；此外，从文化贸易结构来看，文化产品类型出口相对单一，工艺美术品、玩具与游戏器材及娱乐用品等行业的出口额为 8.4 亿美元，占安徽省文化产品出口总额的 92.6%[③]，说明文化贸易的结构

---

① 耿卫. 江苏文化产业发展情况（2017 版）［EB/OL］. http：//www. cacanet. cn/detail_politrid. aspx？ wcid = 297802。

② 于倩. 2015 – 2016 年度国家文化出口"双重点"认定我省再获佳绩［EB/OL］. http：//www. jscnt. gov. cn/whzx/tt/201605/t20160517_ 39279. html，2016 – 05 – 17.

③ 谢宏豹. 2016 年安徽文化产业发展情况分析［EB/OL］. http：//www. ahwenhui. com/display. php？ sid = 7532，2017 – 07 – 26.

还有待于拓展与优化。

根据"2015－2016年度国家文化出口重点企业和重点项目"名单，安徽入选26家文化出口重点企业，以及安徽省杂技团赴美演出、丝路图书国际合作联盟等10项文化出口重点项目，出口企业与项目主要聚焦在图书出版、动漫游戏、工艺品等行业，说明这三大领域是安徽省对外文化贸易的优势行业。

三、长三角地区对外文化贸易发展特征

在"互联网＋"与国家"一带一路"倡议的影响下，长三角地区对外文化贸易朝着多元化、纵深化、网络化发展，呈现出以下四大典型特征。

（一）特征一：新兴网络文化产品与服务贸易优势凸显

长三角地区的对外文化贸易与文化产业发展呈现高度一致，新兴互联网文化产业的崛起，带来了动漫、网络游戏、数字版权、移动文化等网络文化产品与服务贸易的快速增长。例如，2015年，浙江省文化服务出口集中在高科技、高附加值的新兴文化创意行业，出口规模达8.16亿元，占出口总额的57.73%；文化信息传输服务等领域出口实现0.67亿元，增长幅度高达120.04%；而且以AR、3D技术为主打的高科技文创产品与服务畅销美国、欧洲等地。[①] 此外，从2015年度国家财政部文化产业发展专项资金支持的73个重大对外文化贸易项目来看，长三角文化企业获得出口奖励的有14家，80%以上的企业聚焦在动漫游戏、文化软件与创意设计等新兴行业。

表4－1　2015年长三角地区获得财政部文化产业专项资金出口奖励的企业

地区/数量	企业名称	
上海（3家）	上海新文化传媒集团股份有限公司	上海圣然信息科技有限公司
	上海炫动传播股份有限公司	
江苏（4家）	江苏山猫兄弟动漫游戏有限公司	常熟游斋软件有限责任公司
	南京波波魔火信息技术有限公司	江苏久通动漫产业有限公司

---

① 浙江省商务厅.2016年浙江文化服务贸易量质并举高速增长［EB/OL］. http：//www. zcom. gov. cn/art/2017/1/17/art_ 1127_ 245784. html，2017－01－17.

续表

地区/数量	企业名称	
浙江（4家）	浙江华策影视股份有限公司	宁波康大美术用品有限公司
	美盛文化创意股份有限公司	宁波音王电声股份有限公司
安徽（3家）	安徽时代创新科技投资发展有限公司	铜陵百舟网络科技有限公司
	合肥智明星通软件科技有限公司	

数据来源：中国财政部《2015年度文化产业发展专项资金拟支持项目公示》，2015年7月13日。

　　长三角地区的网络游戏/手游行业在全球文化市场中的地位开始上升。2015年，上海网络游戏的海外销售收入实现6.95亿美元，约占全国海外销售收入规模的13.1%，诸多游戏品牌成功走进全球市场——东方明珠构筑家庭游戏生态圈，全球同步发售首款3A游戏《最终幻想15》国行版，其旗下的百家合全球发布的《胡闹西游》成功出口到欧美、澳大利亚、东南亚等地区①；焦扬网络致力于中国游戏海外发行运营平台的搭建，拥有30个国家的500家海外运营渠道和2000余家合作的CP资源，在东南亚市场形成了较好的竞争力，其旗下的游戏作品《ZOMBIE WAR》《我欲封神》在越南市场运营成功；上海莉莉丝科技研发的《SOUL HUNTERS》与上海骆拓科技的《魔法英雄传》游戏进入2016年巴西APP移动应用收入前15名榜单，上海欧拉网络研发的《PIGGY IS COMING – PET PARADISE》则进入越南APP移动应用收入的前30名榜单，浙江杭州的非奇科技研发的手游《ZOMBIE FRONTIER 3》成功进入日本APP移动应用收入的前30名榜单，成为手游的典范；巨人网络305亿元收购以色列著名休闲社交棋牌类网络游戏公司Playtika，深耕全球网络游戏市场、布局网络游戏的全球化研发与发行。

　　此外，在互联网媒体行业，阿里巴巴开发的UC头条国际版"UC NEWS"登录印度、印度尼西亚等国家，着力打造两国本土网络自媒体生态，为出海企业提供了范本；百视通获得韩国MBC韩剧资源的互联网媒体电视端2016－2018年的播放权；浙江大学出版社的互联网阅读服务、互联网教育

---

　　① 上海市委宣传部，上海市商务委员会，上海市发展改革研究院.2016年上海对外文化贸易发展报告[R].2017－03－07.

服务和互联网学术服务正以 30% 的出口幅度递增，在国际市场的影响力不断提升。

（二）特征二：长三角地区发挥着国际文化贸易交易中心的地位

中国（上海）自由贸易试验区对于长三角地区对外文化贸易水平的提升发挥着至关重要的作用，成为艺术品贸易与版权贸易的中心。在艺术品行业，上海自贸试验区的国际艺术品交易中心实现了艺术品保税仓储、展览展示、交易拍卖、评估鉴定、金融服务等多功能于一体，为艺术品国际交易提供了良好平台；在版权贸易方面，中国（上海）自由贸易试验区版权贸易洽谈会已举办三届，2016 年版权贸易洽谈会集聚了剑桥大学出版社、约翰·威立出版集团等为代表的 20 多家国际出版商，展出最新境外原版图书 1.6 万余册，版权贸易及对外合作项目成功签约 11 个，对外合作贸易额达 40 万美元。①

在影视贸易方面，中国影视产业国际合作实验区致力于发展影视作品出口贸易，其主办的国际性影视交易展会——中国影视产业创新峰会成为华语影视作品"走出去"的重要平台，截至 2016 年年底，3242 剧集的影视产品出口到世界 158 个国家与地区，累计创汇约 6000 万美元；而中国（浙江）影视产业国际合作实验区海宁基地侧重建设"中非影视合作贸易工程""一带一路"沿线国家等影视译制出口，截至 2016 年年底，基地译制出口的影视剧、动画片多达 6000 多部（集），覆盖非洲、"一带一路"沿线国家与地区②，成为名副其实的影视贸易中心。此外，浙江漂牛文化、浙江华麦网络开发的互联网影视跨境交易平台，为影视动漫作品与相关衍生品的全球在线展示、跨境传输、数字版权交易提供了国际化的平台。

在新媒体技术与其他领域，长三角地区也扮演着文化贸易中心的角色。上海国际跨媒体技术装备创新博览会成为展示全球高新科技、国际媒体技术装备的盛会，2016 年吸引了来自全球 400 余家国内外展商，成为全球性跨媒体交易中心；而上海迪士尼于 2016 年 6 月正式运营，拥有全球迪士尼乐园中最

---

① 吴善阳. 第三届上海自贸区境外新版图书展暨版权贸易洽谈会举行［EB/OL］. http：//www.ncac.gov.cn/chinacopyright/contents/4509/301347.html，2016－07－20.

② 浙江省商务厅. 浙江省认定首批 2016－2018 年度省级文化服务和产品出口基地［EB/OL］. http：//www.zcom.gov.cn/art/2017/1/3/art_ 1112_ 244643.html，2017－01－03.

大的城堡以及全球首发的"创极速光轮"设施，截至 2016 年年底，游客数量达 560 万人，成为长三角地区的超级娱乐中心与海内外游客的集聚高地。

（三）特征三：外向型文化企业积极在全球文化价值链中布局

长三角地区的龙头文化企业在全球文化价值链中积极布局，整合与利用全球文化资源的能力得以不断提高。特别是影视企业"出海"频繁、优势突出：新三板上市企业基美影业 2015 年和法国电影巨头欧罗巴续签五年合作协议、展开深度合作，并于 2016 年投资欧罗巴 27.89% 的股份成为第二大股东，拥有了对国际化电影资源的全球配置权；浙江的华策影视积极进军国际市场，其大型年代剧《传奇大亨》入选 2016 法国戛纳电视节官方展映资格，在华语电视剧中尚属首次，而且将影视作品销售至 180 余个国家与地区，成为世界华语影视内容的最大提供商；熙颐影业投资国际版权销售公司 Insiders，利用其全球销售网络发行优秀中文影片至北美洲、欧洲、亚洲等国家，推动了中国电影的国际化；浙江博尚电子在中东迪拜成立视博国际传媒集团，向 2 亿阿拉伯语观众提供中国文化、体育、商贸的直播卫星电视与移动收听服务；而上影集团与拥有超过百年历史的德国巴德斯图堡制片公司战略合作，投资 20 亿元打造上影片场，向国际化影视集团挺进……可见，影视企业成功"走出去"为外向型文化企业提供了范本。

在演艺服务方面，长三角演出企业开始商演于世界主流文化舞台。2016 年，上海歌剧院的《雷雨》首次以纯商演模式登上英国伦敦大剧院，连演 4 场，获得成功商演；上海芭蕾舞团的《长恨歌》在英国票房市场进行销售，连演 5 场，得到国外演艺经纪公司、英国皇家芭蕾舞团等的关注；上海杂技团的大型杂技晚会《小龙飞天》经过中法合作——中方负责编排，法方凤凰马戏公司根据欧洲受众偏好修改，成功在欧洲巡演 4 个多月，在法国、瑞士、比利时等欧洲国家的 29 座城市累计演出 96 场，观演人数近 40 万人次，成为我国杂技艺术走进欧洲主流市场的典范。[①]

此外，长三角文化企业纷纷抢占全球 AR、VR 资源，推动 AR、VR 在文化产业行业的深度应用。阿里巴巴领投美国致力于 MR（混合现实）开发的

---

① 徐璐明. 海派新马戏累计演出 96 场征服欧洲观众 [N]. 文汇报，2016–03–18.

MAGIC LEAP，以及以色列的 VR 公司 INFINITY 与 AR 公司 LUMUS，开始加快在 VR、AR 等新兴领域全球市场的布局；SMG 联合东方明珠战略投资美国顶级 VR 公司 JAUNT，并合资成立"JAUNT 中国"，为用户提供高端 VR 影视内容；上海的游戏巨头三七互娱则投资加拿大的 VR 研发商 Archiact，大力开发 VR 游戏的海外市场，建立 VR 游戏/内容、VR 交互、VR 社交、VR 行业应用的完整 VR 产业链；华人文化控股集团投资全球 VR 第一阵营最具代表的 VR 直播顶尖企业 NextVR 和 Jaunt，其旗下的互联网智能娱乐平台微鲸则和 NextVR 建立深度合作关系，并和 Comcast、迪士尼、福克斯 Fox、Live Nation 等媒体娱乐巨头建立了内容合作关系。[①]

（四）特征四：国际性文化品牌的全球影响力进一步提升

长三角地区形成了一系列具有国际知名度的文化节庆品牌。特别是上海国际艺术节、上海国际电影节、中国（义乌）文化产品交易会等品牌的国内外影响力不断提升。

在国际性节庆方面，2016 年中国上海国际艺术节吸引了来自 64 个国家的艺术工作者，国内外参演剧（节）目达 50 台；其中艺术节特设的"一带一路"展演聚集了俄罗斯等"一带一路"沿线国家的作品，展现出"一带一路"国家丰富的文化艺术资源[②]；同时，第 19 届上海国际电影节顺利举办，来自海内外的 600 部影片参与展映，上海国际电影节已成为中外电影文化交流的知名品牌；此外，第十二届中国国际动漫节则吸引了 80 余个国家与地区、五大洲全覆盖，多达 138.15 万人次参与，签约交易和意向合作项目高达 948 项，大大提高了长三角动漫及相关产品的影响力与国际化运作水平。

在文化产品与服务博览、交易方面，第 14 届中国国际数码互动娱乐展览会（ChinaJoy）吸引了世界 30 余个国家和地区的企业参展，占据世界家用游戏机市场 2/3 的 Playstation 与 Xbox 首次于展会共同亮相；第 12 届中国国际动

---

①　韩松. 华人文化入股美国 VR 直播顶尖企业 NextVR［N］. 经济观察报，2016 – 08 – 08.

②　第 18 届中国上海国际艺术节官方网站，http://sh. eastday. com/2015/2016artsbird/index. html，2016 – 11 – 15.

漫游戏博览会成功举办，吸引了 338 家海内外展商参展；第 20 届上海艺术博览会则吸引了美国、德国、意大利、日韩等 17 个国家近 140 个画廊参展，油画、雕塑、陶瓷等艺术品交易规模约 1.5 亿元，比上届艺博会增长 5.6%；此外，中国（义乌）文化产品交易会的国际影响力也不断提升，特别是 2016 年第十一届中国（义乌）文化产品交易会吸引了 93 个国家与地区参与，实现洽谈交易额 52.04 亿元，其中外贸成交额占 62.78%，高达 32.67 亿元；而 2016 年第十届杭州文化创意产业博览会则以"融——智慧科技、创意生活"为主题，集聚了全球 20 多个国家及台港澳地区的文创企业参展，完成签约项目 135 项，为外向型文化企业搭建了国际化的展交平台。

此外，长三角地区的图书出版品牌在海外市场得以拓展、影响力初现。2016 年江苏凤凰出版集团全年版权输出高达 220 项，比上年增长 10%，40 个项目入选"中国图书对外推广计划""经典中国国际出版工程""丝路书香出版工程"等国家级项目①；2016 年 7 月，浙江出版联合集团与俄罗斯尚斯国际出版公司合作的俄罗斯首家中文书店——尚斯博库莫斯科店与尚斯博库图书网站同时开通②；而安徽时代出版与波兰阿达姆·马尔沙维克出版集团签署共建"一带一路"国际出版联盟战略协议，并与多国开展版权贸易、数字出版的合作；此外，安徽出版集团的图书品牌已进入 100 余个国家与地区，输出版权高达 1424 种，成为出版贸易的典范。

四、长三角地区对外文化贸易存在的问题

首先，长三角对外文化贸易的总体规模逐年增长，但增长速度放缓，而且存在部分区域对外文化贸易规模呈现大幅下滑的问题；文化出口结构还存在不合理的窘状，大部分出口的文化产品还被锁定在低端市场环节。此外，虽然鼓励文化企业"走出去"的贸易扶持政策增多，扶持力度增强，但政策实际效益并未达到预期；而且政策效果缺乏评估，长三角地区关于对外文化贸易的统计制度尚不健全，对整个长三角地区对外文化贸易的总况与全貌缺

---

① 李慧，石芳. 第九届"全国文化企业 30 强"名单 [N]. 光明日报，2017 – 05 – 12.
② 李月红. 文化"走出去"再结硕果——浙江中文书店开到俄罗斯 [N]. 浙江日报，2016 – 07 – 06.

乏系统、动态了解。

其次，虽然长三角地区文化贸易主体呈现多元化，但目前在全球文化价值链中的地位处于下端。欧美、日韩等发达国家控制了设计、营销与品牌知识在价值链中的自由流动，在全球范围内占据了文化产业大部分市场份额，特别是诸多行业的研发设计环节与核心技术处于国外企业掌控的窘状，留给长三角文化企业的空间并不多，影响了长三角地区文化产业在全球价值链中的整体升级。

再次，目前长三角对外文化贸易出口国家与地区还集中在东南亚、欧美等国家的弱势文化区域，进入主流文化市场的力量不足。虽然长三角地区自主研发的网络游戏、手游、电视剧、动漫、电影等加快了输出步伐与贸易范围，但在主流文化市场的国际认同与影响力还不高，甚至受到欧美强势文化区域知识产权的制约以及文化折扣的影响。例如，在演艺行业，长三角地区的演出剧团到美、英、法、德、日韩等欧美亚发达国家进行文化展演与交流的活动频繁，但经得起市场检验的商业演出却凤毛麟角。

最后，外向型文化企业数量增多，但在国际主流文化市场具有竞争力的企业数量不多，大多缺乏核心竞争力，也缺乏有影响力的国际性文化品牌；而且参与国际性文化合作与竞争的经验不足，国际市场营销能力不强，熟悉对外文化贸易的应用型综合型人才也缺乏，[1] 直接影响了长三角文化产业国际竞争力的提升。

第二节　文化产业开放战略的科技创新基础分析：基于上海全球科创中心建设的思考[2]

科技创新是文化产业开放战略的重要基础。本节以构建全球科技创新中

① 朱晓辉，张佑林. 自贸区框架下上海文化贸易发展所面临的问题和对策研究 [J]. 浙江理工大学学报（社会科学版），2015（2）：92-95.
② 解学芳. 文化创意产业科技创新环境优化研究——基于上海全球科技创新中心建设的思考 [J]. 科学发展，2015（09）：54-59.

心为参照系，对文化产业开放战略的科技创新基础进行分析。研究发现，上海文化产业发展的科技创新环境还存在创新生态不佳、创新主体不活跃、制度配套缺位等诸多瓶颈。

一、科技创新生态基础分析

《2014 全球创新指数报告》（GII，Global Innovation Index）显示，瑞士、英国、瑞典、芬兰、荷兰、美国是"最具创新力经济体"的前 6 位，中国创新能力排名第 29 位，[①] 说明我国的创新能力正在稳健提升；从城市排名来看，澳大利亚发布的 2014 全球创新城市指数，上海列第 35 位，与国际大都市的定位还存在较大差距。[②] 从上海文化产业发展的创新环境来看，总体上缺乏技术创新的生态系统，缺乏高端技术创新人才的集聚，而且，在科技创新与成果转化环节上存在脱节。以文化产业园区为例，虽然张江国家级文化和科技融合示范基地具有良好的科技基础，集聚了一批规模大与创新力强的文化科技企业；但很多文化与科技融合的行业还处于产值大、利润低的发展阶段，适合文化科技融合的体制机制环境还有待改善，在推动文化与科技融合方面还缺乏切实可行的组织体系和政策支撑，为文化科技企业提供共性技术服务与创新创业服务的能力还不高。虽然上海文化科技类的产业园区的孵化功能这些年不断得到完善，但园区"重招商、轻服务"，仍然注重孵化基金的数量与孵化企业的数量忽视孵化质量；而且，文创企业的商业模式还比较单一，且由于投入高、风险高带来企业生命周期短等问题比较突出。

一般来说，文创企业的技术创新表现为三个阶段：第一阶段是文创企业开展技术创新，这是最基本的创新活动；第二阶段是技术创新在文创园区内企业之间的共享、扩散，是模仿式创新机制发挥作用阶段；第三阶段是文创

---

① 2014 年 7 月 18 日，《2014 全球创新指数报告》由美国康奈尔大学、欧洲工商管理学院与世界知识产权组织联合发布，主要采用机构、人力、研究、基础设施、市场、企业成熟度、知识、技术和创新等 81 个指标得出最后排名。数据来源 www. wipo. int/econ_ stat/en/economics/gii/.

② 谢群慧. 浦东筹谋：目标、定位、环境和布局——浦东新区专题研讨推动科技创新中心建设 [J]. 浦东发展，2014（10）：13–15.

企业在其整个产业层面的技术创新，是科技要素、组织要素、制度要素等的整合、重组与优化，是促使产业升级的保障。[1] 按照这个层次来看，上海文化产业的科技创新活动还停留在第一阶段、第二阶段，特别是在共性关键技术与核心技术研发方面，在自主创新能力与模式创新方面以及在公共孵化平台建设以及文化科技创新网络（由企业技术创新中心、技术创新联盟、大学科技园/研究中心等构成）建设方面，缺乏开展创新、创新扩散的生态环境。

据国家统计局公布的数据，2012－2013 年，上海研发投入占 GDP 比重分别是 3.37%、3.4%，都低于北京 5.98%、6.16% 的比重，说明目前上海科技创新力度还不够;[2] 从硅谷成功的经验来看，硅谷科技闻名世界，但不是依靠政府建设的，而是营造了良好的科技创新氛围，是长期的创新生态给培育出来的，因此，上海文化产业发展的科技创新环境的培育至关重要，除了技术硬件的改善，类似于股权激励的配套政策也同等重要，例如面向高校、研究机构与文创企业的科技成果入股、科技成果收益分成激励的实施。[3]

二、科技创新主体环境分析

从异化效应来看，科技发展带来了新的难题。特别是随着科学技术在文化产业领域的应用，文化产品载体开始汇聚文字、图像、声音为一体，并在同一网络空间传递，加速了多元化文化产品的出现与新业态的频出，导致现有文化生态的改变——挑战着已有物种的利益相容性与相关性，破坏了原有的生态平衡，对文化产业管理主体和原有管理制度提出巨大挑战，并出现诸多社会负效益——网络色情无边界传播，网络游戏的沉迷、私服与外挂，盗版侵权的防不胜防等。

数字技术的发展也导致许多视频元素在网络媒体出现，使得数字鸿沟和信息鸿沟扩大化问题的影响日趋上升；虽然新技术最大化地拓展了消费者使

---

① 李超. 基于组织域视角对创业企业集群创新机制的研究 [J]. 中大管理研究.2007 (3)：108－120.
② 数据来自 2013 年国民经济与社会发展统计公报.
③ 定军，胡欣欣. 自贸区到大战略：上海离科技创新中心多远 [N]. 21 世纪经济报道，2014－08－16.

自贸试验区与文化产业开放战略

用文化产业新形态的机会，但传输方式和形式的倍增给知识产权专有权、地域性和时间性等传统特征带来巨大冲击，为文化产业未来发展设置了新障碍。① 另外，数字技术将声音、文字、动画等信息均以数字0和1表示，加速了数字解密技术的普及②，但版权保护的关键是限制数字解密技术应用，这又很大程度上限制了科技的进步，使得文化产业发展处于两难的困境。③

三、科技创新制度基础分析

上海文化产业制度创新的步伐远慢于技术发展速度，也滞后于文化产业的发展。实际上，技术权变性带来了技术创新的多样化和技术应用的多元化，特别是技术运用的多维价值趋向使得侵权盗版问题膨胀化，而预见性制度缺席，保护性、建设性制度滞后于文化产业发展的弊端越发明显。例如，在网络音乐产业方面，数字仿真技术为盗版者提供了更大便利——依靠数字化拷贝的简单易行和网络的开放性与难控制性而肆意盗版，给网络文化的知识产权保护提出全新课题，但对网络文化版权保护却还处于蹒跚阶段；2011年年初，上海的盛大文学与百度文库之间的版权纠纷事件，反映出目前网络文学版权管理无法可依与有法难依的困境以及技术管制的缺失。

随着网络技术汇聚各项增值服务，手机游戏、手机电影、手机音乐、手机电视、手机报纸等融为一体，手机的文化功能日益丰富化，也为不健康内容传播提供了新渠道。在国家层面，政策还局限于短信犯罪行为，对内容健康性的关注还需提升，上海层面缺乏有效的政策配套。此外，由于网络技术开放性在色情传播方面的大肆应用，加剧了网络淫秽信息的大肆传播，但专项整治行动在行政措施、技术储备等方面侧重事后整治，缺乏主动性、预见性，暴露出目前应对文化事件缺乏系统的长效应急机制，相关立法也缺失。例如，面对日益增多的不健康网络游戏内容对青少年的侵蚀，迟迟未出台网

---

① 熊澄宇. 信息社会4.0：中国社会建构新对策 [M]. 长沙：湖南人民出版社，2002：114－116.

② Wang S. J. , Recontextualizing Copyright：Piracy, Hollywood, the State and Globalization [J]. Cinema Journal, 2003, 43（1）：25－43.

③ Markus Fallen Bock. On the Technical Protection of Copyright：The Digital Millennium Copyright Act [J]. International Journal of Communications Law and Policy, 2003（7）.

络游戏分级制度，而是采用"一刀切"的方式管制网络游戏，不仅不利于青少年成长，也限制了产业发展；虽然国家层面于2007年出台《关于保护未成年人身心健康实施网络游戏防沉迷系统的通知》来解决未成年人沉迷网游的问题，但效果甚微，明显落后于网络游戏产业发达的欧美国家，上海区域层面也缺乏技术层面的考虑。

四、科技创新体制基础分析

目前，对文化产业的管理还未形成大文化管理体制，其管理主体涉及上海宣传部、文化广播影视管理局、经济和信息化委员会、版权局、商务委员会、发展和改革委员会等多个不同的政府机构，不仅易造成文化部门职责交叉、权责脱节和管理空白的困境，还带来了管理低效问题，这与科技创新开放性塑造的产业融合之势极不吻合。特别是随着产业融合度越来越高，已经超越文化产业领域的"条块经济"，对文化产业管理体制提出更高要求，但现实情况是管理主体角色错位、权力交叉、职责不清，与跨行业、跨部门、跨地区产业融合的文化产业发展现状格格不入。

此外，数字技术提供了强大而开放的信息系统，与文化产业的发展实现了一种动态跨越，带来了文化产业的产业链集聚与运营环节的减少，客观上要求不同层次的文化行政单位摆脱传统的层级管理方式。在管理实践中，非扁平化的金字塔结构带来了管理低效率与文化产业诉求高效权变的管理体制背道而驰——管理组织对颠覆性变革反应的时间越来越短，在管理方式上，技术的不断革新客观上要求管理方式多元化与掌握高新技术手段的管理主体的出现，也造就了现有文化管理体制与科技创新环境不匹配的窘状。

综上来看，文化产业科技环境与文化产业发展的制度环境以及产业发展现实存在落差，客观上阻碍了文化产业的发展。

第三节 文化产业开放战略的企业基础分析：以上市公司治理结构为例

文化企业是文化产业对外开放战略的实施载体。而从全球价值链角度来讲，文化企业对外开放可以大体划分为三个层级：第一层级是文化产品对外贸易层级；第二层级是文化企业的研发、生产等价值链的全球化布局；第三层级是企业的大脑——治理结构的全球化。这里，本研究以文化上市公司为例，对中国文化企业对外开放的治理结构全球化现状进行分析评估。《中国文化及相关产业上市公司研究报告：2011－2013》通过对 171 家文化上市公司数据的收集整理、分析研究，对中国文化及相关产业上市公司的对外开放治理结构有了一个比较全面的认识和把握。①

一、文化上市公司董事会开放结构特征分析

从董事会人数来看，2011－2013 年，每家文化及相关产业上市公司人数基本都保持在 9 人左右的规模；三年来呈现出一定的略微缩减的态势。

表4－2　2011－2013 年文化及相关产业上市公司董事会人数　（单位：人）

年份	N	合计	均值
2011	160	1403	8.77
2012	168	1483	8.83
2013	170	1475	8.68
三年平均	166	1454	8.76

在国籍结构上，拥有外籍董事的文化及相关产业上市公司还很少，并且呈现一定缩减态势。2011 年整个文化产业仅拥有 14 名外籍董事，而这一数字在 2013 年缩减为 10 人。

究其原因，一方面，或许与文化产业独有的意识形态属性有关，董事会的国籍结构可能会影响到国家的文化安全，所以在上市公司外籍董事方面，还比较慎重；另一方面，说明了当前中国的文化产业对外开放水平还处于较低层级的产品和服务贸易层面，还远未达到公司治理层面的对外开放。

---

① 臧志彭，解学芳. 中国文化及相关产业上市公司研究报告：2011－2013［M］. 北京：知识产权出版社，2015.

表 4 - 3　2011 - 2013 年文化及相关产业上市公司董事会国籍结构

年份	N	合计	均值	外籍董事比重
2011	159	14	0.09	1.00%
2012	167	11	0.07	0.74%
2013	170	10	0.06	0.68%
三年平均	165	12	0.07	0.81%

二、文化上市公司监事会开放结构特征分析

在监事会方面，首先从人数上看，2011 - 2013 年中国文化及相关产业上市公司监事会人数基本保持在 3 - 4 人，2012 年均值稍微偏多，2013 年相对偏低。

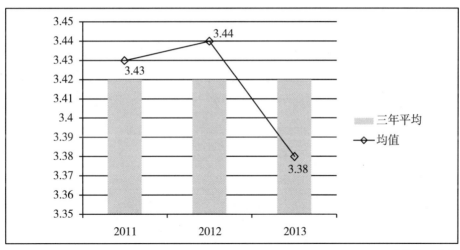

（单位：人）

图 4 - 1　2011 - 2013 年文化及相关产业上市公司监事会人数

在监事会国籍结构方面，外籍监事非常之少，三年来整个文化及相关产业上市公司中仅有 2 - 3 人，平均比重不足 0.5%。

三、文化上市公司高管团队开放结构特征分析

在文化及相关产业上市公司的高级管理人员（以下简称高管）方面，从人数上来看，2011 - 2013 年中国文化及相关产业上市公司平均每家企业的高

管人数 6 - 7 人，其中 2011 年相对最少，2012 年相对最多。

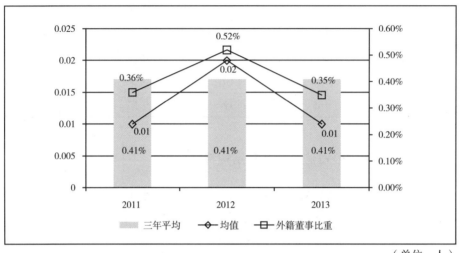

（单位：人）

图 4 - 2　2011 - 2013 年文化及相关产业上市公司监事会国籍结构

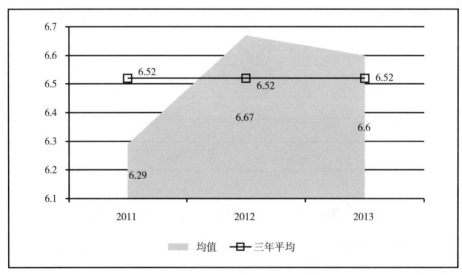

（单位：人）

图 4 - 3　2011 - 2013 年文化及相关产业上市公司高管人数均值

　　从国籍结构上看，外籍高管人数太少且有减少趋势。2011 年整个文化产业仅拥有 7 名外籍高管，而这一数字在 2013 年缩减为 5 人。十八届三中全会强调指出要"提高文化开放水平""培育外向型文化企业"。然而，当前的状况离这一目标相去甚远。

中国文化产业的对外开放，不仅需要我们将中国的文化产品（或服务）卖到国外去，更需要我们拥有能够与国外文化公司长期抗衡的卓越的管理能力。中国不能仅仅停留于产品层面的开放，中国还需要在企业战略层面、在公司治理层面、在经营管理层面建立多层次的对外开放体制机制。建议从文化及相关产业上市公司做起，加快建立更加开放、多元的公司治理机制和高层人力资源开发管理机制，从而尽快从根本上增强中国文化企业的全球竞争力。

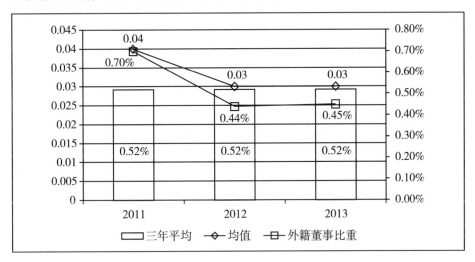

图 4-4 2011－2013 年文化及相关产业上市公司外籍高管比例

四、文化上市公司治理结构的行业开放特征

本研究对各细分行业 2011－2013 年文化及相关产业上市公司董事会、监事会和高级管理人员的数量比重、性别结构、年龄结构、学历结构和国籍结构等内容汇总在表 4-4 中。通过对表格的分析可以看出：电影和影视录音服务、互联网信息服务和视听设备的制造三个行业董监高中的外籍比重相对最高，都达到了 1% 以上。特别是电影和影视录音服务行业外籍比重达到了 4% 以上。而从业务发展实际来看，在电影和电视制作过程中的国际合作已经相当普遍，行业的对外开放运营管理程度已非常高。

表 4 - 4　2011 ~ 2013 年文化及相关产业上市公司董监高行业特征

（单位：%）

产业分类第三层	2011 年					2012 年					2013 年					年度平均				
	董监高占职工比重	女性比例	40岁以下比重	硕博比重	外籍比重	董监高占职工比重	女性比例	40岁以下比重	硕博比重	外籍比重	董监高占职工比重	女性比例	40岁以下比重	硕博比重	外籍比重	董监高占职工比重	女性比例	40岁以下比重	硕博比重	外籍比重
出版服务	1.67%	17.00%	7.75%	42.67%	0.42%	1.45%	19.91%	7.09%	36.27%	0.00%	1.46%	17.77%	6.62%	56.85%	0.00%	1.53%	18.23%	7.15%	45.26%	0.1400%
发行服务	0.50%	12.50%	14.50%	15.50%	0.00%	0.50%	12.00%	14.00%	55.00%	0.00%	0.50%	12.00%	14.00%	57.00%	0.00%	0.50%	12.17%	14.17%	42.50%	0.0000%
广播电视服务	1.00%	15.00%	15.00%	38.50%	0.00%	0.33%	9.00%	4.67%	35.67%	0.00%	0.33%	8.00%	6.33%	55.67%	0.00%	0.55%	10.67%	8.67%	43.28%	0.0000%
电影和影视录音服务	17.40%	35.60%	18.40%	27.60%	6.40%	9.86%	33.29%	21.43%	39.43%	2.71%	7.29%	30.86%	19.29%	42.57%	3.43%	11.52%	33.25%	19.71%	36.53%	4.1800%
互联网信息服务	7.33%	22.73%	27.93%	42.13%	3.27%	1.50%	24.81%	25.06%	37.63%	2.19%	1.50%	24.88%	21.69%	53.19%	2.13%	3.44%	24.14%	24.89%	44.32%	2.5300%
增值电信服务(文化部分)	1.67%	8.67%	7.67%	78.67%	0.00%	1.33%	8.67%	6.00%	76.33%	0.00%	1.33%	9.00%	7.67%	73.33%	0.00%	1.44%	8.78%	7.11%	76.11%	0.0000%
广播电视输传服务	2.38%	16.13%	14.88%	29.88%	0.00%	2.00%	13.88%	10.38%	36.62%	0.00%	2.00%	9.00%	5.63%	49.38%	0.50%	2.13%	13.00%	10.30%	38.63%	0.1667%
广告服务	1.50%	26.25%	25.50%	46.75%	0.00%	0.75%	19.25%	18.50%	46.50%	0.00%	1.25%	19.00%	19.00%	50.75%	0.00%	1.17%	21.50%	21.00%	48.00%	0.0000%
文化软件服务	3.33%	22.00%	30.33%	55.33%	0.00%	2.80%	22.00%	32.40%	54.00%	1.00%	2.60%	20.60%	29.20%	52.80%	0.00%	2.91%	21.53%	30.64%	54.04%	0.3333%

产业分类第三层	2011 年					2012 年					2013 年					年度平均				
	董监高占职工比重	女性比例	40岁以下比重	硕博比重	外籍比重	董监高占职工比重	女性比例	40岁以下比重	硕博比重	外籍比重	董监高占职工比重	女性比例	40岁以下比重	硕博比重	外籍比重	董监高占职工比重	女性比例	40岁以下比重	硕博比重	外籍比重
建筑设计服务	4.11%	11.00%	23.78%	18.89%	0.56%	2.22%	12.33%	20.00%	24.22%	0.56%	2.00%	11.00%	20.33%	31.56%	0.00%	2.78%	11.44%	21.37%	24.89%	0.3733%
专业设计服务	0.00%	13.00%	38.00%	44.00%	0.00%	0.00%	13.00%	40.00%	53.00%	0.00%	0.00%	0.00%	31.00%	38.00%	0.00%	0.00%	8.67%	36.33%	45.00%	0.0000%
景区游览服务	2.31%	16.15%	14.62%	22.00%	0.38%	1.69%	18.92%	13.92%	28.62%	0.00%	1.38%	18.69%	13.08%	34.54%	0.00%	1.79%	17.92%	13.87%	28.39%	0.1267%
娱乐休闲服务	2.00%	21.00%	14.00%	7.00%	0.00%	2.00%	27.00%	13.00%	20.00%	0.00%	2.00%	31.00%	13.00%	19.00%	0.00%	2.00%	26.33%	13.33%	15.33%	0.0000%
工艺美术品的制造	2.33%	11.17%	18.67%	36.00%	0.00%	2.17%	11.00%	25.00%	25.67%	0.00%	1.50%	12.33%	21.83%	34.67%	0.00%	2.00%	11.50%	21.83%	32.11%	0.0000%
园林、陈设艺术及其他陶瓷制品的制造	0.00%	16.00%	53.00%	26.00%	0.00%	0.00%	16.00%	26.00%	32.00%	0.00%	1.00%	15.00%	30.00%	30.00%	0.00%	0.33%	15.67%	36.33%	29.33%	0.0000%
工艺美术品的销售	2.50%	11.50%	0.00%	0.00%	0.00%	2.50%	21.00%	0.00%	35.00%	0.00%	2.50%	21.00%	6.00%	47.00%	0.00%	2.50%	17.83%	2.00%	27.33%	0.0000%
印刷复制服务	1.58%	22.00%	23.50%	24.67%	0.58%	1.31%	22.23%	24.38%	27.92%	0.69%	1.15%	23.23%	21.62%	34.31%	0.69%	1.35%	22.49%	23.17%	28.97%	0.6533%

产业分类第三层	2011年					2012年					2013年					年度平均				
	董监高占职工比重	女性比例	40岁以下比重	硕博比重	外籍比重	董监高占职工比重	女性比例	40岁以下比重	硕博比重	外籍比重	董监高占职工比重	女性比例	40岁以下比重	硕博比重	外籍比重	董监高占职工比重	女性比例	40岁以下比重	硕博比重	外籍比重
会展服务	7.50%	9.50%	18.00%	0.00%	0.00%	30.00%	10.00%	3.50%	40.00%	0.00%	28.50%	17.00%	20.00%	55.50%	0.00%	22.00%	12.17%	13.83%	31.83%	0.0000%
其他文化辅助生产	—	—	—	—	—	2.00%	50.00%	31.00%	25.00%	0.00%	2.00%	50.00%	31.00%	25.00%	0.00%	2.00%	50.00%	31.00%	25.00%	0.0000%
办公用品的制造	1.00%	12.50%	24.50%	50.00%	0.00%	1.00%	23.00%	28.50%	48.00%	0.00%	1.00%	23.00%	28.50%	45.50%	0.00%	1.00%	19.50%	27.17%	47.83%	0.0000%
乐器的制造	—	—	—	—	—	1.50%	24.50%	13.50%	33.50%	0.00%	1.50%	23.00%	14.50%	35.50%	0.00%	1.50%	23.75%	14.00%	34.50%	0.0000%
玩具的制造	1.25%	11.75%	29.25%	27.00%	0.00%	1.25%	13.25%	30.50%	39.00%	0.00%	1.50%	13.25%	26.25%	42.00%	0.00%	1.33%	12.75%	28.67%	36.00%	0.0000%
视听设备的制造	0.80%	18.80%	13.40%	40.47%	1.13%	0.60%	21.93%	12.00%	57.00%	1.13%	0.67%	21.67%	8.60%	52.87%	1.27%	0.69%	20.80%	11.33%	50.11%	1.1767%
焰火、鞭炮产品的制造	7.00%	32.00%	53.00%	0.00%	0.00%	7.00%	28.00%	56.00%	50.00%	0.00%	10.00%	36.00%	50.00%	50.00%	0.00%	8.00%	32.00%	53.00%	33.33%	0.0000%
文化用纸的制造	0.64%	16.71%	15.43%	18.21%	0.00%	0.57%	20.21%	14.86%	22.50%	0.00%	0.69%	16.62%	10.08%	22.92%	0.00%	0.63%	17.85%	13.46%	21.21%	0.0000%

产业分类第三层	2011 年					2012 年					2013 年					年度平均				
	董监高占职工比重	女性比例	40岁以下比重	硕博比重	外籍比重	董监高占职工比重	女性比例	40岁以下比重	硕博比重	外籍比重	董监高占职工比重	女性比例	40岁以下比重	硕博比重	外籍比重	董监高占职工比重	女性比例	40岁以下比重	硕博比重	外籍比重
文化用油墨颜料的制造	3.33%	18.33%	48.67%	13.67%	0.00%	3.00%	21.33%	44.33%	35.67%	0.00%	2.33%	20.67%	41.67%	41.67%	0.00%	2.89%	20.11%	44.89%	30.34%	0.0000%
文化用化学品的制造	1.00%	11.00%	11.00%	0.00%	0.00%	1.00%	17.00%	6.00%	33.00%	0.00%	1.00%	11.00%	16.00%	26.00%	0.00%	1.00%	13.00%	11.00%	19.67%	0.0000%
印刷专用设备的制造	1.00%	31.00%	31.00%	75.00%	0.00%	1.00%	30.00%	20.00%	75.00%	0.00%	1.00%	40.00%	35.00%	50.00%	0.00%	1.00%	33.67%	28.67%	66.67%	0.0000%
广播电视电影专用设备的制造	2.07%	17.14%	21.29%	37.93%	0.86%	2.38%	16.00%	16.00%	46.00%	0.79%	2.14%	19.00%	16.14%	50.71%	0.79%	2.20%	17.38%	17.81%	44.88%	0.7867%
其他文化专用设备的制造	2.00%	8.00%	21.00%	29.00%	0.00%	2.00%	15.00%	12.00%	35.00%	0.00%	1.00%	12.00%	12.00%	36.00%	0.00%	1.67%	11.67%	15.00%	33.33%	0.0000%
其他文化用品的制造	3.00%	25.00%	32.50%	76.50%	0.00%	4.50%	20.50%	19.50%	66.00%	0.00%	2.00%	18.00%	20.00%	65.50%	0.00%	3.17%	21.17%	24.00%	69.33%	0.0000%
文具乐器照相器材的销售	0.00%	0.00%	0.00%	0.00%	0.00%	0.00%	0.00%	5.00%	29.00%	0.00%	1.00%	0.00%	5.00%	30.00%	0.00%	0.33%	0.00%	3.33%	19.67%	0.0000%

注：由于某些行业所含上市公司数量比较少，本表格所列比例仅供参考。

第四节　文化产业开放战略的国家安全问题分析：
　　　以网络文化安全为例①

　　文化产业特有的意识形态属性决定了文化产业的对外开放必须始终坚守国家文化安全的底线。而在文化产业对外开放过程中，随着现代科技在文化产业领域的日益广泛应用，网络文化产业成为文化产业开放战略中国家安全隐患和问题最为突出的领域。这里，本研究以网络文化安全为例，对文化产业开放战略背景下的国家文化安全问题进行初步简要分析。

一、网络文化产业全球治理趋势

　　全球经济一体化进程的加速推动着中国融入全球网络文化产业发展格局的进程加快；与此同时，全球政治一体化、全球文化一体化进程加速，以及网络的无国界性和网络文化产业本身的开放性推动着网络文化产业公共治理走向全球化视野。从公共治理内容来看，它涵盖了公众参与、治理透明度和问责机制三个核心要素，且这三个要素之间是相互依赖、相互作用的关系，其内在的共振效应推动着公共治理边界的延伸和拓展，将公共治理与全球治理紧密地联系到了一起。

　　一方面，公众参与和治理透明度是相辅相成的。在网络空间里，公众的参与达到了前所未有的广度和深度，网民能够在网络文化产业的公共治理活动中表达自己的权益和维护文化权益不受到侵害；透明度，它本意是指政治信息的公开性，即每个公民都有权获得与自己利益相关的政府政策信息，以便公民能有效地参与公共决策过程，并且对公共管理过程实施有效的监督。对于网络文化产业公共治理而言，则需保障网民、网络文化企业、第三方能够了解政府在网络文化产业公共治理方面的决策、治理过程

---

　　① 解学芳. 网络文化产业公共治理全球化语境下的我国网络文化的安全研究［J］. 毛泽东邓小平理论研究，2013（07）：50－55.

和治理效果，避免信息不对称产生治理反馈的偏差。实质上，公众参与程度越高，对治理透明度的要求越高，也就说明网民的参与要求越高，越要求更为开放的全球网络平台，于是，网络文化产业发展的全球拓展与世界公共网络平台呈现一体化趋势，意味着网络文化产业公共治理的复杂性和开放性与网络虚拟空间的无国界、自由流动性紧密联系在了一起，同时也意味着网络文化产业发展过程中出现的问题将不会局限于一个国家，而会扩展至整个网络空间，呈现越来越全球趋同化的特征。面对全球性的网络文化产业发展问题，仅依靠单个国家的力量难以实现全球治理，必须依托于国际组织和各国治理主体的共同努力，这客观上推动了网络文化产业公共治理走向全球治理。

　　另一方面，问责则要求各大公共治理主体能够对其承担的治理职能承担责任，强调不同治理主体能从职业道德和社会责任感出发担负起分内职责。但是，在全球公共治理寓意下的网络文化产业公共治理主体多元性即治理主体由于相互区别甚至相互冲突的观点、利益、价值观的存在，有赖于建立一个利益相关者多方参与的制度和一个利益相关方多方参与的治理伙伴关系的法律框架，从而不经冗长的多边条约谈判在国家公法的框架内简便促成利益相关方的伙伴关系和全球治理的体系。① 这就需要网络文化产业利益相关方建立起一种适当的问责机制，将参与的实质性联系起来，以便处理多种不同的利益相关者需求，从而保证利益相关多方治理模式的有效性。与此同时，互联网交互性所引致的交互行为成本的降低为国家间的跨国性协调行为提供了可能，便利了全球公共治理主体间的合作与沟通，推动着新型国际虚拟共同体的出现，加速着网络文化产业公共治理呈现全球治理的趋势。

　　所谓网络文化产业全球治理，在结构上，主要包括全球治理的主体、全球治理的客体、全球治理的价值、全球治理的规制和全球治理的结果。② 从全球治理主体来看，安东尼·麦克格鲁曾定义"它不仅意味着正式的制度和

① Jeremy Malcolm. 信息社会世界首脑会议科学信息问题公民社会工作组.
② 俞可平. 全球治理引论［J］. 马克思主义与现实，2002（1）：20－32.

组织（国家机构、政府间合作等）制定（或不制定）和维持管理世界秩序的规则和规范，而且意味着所有其他组织和压力团体——从多国公司、跨国社会运动到众多的非政府组织，都追求对跨国规则和权威体系产生影响的目标和对象"，强调了全球治理的多主体特性①；网络文化产业全球治理的对象同样是政府、企业、第三方组织、网民等诸多主体的融合。从全球治理的客体来看，网络文化产业全球治理的对象由于产业本身的复杂性和延展性而呈现多样化，所有网络文化产业发展过程中暴露的全球性问题都可归入治理客体的范围，如网络信息安全、网络文化生态、网络版权问题。从全球治理的价值来看，是在全球范围内实现善治目标，实现网民在网络空间的公共文化权益等普世价值。从全球治理的规制来看，需制定维护整个网络世界安全、健康、正常秩序的规则体系，包括全球性的治理网络文化产业规范、政策、程序等；从全球治理的结果来看，网络文化产业全球治理的绩效，主要是对于网络文化产业问题进行国际规制的效果，涉及绩效评估问题，可以定位于网络文化产业某一行业的治理绩效评估，如治理网络游戏内容的绩效，治理网络音乐侵权问题的绩效等。实际上，全球治理已达成共识，互联网治理在全球范围内的提出为网络文化产业的全球治理开辟了新纪元，如2004年11月，联合国成立了"联合国互联网治理工作组WGIG"；并形成了全球治理的目标、愿景、框架、政策指南、方案等②；而后，将能力建设推向全球互联网治理的舞台。③

综上所述，网络文化产业全球治理的实现，意味着政府间组织的快速发展、网络文化企业、第三方组织的全球联合、网络全球公民的产生以及国际性组织的成长壮大；同时，还寓意着治理体系的完善、网络技术的不断发展和多元文化的融合。可以说，网络文化产业公共治理走向全球治理已经成为不可逆转的必然之势。

---

① ［英］戴维·赫尔德. 全球大变革：全球化时代的政治、经济和文化［M］. 杨雪冬，等，译. 北京：社会科学文献出版社，2001：70.

② Berleur J. 15 Years of Ways of Internet Governance：Towards a New Agenda for Action［J］. Social Dimensions of Information and Communication Technology Policy，2008，28（2）：255－274.

③ Antonova S. Capacity－building in Global Internet Governance：The Long－Term Outcomes of Multistakeholderism［J］, Regulation & Governance，2011，5（4）.

二、全球治理语境下中国网络文化安全问题

网络文化产业塑造了一个开放动态的产业生态系统，在这一共振系统里，网络文化产业的开放性实际上是全球开放性，动态性实际上是全球联动性；意味着网络文化产业发展过程中产生的问题具有了全球性色彩，也暗含了网络文化产业优胜劣汰的全球性（网络文化产业的全球入侵/网络文化帝国主义和殖民主义）。一言以蔽之，任何一个环节的问题都可能波及整个网络文化产业生态系统，产生安全危机，这一现实将全球治理体系下的网络文化安全问题赋予了全球化色彩。特别是近期发生的美国"棱镜门"事件①凸显出网络安全的全球性与维护中国网络文化安全的迫切性，网络文化安全问题已上升到国家安全层面。

网络文化是一种技术文化，是新媒介技术与文化主体交融的结晶，表现出数字化、网络化、信息化为特征的生存状态。网络文化安全是指网络文化产业发展过程中所爆发出来的各种信息内容安全或程序安全问题，并免于遭受来自内部或外部不良网络文化因素的侵蚀、破坏或颠覆，保护网络文化主权、保持主流文化价值体系、保护网络文化产品和网络文化市场安全的一种状态。一方面，网络文化安全保护的对象是网络文化，网络文化的虚拟性和复杂性致使网络文化安全保护的难度系数高；另一方面，网络文化的非安全状态是网络空间的常态，潜在的威胁通常具有很大隐蔽性与变异性，致使网民和整个社会对网络文化安全危机难以察觉，其保护和防卫意识滞后，也更加说明保护网络文化安全的重要性。

网络文化安全与网络文化的生存状态、技术性紧密相连。科学技术是有价值取向的，技术主导方强烈的政治色彩和意识形态色彩加速了利用互联网技术优势向发展中国家扩张的步伐。② 我们知道，在网络空间，英语是主导性语言，这一事实不仅破坏了网络文化的多样性，还导致了弱势文化话语权

---

① "棱镜门"事件，即 2013 年 6 月，美国中情局前职员爱德华·斯诺登向英国《卫报》和美国《华盛顿邮报》爆料美国的"棱镜"窃听计划，包括微软、雅虎、谷歌、苹果等在内的 9 家国际网络文化企业巨头参与其中，暴露出美国政府为谋求网络安全利益，监控民众，对包括中国在内的一些国家的政府、军队、企业实施了全球性、全方位的监控与网络攻击。

② 据数据统计显示，网上的无益信息占 50% 以上。

的丧失。网络文化安全问题涉及一个"网络文化流"的问题。"网络文化流"是网络文化连续不断地传播、发展、变化的一种趋势和动态过程。① 在治理走向全球化的大背景下，网络文化流向由发达国家的强势文化流向弱势文化地区（国际治理体系往往建立在西方国家价值理念的基础之上）②；而且"网络文化流"的数量和内容超出我们的控制范围而掌握在强势文化一方。于是，"网络文化流"在促进国际文化产业间"互通有无"，开拓发展模式的同时凸显出"公平光环下的不公平"，加剧了异质文化的冲突，彰显强势网络文化对弱势网络文化的冲击和挤压。例如，美国依靠其互联网产业的垄断地位与先进的信息技术优势，对落后国家实行技术垄断、殖民与霸权，将其民主思想、价值观念结合的"文化流"通过互联网有意识地传播与渗透③；在我国表现出对西方思维方式无意识的认同，影响人们的人生观、价值观、道德观，造成社会秩序的不稳定；其催生的文化霸权主义构成对人类文化多样性和文化生态多元化的破坏与侵蚀，严重威胁着我国网络文化安全。可以说，中国网络文化产业发展所面临的西方强势文化的冲击是引起"网络文化安全问题"的重要因素，又是两者融合的"搭桥之处"。如果我们撇开其"矛盾与冲突"换个角度思考，那么西方强势文化的入侵可以带来国内理论界和实践界的革新：在理论层面，它将引起国内学者和有识之士的反思，为网络文化安全理论进行建构；在实践层面，它恰恰在带来文化冲突的同时引入了"文化竞争"机制，提醒国内网络文化企业提高文化安全意识，在竞争中探求网络文化产业的繁荣与本土个性的彰显，整合中国优秀的文化资源创造出特色的网络文化产品，积极培育强势网络文化产业集团与国际网络传媒集团相抗衡。虽然这有悖西方强势文化"欲以侵蚀中国网络文化安全"的本意，但这将是社会历史发展的必然。

此外，随着网络文化产业发展过程中的异化所带来的安全问题开始在全球无边界扩展，特别是其信息共享性、表达自由性、虚拟性、无中心性特征

---

① 司马云杰. 文化社会学 [M]. 北京：中国社会科学出版社，2001：361 – 371.

② 薛澜. 全球公共治理：中国公共管理未来30年研究的重要议题 [J]. 公共行政评论. 2012 (1)：16 – 19.

③ 郭明飞. 软实力竞争与网络时代的文化安全 [J]. 马克思主义与现实，2011 (3)：178 – 181.

的张扬，导致网络文化安全问题加速蔓延，并呈现多样化特征：在政治上，涉及国外反动势力通过网络渠道攻击、诬陷和西方和平演变；在内容上，涉及网络色情、网上暴力等不健康内容的扩散；在保密层面，涉及国家和企业机密被黑客窃取以及个人隐私被盗用、滥用；在产权方面，涉及知识产权被剽窃、盗用；在技术安全层面，涉及全球网络病毒、垃圾邮件等恶意信息的扩散。① 然而，面对全球视野下网络文化安全问题的扩大化，我们在技术上缺乏有效的网络监控运行系统，在预警机制上则缺乏相应的管理体系的配套，这势必会增加网络文化产业治理的难度，也将导致网络文化安全问题的严重化；同时，安全的威胁为世界各地的网络用户造成了巨大的费用负担，并妨碍了网络社会的可持续发展，② 例如，2012 年 1 月亚马逊旗下 Zappos 网站遭黑客网络攻击，2400 万用户信息被窃取；2012 年 7 月，京东、雅虎、Linkedin 等网站超过 800 万用户信息泄密；以及 2012 年以来 APT 攻击愈演愈烈……③因此，如何实现网络文化安全问题已成为网络文化产业发展过程中需要思考的战略性难题。

第五节　文化产业全球竞争格局分析：以数字创意产业为例

　　文化产业开放战略的基础环境分析，其中一个至关重要的内容就是对文化产业的全球竞争格局进行深入分析判断。这也是战略环境 SWOT 分析的必然内涵。2016 年 12 月 29 日国务院发布《"十三五"国家战略性新兴产业发展规划》，第一次将与文化产业深度融合的数字创意产业纳入国家战略性新兴产业发展规划，并提出"到 2020 年，形成文化引领、技术先进、链条完整的数字创意产业发展格局，相关行业产值规模达到 8 万亿元"。由此可见，数

---

　　① 姚伟钧，彭桂芳. 构建网络文化安全的理论思考 [J]. 华中师范大学学报（人文社会科学版），2010（5）：71 - 76.

　　② 解学芳. 网络文化产业的公共治理：一个网络生态视角 [J]. 毛泽东邓小平理论研究，2012（3）：45 - 50.

　　③ 陈群. 2012 年信息安全回顾与未来展望 [EB/OL]. http://www.qianlong.com/，2013 - 01 - 08.

字创意产业与文化产业的重要且紧密的关系。有鉴于此，本研究以数字创意产业为例，对文化产业全球竞争格局进行初步分析。

一、数字创意产业在世界 500 强企业中的地位

从产业价值链角度来讲，数字创意产业价值链可以分解为自上而下的三个层次：位于第一层的是为消费者提供创意内容的环节，代表企业如华特迪士尼、时代华纳、21 世纪福克斯等，这一层的核心价值是为消费者提供创意内容，满足消费者的内容消费需求，是数字创意产业最为核心的价值所在。处于中间层的是为内容创意提供传输通道和消费平台的环节，由于数字创意产业为消费者提供的创意内容不是类似于传统意义上的绘画、戏剧可以通过传统的媒介到达消费者，而是基于数字技术开发的游戏、影视等需要通过 ICT ［信息（information）、通信（communications）和技术（technology）］新兴媒介载体传输和提供的，因此这一层的价值在于通过软硬件开发为上层的内容创意构建传输通道和消费平台。这里的传输通道主要是指美国 AT&T、英国电信、中国移动、瑞典爱立信等电信运营商和设备制造商为数字创意内容传输提供的信息和通信通道及相关硬件设备；消费平台则包含了美国苹果 APP Store、谷歌 Google Play、亚马逊、腾讯等提供的在线消费平台，也包含百思买、万达构建的线下消费网络，还包含了苹果（iphone/ipad）、三星（Galaxy）、华为（荣耀）等提供的智能硬件设备平台；位于第三层的是支撑整个数字创意产业发展的技术开发环节，本层的价值在于为第一层创意内容的生产和第二层媒介载体的开发提供核心技术支撑，包括产业技术标准、数字设备操作系统等。

2017 年 7 月，美国《财富》杂志发布了最新的世界 500 强排行榜。每年的世界 500 强榜单反映了世界各国各个行业规模最大、相对最有影响力的 500 家企业。通过对世界 500 强中数字创意企业的深入分析，可以有效审视全球数字创意产业当前竞争格局，可以深度探究中国数字创意产业在全球价值链中的地位与优劣势状况。

有鉴于此，本研究根据数字创意产业价值链三个层次的价值内涵标准，结合世界 500 强企业主营业务实际状况，经过逐一甄选筛查，整理得到数字创意产业相关企业合计 49 家，如表 4 - 5 所示。

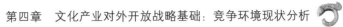

表 4 – 5　世界 500 强中的数字创意产业相关企业名单及经营状况

世界 500 强排名	企业名称	营业收入（百万美元）	利润（百万美元）	国家
9	苹果公司（APPLE）	215639.0	45687.0	美国
15	三星电子（SAMSUNG ELECTRONICS）	173957.3	19316.5	韩国
19	美国电话电报公司（AT&T）	163786.0	12976.0	美国
26	亚马逊（AMAZON. COM）	135987.0	2371.0	美国
32	威瑞森电信（VERIZON COMMUNICATIONS）	125980.0	13127.0	美国
47	中国移动通信集团公司（CHINA MOBILE COMMUNICATIONS）	107116.5	9614.3	中国
50	日本电报电话公司（NIPPON TELEGRAPH & TELEPHONE）	105127.5	7384.4	日本
65	Alphabet 公司（ALPHABET）	90272.0	19478.0	美国
69	微软（MICROSOFT）	85320.0	16798.0	美国
71	日立（HITACHI）	84558.4	2134.3	日本
72	软银集团（SOFTBANK GROUP）	82892.3	13163.4	日本
77	德国电信（DEUTSCHE TELEKOM）	80831.8	2958.1	德国
79	美国康卡斯特电信公司（COMCAST）	80403.0	8695.0	美国
83	华为投资控股有限公司（HUAWEI INVESTMENT & HOLDING）	78510.8	5579.4	中国
105	索尼（SONY）	70170.3	676.4	日本
110	松下（PANASONIC）	67774.9	1378.4	日本
124	戴尔科技公司（DELL TECHNOLOGIES）	64806.0	– 1672.0	美国
133	中国电信集团公司（CHINA TELECOMMUNICATIONS）	62387.0	1764.6	中国
149	沃达丰集团（VODAFONE GROUP）	58611.4	– 6904.0	英国
153	西班牙电话公司（TELEFÓNICA）	57543.8	2619.7	西班牙
161	华特迪士尼公司（WALT DISNEY）	55632.0	9391.0	美国
176	美洲电信（AMÉRICA MÓVIL）	52201.0	462.9	墨西哥

世界500强排名	企业名称	营业收入（百万美元）	利润（百万美元）	国家
194	惠普公司（HP）	48238.0	2496.0	美国
201	LG 电子（LG ELECTRONICS）	47712.2	66.2	韩国
210	Orange 公司（ORANGE）	45249.0	3246.0	法国
219	日本 KDDI 电信公司（KDDI）	43821.6	5045.1	日本
226	联想集团（LENOVO GROUP）	43034.7	535.1	中国
241	中国联合网络通信股份有限公司（CHINA UNITED NETWORK COMMUNICATIONS）	41273.9	23.2	中国
258	百思买（BEST BUY）	39403.0	1228.0	美国
261	京东（JD. COM）	39155.3	− 573.0	中国
300	法国布伊格集团（BOUYGUES）	35276.5	809.5	法国
315	美国运通公司（AMERICAN EXPRESS）	33823.0	5408.0	美国
346	英国电信集团（BT GROUP）	31333.4	2484.6	英国
347	佳能（CANON）	31271.0	1385.0	日本
371	时代华纳（TIME WARNER）	29318.0	3926.0	美国
376	特许通信公司（CHARTER COMMUNICATIONS）	29003.0	3522.0	美国
380	大连万达集团（DALIAN WANDA GROUP）	28482.8	110.3	中国
393	Facebook 公司（FACEBOOK）	27638.0	10217.0	美国
396	二十一世纪福克斯（TWENTY – FIRST CENTURY FOX）	27326.0	2755.0	美国
415	诺基亚（NOKIA）	26113.4	− 847.1	芬兰
419	爱立信公司（LM ERICSSON）	26004.4	200.5	瑞典
460	高通（QUALCOMM）	23554.0	5705.0	美国
462	阿里巴巴集团（ALIBABA GROUP HOLDING）	23517.3	6489.5	中国

续表

世界500强排名	企业名称	营业收入（百万美元）	利润（百万美元）	国家
473	Altice 公司（ALTICE）	22952.6	−1722.5	荷兰
478	腾讯控股有限公司（TENCENT HOLDINGS）	22870.7	6185.9	中国
479	LG DISPLAY 公司（LG DISPLAY）	22839.7	781.4	韩国
485	苏宁云商集团（SUNING COMMERCE GROUP）	22366.1	106.0	中国
493	意大利电信（TELECOM ITALIA）	21941.1	1999.4	意大利
499	途易（TUI）	21655.4	1151.7	德国

注：数字创意企业名单由作者根据世界500强企业名单筛选整理得到。世界500强企业相关信息来源：财富中文网.2017年财富世界500强排行榜，2017−07−20［EB/OL］. http：//www. fortunechina. com/fortune500/c/2017−07/20/content_ 286785. htm，2017−08−16.

通过对世界500强中数字创意产业有关数据的结构分析，可以发现2017年数字创意产业在世界500强中占比约1/10，利润贡献接近两成：从数量上来讲，在世界500强企业总体中，数字创意产业相关企业合计49家，占比9.8%，将近1/10。数字创意企业2017年营业收入合计达到2.95万亿美元，同期世界500强总营收为27.7万亿美元，数字创意企业占比约为10.7%；从均值来看，2017年数字创意企业平均营业收入达到603.0亿美元，是同期世界500强平均营收水平（554.2亿美元）的1.1倍。从利润来看，2017年世界500强企业合计利润为1.52万亿美元，平均每家企业利润为30.55亿美元，总的营业利润率为5.5%，而同期数字创意企业利润合计达到2718.79亿美元，平均每家企业利润达到50.97亿美元，总的营业利润率为9.2%，计算可知，数字创意产业利润总额占世界500强比重达到17.8%，营业利润率则达到了世界500强企业营业利润率的1.67倍，数字创意企业平均利润水平达到世界500强企业的1.9倍。由此可见，数字创意产业是世界500强企业中经营状况相对较好、盈利水平相对较高的产业门类。

表 4 - 6　数字创意产业在世界 500 强中的比重

	数量	营业收入（百万美元）	利润（百万美元）	营业利润率
数字创意产业	49 家	2954682.1	249733.2	9.2%
世界 500 强合计	500 家	27708157.8	1524546.4	5.5%
数字创意产业占比	9.8%	10.7%	17.8%	1.67%

数据来源：作者根据《财富》世界 500 强发布数据整理计算得到。《财富》世界 500 强发布数据详见：财富中文网 . 2017 年财富世界 500 强排行榜，2017 - 07 - 20［EB/OL］. http：//www. fortunechina. com/fortune500/c/2017 - 07/20/content_ 286785. htm，2017 - 08 - 16.

二、数字创意产业全球竞争格局状况分析

数字创意企业所在国家信息反映了 2017 年全球数字创意产业的竞争格局。经过整理发现，全球共有 13 个国家的数字创意企业入围世界 500 强，其中，美国最多，入围的数字创意企业达到 17 家；中国有 10 家数字创意企业入围，排名第二；日本排名第三，有 7 家数字创意企业进入榜单；韩国有 3 家入围，德国、法国、英国各有 2 家，意大利、西班牙、荷兰、瑞典、芬兰及墨西哥各有 1 家企业入围。从所属区域来看，数字创意企业全球竞争格局形成亚洲（20 家）、北美洲（18 家）、欧洲（11 家）的三足鼎立态势，但明显可以看到欧洲已经处于绝对弱势地位，而且芬兰的诺基亚经历了破产重组、瑞典的爱立信一直经营不善，荷兰的 Altice 公司更是亏损严重。

从营业收入和利润的合计值与均值比较分析来看，北美洲以总营收 1.33 万亿美元和总利润 1625.7 亿美元稳居第一，亚洲虽然在数字创意企业数量上超过了北美洲，但是在营收和利润的总值与均值方面均大大落后于北美洲，欧洲在总营收方面仅占北美洲的 32.2%，总利润则仅占北美洲不足 4%。

从国家比较来看，美国、韩国和日本在营业收入和利润方面都稳居前三位，其中美国数字创意企业的平均利润最高，达到 95.35 亿美元，韩国次之，日本第三；韩国数字创意企业平均营业收入最高，达到 815 亿美元，美国次之，日本第三。中国数字创意企业在营业收入和利润方面的表现都不够理想，平均营业收入为 468.7 亿美元，仅占韩国数字创意企业平均营收水平的 57.5%，平均利润为 29.8 亿美元，仅占美国数字创意企业平均利润水平的

31.3％。因此，中国的数字创意企业与西方发达国家数字创意企业相比还有很大的差距。

表4-7 世界500强中数字创意产业全球竞争格局

区域	国家	数量	营业收入合计/企业平均营收（百万美元）		利润合计/企业平均利润（百万美元）	
北美洲（18家）	美国	17	1276128/75066.4	1328329/73796.1	162108/9535.8	162570.9/9031.7
	墨西哥	1	52201.0		462.9	
亚洲（20家）	中国	10	468715.1/46871.5	1198840.3/59942.0	29835.3/2983.5	81166.4/4058.3
	日本	7	485616/69373.7		31167/4452.4	
	韩国	3	244509.2/81503.1		20164.1/6721.4	
欧洲（11家）	德国	2	102487.2/51243.6	427512.8/38864.8	4109.8/2054.9	5995.9/545.1
	法国	2	80525.5/40262.75		4055.5/2027.75	
	英国	2	89944.8/44972.4		-4419.4/-2209.7	
	意大利	1	21941.1		1999.4	
	西班牙	1	57543.8		2619.7	
	荷兰	1	22952.6		-1722.5	
	瑞典	1	26004.4		200.5	
	芬兰	1	26113.4		-847.1	

数据来源：作者根据《财富》世界500强发布数据整理计算得到。《财富》世界500强发布数据详见：财富中文网.2017年财富世界500强排行榜，2017-07-20［EB/OL］.http：//www.fortunechina.com/fortune500/c/2017-07/20/content_286785.htm，2017-08-16.

三、中国数字创意产业全球竞争地位与国际差距

根据数字创意产业价值链三个层次的具体内涵，对全部 49 家世界 500 强数字创意企业的主营业务进行深入分析归类，结果如图 4 - 5 所示。从价值链的全球竞争格局来看，美国无论是在第一层次的内容创意环节，还是在第二层次的媒介载体环节，抑或是第三层次的产业技术环节，都有一批世界 500强企业牢牢占据数字创意产业价值链优势地位。而中国数字创意产业的价值链分布则明显呈现总体不均衡、核心环节偏弱的态势。

首先，中国数字创意产业在第二层次形成了较为完善的软硬件媒介载体网络，但核心分发渠道已被美国掌控。中国有腾讯、阿里巴巴、京东、苏宁云商、万达等公司构筑了比较发达的线上线下消费网络平台，有华为、联想等企业建立了较为成熟的硬件设备研发生产体系，还有华为、中国移动、中国电信、中国联通等公司构建了顺畅高速的传输通道。然而，需要注意的是，数字创意产业移动互联网核心分发渠道已经被美国苹果公司 APP Store 和谷歌公司 Google Play 两大应用商店牢牢掌控。

其次，中国数字创意产业在创意内容核心环节的竞争力明显不足。面对华特迪士尼、时代华纳、21 世纪福克斯、索尼等世界 500 强企业在电影、电视、动漫、传媒、娱乐等数字创意内容生产领域的强大攻势，虽然表面上中国有腾讯、万达和阿里巴巴三家世界 500 强企业在数字创意内容方面具备一定影响力，但其实仅有腾讯一家企业在游戏一个行业领域具备较强的全球竞争力（2016 年，腾讯凭借 102 亿美元的收入成为"世界最大游戏公司"）。而万达虽然在电影院线运营方面完成了全球布局，但是在影视内容制作方面至今尚未形成很强的全球影响力，其第一部巨资投入的影片《长城》北美票房也惨淡收场。阿里巴巴虽然近些年来不断在文学、影视、音乐、游戏等多个内容价值链领域加快布局，但是距离形成与欧美世界 500 强数字内容生产企业相抗衡的全球竞争力尚有很长一段路要走。

最后，中国数字创意产业在产业技术开发环节更是"势单力薄"，目前仅有华为一家公司进入世界 500 强。在数字创意产业智能硬件平台操作系统方面，苹果的 iOS 操作系统和谷歌的 Android 操作系统已经占据了全球

96.02%的市场①；在数字创意产业移动智能硬件芯片技术方面，美国高通公司早已形成"霸主"地位（2016 年有 59% 的智能手机使用高通网络芯片技术），尽管华为拥有自主研发的海思麒麟芯片，但是在荣耀 7i 等多款智能手机上都仍然采用了高通的骁龙芯片；高通公司还在移动智能硬件的多媒体、显示器、成像、全球定位系统等各个方面在全球累计申请和拥有超过 13 万项专利②。此外，美国微软、欧洲诺基亚和爱立信、韩国三星等企业也都在数字创意产业技术方面拥有大量的垄断性知识产权。中国数字创意企业在产业技术研发层面与美国等发达国家之间还有很大的距离。

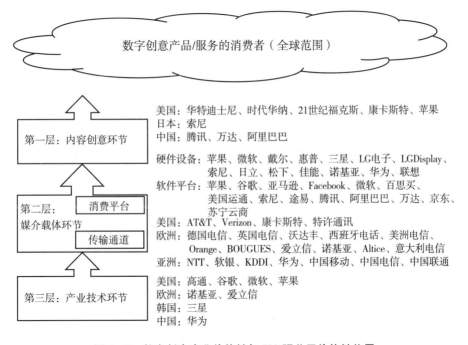

图 4 − 5　数字创意产业价值链与 500 强公司价值链位置

资料来源：作者根据《财富》世界 500 强企业及其主营业务研究得到。因某些公司同时涉及多个层级、多种类型的业务，所以会在图中多次出现。《财富》世界 500 强发布数据详见：财富中文网 . 2017 年财富世界 500 强排行榜 2017 − 08 − 16［EB/OL］. http：//www. fortunechina. com/fortune500/c/2017 − 07/20/content_ 286785. htm.

---

① NetMarketShare：2017 年 1 月 Windows 手机业务占比为 1.48%［EB/OL］http：//www. 199it. com/archives/561696. html，2017 − 02 − 03.

② 数据来源：网易科技报道 . 一文看懂高通苹果专利战：对你的 iPhone 有啥影响［EB/OL］. http：//tech. 163. com/17/0710/12/CP0220V900097U7S. html，2017 − 07 − 10.

第六节　中美文化产业发展比较分析：
以文化装备制造业为例①

近几年来，在一系列政策引导下，中国文化装备制造业发展迅速，呈现出持续增长态势。《中国文化及相关产业统计年鉴》发布数据显示，2012 - 2015 年，中国文化装备制造业年均工业总产值达到 1.06 万亿人民币，实现年均增幅 11.07%；年均工业销售产值达到 1.04 万亿，年均增幅 10.89%；年均出口交货值达到 4735.99 亿元，年均增幅 5.39%。随着洋山（自贸试验区）文化装备产业基地的建设，基于自贸试验区制度创新、技术引进、金融开放等多项政策优势，文化装备制造业产业集群开始形成。

然而，通过与美国文化装备制造业的对比研究发现，中美文化装备制造业在盈利水平方面至少存在 3 倍的差距。囿于数据可得性，研究选取资产毛利率和营收毛利率两个指标进行中美文化装备制造业盈利水平的比较分析。结果发现，中国文化装备制造业（主要选取《中国文化及相关产业统计年鉴》中的游艺器材及娱乐用品的制造、视听设备的制造、印刷专用设备的制造、广播电视电影专用设备的制造、乐器制造以及其他文化专用设备的制造等行业）2013 - 2015 年的平均资产毛利率分别是 20.52%、18.81%、17.92%，营收毛利率分别为 12.23%、11.77%、11.75%，而同期美国文化装备制造业（根据可得数据，选取游戏设备制造、视听设备制造、广播传输设备制造、电视传输设备制造、乐器制造等行业）平均资产毛利率分别达到61.94%、66.61%、72.05%，营收毛利率达到 42.03%、41.45%、41.42%；也就是说 2013 - 2015 年，中国文化装备制造业资产毛利率仅为美国的 33.13%、28.24% 和 24.87%，营收毛利率仅为美国的 29.10%、28.40% 和 28.37%；而且上述数据还反映了近年来的发展态势，即 2013 年以来中国

---

① 臧志彭，等. 中美文化装备制造业 3 倍盈利差距从何而来 [N]. 经济观察报（北京），2017 - 05 - 01.

文化装备制造业盈利水平与美国的差距有不断扩大的趋势。此外，值得说明的是，中国的有关数据是规模以上企业数据，而美国的有关数据是全口径的，换句话说，中国文化装备制造业实际总体盈利水平可能与美国差距更甚。

表 4 - 8　2013 - 2015 年中美装备制造业资产规模比较（企业均值）（单位：万元）

2013 年			
中国		美国	
行业	企业平均资产规模	行业	企业平均资产规模
乐器的制造	2840	乐器制造	575
游艺器材及娱乐用品的制造	1497	游戏设备制造业	10789
视听设备的制造	10012	视听设备制造	3435
印刷专用设备的制造	1594	—	—
广播电视电影专用设备的制造	4709	广播传输设备制造	5417
其他文化专用设备的制造	6347	电视传输设备制造业	2087
文化装备制造业	5368	文化装备制造业	3437
2014 年			
中国		美国	
行业	企业平均资产规模	行业	企业平均资产规模
乐器的制造	1703	乐器制造	522
游艺器材及娱乐用品的制造	1907	游戏设备制造业	10450
视听设备的制造	10436	视听设备制造	3743
印刷专用设备的制造	1775	—	—
广播电视电影专用设备的制造	5065	广播传输设备制造	4282
其他文化专用设备的制造	6204	电视传输设备制造业	1686
文化装备制造业	5458	文化装备制造业	2977

续表

2015 年			
中国		美国	
行业	企业平均 资产规模	行业	企业平均 资产规模
乐器的制造	1717	乐器制造	475
游艺器材及娱乐用品的制造	2036	游戏设备制造业	9977
视听设备的制造	10344	视听设备制造	3632
印刷专用设备的制造	1759	——	——
广播电视电影专用设备的制造	5020	广播传输设备制造	3576
其他文化专用设备的制造	5812	电视传输设备制造业	1647
文化装备制造业	5393	文化装备制造业	2619

数据来源：中国有关数据根据国家统计局发布的历年《中国文化及相关产业统计年鉴》整理得到；美国有关数据来源于美国 BizMiner 数据库，按照当年度平均汇率整理计算得到。

在此基础上，分别选取视听设备制造行业和游戏设备制造行业进行重点行业的中美对比分析。比较结果发现，中国视听设备制造业盈利水平仅为美国的 1/4，且总体上呈现差距扩大趋势。数据显示，2013－2015 年，中国视听设备制造业平均资产毛利率为年均 18.21%，同期美国水平为年均 71.68%，中国仅为美国同期水平的 25.40%；而以营收毛利率水平来看，中国视听设备制造业 2013－2015 年平均营收毛利率为年均 10.63%，同期美国水平为年均 41.09%，中国仅为美国同期水平的 25.87%。从中美两国视听设备制造业资产毛利率和营收毛利率历年数据对比来看，2013－2015 年，中国视听设备制造业平均资产毛利率仅占同期美国水平的 28.02%、25.06% 和 23.01%，2014 年和 2015 年分别同比下降了 2.96 和 2.05 个百分点；平均营收毛利率仅占同期美国水平的 27.53%、25.70% 和 24.36%，2014 年和 2015 年分别同比下降了 1.83 和 1.34 个百分点。可见，近年来，中美两国视听设备制造业盈利水平差距在不断扩大，但扩大的速度趋缓。从游戏设备制造行业来看，中国游戏设备制造业盈利水平仅为美国的 1/2 左右。以资产毛利率水平来看，2013 - 2015 年，中国游戏设备制造业平均资产毛利率为年均 26.17%，美国是 43.68%，中国仅为美国同期水平的 59.91%；而以营收毛利率水平来看，2013 - 2015 年，中国游戏设备制造业平均营收毛利率为年均 16.99%，美国是 35.68%，中国仅为美国同期水平的 47.62%，不足一半。进一步分析中美两国差距的变化趋势发现，2013 - 2015 年，中国游戏设备制造业平均资产毛利率分别为 30.22%、24.06%、24.24%，仅占同期美国水平的 75.68%、55.76% 和 50.53%，2014 年和 2015 年分别同比下降了 19.92 和 5.23 个百分点；中国游戏设备制造业平均营收毛利率 18.76%、15.98%、16.22%，仅占同期美国水平的 52.20%、45.09% 和 45.47%，上述数据说明中国游戏设备制造业盈利水平总体呈现波动下降态势，与美国差距也呈现出总体拉大趋势，但在营收毛利率方面存在一定的反弹波动迹象。

表 4 - 9　2013 - 2015 年中美装备制造业营业收入比较（企业均值）（单位：万元）

2013 年			
中国		美国	
行业	企业平均营业收入	行业	企业平均营业收入
乐器的制造	2019	乐器制造	1375
游艺器材及娱乐用品的制造	1982	游戏设备制造业	11988
视听设备的制造	17310	视听设备制造	6061
印刷专用设备的制造	1695	—	—
广播电视电影专用设备的制造	5523	广播传输设备制造	7164
其他文化专用设备的制造	11606	电视传输设备制造业	4162
文化装备制造业	8238	文化装备制造业	5065
2014 年			
中国		美国	
行业	企业平均营业收入	行业	企业平均营业收入
乐器的制造	2173	乐器制造	1373
游艺器材及娱乐用品的制造	2508	游戏设备制造业	12723

续表

视听设备的制造	17193	视听设备制造	6538
印刷专用设备的制造	1898	—	—
广播电视电影专用设备的制造	6214	广播传输设备制造	6300
其他文化专用设备的制造	10457	电视传输设备制造业	3680
文化装备制造业	8282	文化装备制造业	4784

2015 年			
中国		美国	
行业	企业平均营业收入	行业	企业平均营业收入
乐器的制造	2213	乐器制造	1363
游艺器材及娱乐用品的制造	2721	游戏设备制造业	13417
视听设备的制造	16270	视听设备制造	6251
印刷专用设备的制造	2013	—	—
广播电视电影专用设备的制造	5924	广播传输设备制造	5944
其他文化专用设备的制造	8763	电视传输设备制造业	3746
文化装备制造业	7824	文化装备制造业	4556

数据来源：中国有关数据根据国家统计局发布的历年《中国文化及相关产业统计年鉴》整理得到；美国有关数据来源于美国 BizMiner 数据库，按照当年度平均汇率整理计算得到。

盈利水平的国际差异是全球价值链（global value chain，GVC）分工地位在行业盈利能力上的反映。以美国为代表的西方发达国家凭借其长期累积的知识产权优势、市场优势、资本优势和制度优势在传统型文化装备制造业全球价值链中牢牢占据了高附加值的主导地位，而以中国为代表的发展中国家在嵌入传统文化装备制造业全球价值链过程中，陷入了"被俘获"与"低端锁定"的恶性循环，进而导致了以视听设备制造业为代表的传统型文化装备制造业虽然以极大的规模参与全球价值链分工、生产加工了全球绝大部分视听设备产品，却仅仅获得了美国 1/4 的价值分配。

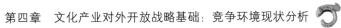

表4-10　2013-2015年中美装备制造业资产毛利率比较（企业均值）（单位：万元）

2013 年			
中国		美国	
行业	企业资产毛利率	行业	企业资产毛利率
乐器的制造	22.71%	乐器制造	95.48%
游艺器材及娱乐用品的制造	30.22%	游戏设备制造业	39.93%
视听设备的制造	20.60%	视听设备制造	73.51%
印刷专用设备的制造	22.18%	—	—
广播电视电影专用设备的制造	20.87%	广播传输设备制造	56.82%
其他文化专用设备的制造	16.37%	电视传输设备制造业	88.45%
文化装备制造业整体	20.52%	文化装备制造业	61.94%
2014 年			
中国（规模以上企业）		美国	
行业	企业资产毛利率	行业	企业资产毛利率
乐器的制造	22.83%	乐器制造	102.30%
游艺器材及娱乐用品的制造	24.06%	游戏设备制造业	43.15%
视听设备的制造	17.86%	视听设备制造	71.28%
印刷专用设备的制造	19.78%	—	—
广播电视电影专用设备的制造	20.44%	广播传输设备制造	62.87%
其他文化专用设备的制造	18.64%	电视传输设备制造业	97.09%
文化装备制造业整体	18.81%	文化装备制造业	66.61%
2015 年			
中国（规模以上企业）		美国	
行业	企业资产毛利率	行业	企业资产毛利率
乐器的制造	23.93%	乐器制造	112.21%

游艺器材及娱乐用品的制造	24.24%	游戏设备制造业	47.97%
视听设备的制造	16.16%	视听设备制造	70.24%
印刷专用设备的制造	20.75%	—	—
广播电视电影专用设备的制造	20.72%	广播传输设备制造	71.00%
其他文化专用设备的制造	18.26%	电视传输设备制造业	101.46%
文化装备制造业整体	17.92%	文化装备制造业	72.05%

数据来源：中国有关数据根据国家统计局发布的历年《中国文化及相关产业统计年鉴》整理得到；美国有关数据来源于美国 BizMiner 数据库，按照当年度平均汇率整理计算得到。

与此同时，美欧日韩等发达国家正试图以同样的方法控制以游戏设备为代表的数字创意装备制造业全球价值链，希望继续俘获与低端锁定中国等发展中国家的新兴文化装备制造业。但是，需要看到的是，大数据、人工智能、虚拟现实等新一轮科技革命浪潮带来的数字创意产业变革，以及特朗普上台后强力推行新贸易保护主义、美国本土主义、欧洲局势动荡不安等国际政治经济新形势背景，为中国等发展中国家提供了新兴文化装备制造业全球价值链重构的绝佳历史机遇期。新一代数字创意技术正以日新月异的速度冲击着新兴文化装备制造业的全球传统格局，为中国等新兴市场国家重构新型文化装备制造业全球价值链提供了可能性。以阿里巴巴、腾讯、网易为代表的中国企业近年来在欧美、东南亚、南美等地区作出了数字创意产业全球价值链重构的努力，取得了一定的效果。游戏设备制造行业盈利水平的震荡上扬也恰恰反映了这一态势。

表4-11　2013-2015年中美装备制造业营收毛利率比较（企业均值）（单位：万元）

2013 年			
中国（规模以上企业）		美国	
行业	企业营收毛利率	行业	企业营收毛利率
乐器的制造	15.01%	乐器制造	39.93%
游艺器材及娱乐用品的制造	18.76%	游戏设备制造业	35.94%
视听设备的制造	11.47%	视听设备制造	41.66%

续表

印刷专用设备的制造	18.87%	—	—
广播电视电影专用设备的制造	17.25%	广播传输设备制造	42.96%
其他文化专用设备的制造	8.40%	电视传输设备制造业	44.35%
文化装备制造业整体	12.23%	文化装备制造业	42.03%
2014 年			
中国（规模以上企业）		美国	
行业	企业营收毛利率	行业	企业营收毛利率
乐器的制造	14.27%	乐器制造	38.89%
游艺器材及娱乐用品的制造	15.98%	游戏设备制造业	35.44%
视听设备的制造	10.49%	视听设备制造	40.81%
印刷专用设备的制造	17.40%	—	—
广播电视电影专用设备的制造	16.21%	广播传输设备制造	42.73%
其他文化专用设备的制造	10.51%	电视传输设备制造业	44.48%
文化装备制造业整体	11.77%	文化装备制造业	41.45%
2015 年			
中国（规模以上企业）		美国	
行业	企业营收毛利率	行业	企业营收毛利率
乐器的制造	14.93%	乐器制造	39.10%
游艺器材及娱乐用品的制造	16.22%	游戏设备制造业	35.67%
视听设备的制造	9.94%	视听设备制造	40.81%
印刷专用设备的制造	16.67%	—	—
广播电视电影专用设备的制造	17.11%	广播传输设备制造	42.72%
其他文化专用设备的制造	11.51%	电视传输设备制造业	44.61%
文化装备制造业整体	11.75%	文化装备制造业	41.42%

数据来源：中国有关数据根据国家统计局发布的历年《中国文化及相关产业统计年鉴》整理得到；美国有关数据来源于美国 BizMiner 数据库，按照当年度平均汇率整理计算得到。

中国文化装备制造业需要重新审视当前历史阶段，建立新型文化装备制造业全球价值链重构战略，改善文化装备制造业创新生态体系，鼓励关键领域核心技术突破，构建文化装备制造业全球创新网络推动全球价值链向全球创新链战略性跃迁，发展壮大新兴文化装备制造业集聚区发挥产业集群效应，加快建立文化装备制造业全球价值链重构的"一带一路"通道和自贸试验区通道，整合建立文化装备制造企业集团打造具备全球领导能力的主导企业，重新确立文化装备制造业世界格局，实现与欧美发达国家的平等共赢。①

---

① 臧志彭，崔煜．中美文化装备制造业 3 倍盈利差距从何而来 [N]．经济观察报．2017 – 04 – 30.

第五章　国际自由贸易区文化产业
开放战略借鉴

从全球来看，目前世界各国建立的大大小小的自由贸易区（以下简称自贸区）有 3000 多个，其中有 1200 多个具备一定的规模和影响力，而在这 1200 多个自贸区中最具影响力的是北美自贸区、欧洲自贸区、东南亚自贸区等。总体来看，美国、新加坡等地区一直奉行自由贸易战略，法国、加拿大等国家一直主张文化例外，其余大部分国家主张适度文化开放战略，由此形成了三种国际文化产业开放战略取向，可以为中国自贸试验区文化产业开放战略提供借鉴。

由于直接关于自贸区文化产业开放战略的资料非常少，本章在研究过程中，将自贸区对外开放相关的制度创新内容也纳入，这些制度创新可以为我们开展自贸区文化产业开放战略研究提供启发和帮助。

第一节　文化产业对外自由开放战略借鉴

美国、阿联酋迪拜、新加坡是目前全球最为典型的奉行对外自由开放型自由贸易区域。本研究在此对上述区域的文化产业开放战略相关制度创新进行梳理分析。

一、美国自由贸易区自由开放战略借鉴

美国文化产业发展一直遵循自由开放的路径。虽然在文化及相关产品贸易方面，美国也会采用贸易保护主义，但是在文化领域投资开放方面，美国

的自由度非常高。正是在这种自由开放的投资制度背景下，美国好莱坞最大的电影公司中，哥伦比亚被日本索尼收购，福克斯被澳大利亚新闻集团收购；在流行音乐行业日本的索尼、荷兰的宝丽金、德国的贝塔斯曼长期占据市场主导位置。尽管如此，美国的文化内涵并没有被"收购"，反而在外国资本的助力下在全世界的文化市场"攻城略地"。

（一）美国纽约港自由贸易区制度创新

美国的自由贸易区大体可以分为两种类型：第一类是综合型自贸区，此类自贸区的主要功能是货物中转与自由贸易，也称为对外贸易区；第二类是加工型自贸区，此类自贸区的功能主要是加工制造、加工服务。

美国大大小小的综合型自贸区有将近 300 个，其中成立于 1979 年的纽约港自贸区是其中最大的一个。美国纽约港自贸区的关键性制度创新如表 5 - 1 所示[①]

表 5 - 1　美国纽约港自贸区的关键性制度创新

开放领域	开放战略制度创新
贸易开放	• 自贸区内不受商品配额限制 • 自贸区仓库可储存进口备件 • 进出口程序简化便捷化 • 自贸区间转移货物免关税 • 自贸区内货物免库存税 • 进入自贸区商品不需要原产地标记 • 自贸区货物 24 小时无限制通关 • 自贸区内企业每周一次申报过关记录、每周一次缴纳货物处理费，上限为 485 美元
税收开放	• 进口关税迟缓缴纳 • 关税率倒置关税节省 • 无关税出口 • 废品支付关税降低 • 国际退货免关税 • 人力和行政开支免付进口税

---

① 周佳. 纽约港自贸区 21 条优惠政策 [N]. 第一财经日报，2013 - 07 - 26.

续表

开放领域	开放战略制度创新
金融开放	<ul><li>自贸区内保险费用低（去除税额部分）</li><li>自贸区内银行支付的存款利率限制得以放宽</li><li>自贸区内外国金融机构经营活动管制减少</li><li>本国金融机构进入国际市场限制降低</li><li>自贸区内允许金融产品和工具创新</li><li>自贸区内允许设立新型金融市场</li></ul>
文化开放相关举措	<ul><li>自贸区成为商品展览展示区</li></ul>

（二）美国文化开放战略特殊管理股制度设计：以传媒产业为例

虽然美国一直奉行文化产业自由贸易的理念，但是在维护社会主流价值方面，美国核心的传媒企业，如《纽约时报》《华盛顿邮报》，在公司治理层面都进行了特殊管理股制度创新。此项制度设计的核心思路是：

第一，将传媒企业股权分为两类，一类是传统意义上的股权，另一类是特殊管理类股权。

第二，规定传统意义上的股权主要拥有参与投资收益分红权利，拥有很少或不拥有参与重大事项表决的权利；规定特殊管理类股权拥有重大事项的绝对表决权和一票否决权。

第三，规定特殊管理类股票不能上市流通。

基于上述特殊管理股权制度设计，可以有效保障美国的核心传媒企业在维护国家文化安全和意识形态安全方面的绝对控制权力。

二、阿联酋迪拜文化产业自由开放战略借鉴

阿联酋迪拜凭借其天然的地理优势和 20 世纪 70 年代以来的自由贸易政策，目前已经发展成为中东地区最大的自由贸易中心，汇聚了七成以上的非石油类贸易，而且已经成为全球著名的贸易、金融中心。

迪拜媒体城是迪拜文化产业自由开放战略的典型范例。迪拜媒体城于 2001 年设立，目前已经有 1400 多家世界媒体入驻，美国 CNN、英国路透社、德国 BMG、中国 CCTV 等全球一流媒体纷纷在迪拜设立区域中心，迪拜媒体

城已经成为名副其实的传媒产业集聚区，产业集聚效应明显。本研究这里重点借鉴王春枝（2013 年）关于迪拜媒体城的研究，对阿联酋迪拜文化产业开放战略进行总结梳理①，如表 5 - 2 所示。

表 5 - 2　迪拜媒体城开放战略的创新举措

开放领域	开放战略的创新举措
基础设施开放	• 先进完善的宽带设施、数字语音和高速数据服务、IP 电话网络 • 可直接"拎包入驻"与"定制化"的基础设施：迪拜媒体城为媒体公司提供了非常完善的办公室、厂房、仓库等基础设施，并且可以根据媒体公司的特定需求进行定制化
产权开放	• 100% 的不动产永久持有权、99 年长期租赁权
人才市场开放	• 迪拜媒体城网站汇集并公开了几千位自由职业者的信息，为传媒企业与自由职业者联系沟通提供了的平台
沟通平台	• 建立网络掮客（network brokers）制度，促进传媒企业间的互通合作 • 建立 CEO 网络（CEO Network），为媒体城内企业 CEO 提供日常交流沟通的网络平台 • 举办迪拜传媒之夜（Dubai MediaNight）、"早安，迪拜"（Good Morning DMC）、思想孵化器（Thought Incubator）等多种社交联谊活动
产业生态系统	• 从媒体城的规划到后期的运营管理全过程建立工商、税务、金融、保险、法律、会计、咨询、策划、翻译、设计、印刷、出版、包装、摄影、编辑、后期制作等多层次的、完整配套的传媒产业链生态系统 • 建立中小企业项目平台（SME Builder），促进中小企业发展 • 迪拜传媒俱乐部（Dubai Media Club），定期举办阿拉伯传媒论坛（Arab Media Forum）、设立阿拉伯新闻奖（Arab Journalism Award）、发布《阿拉伯媒体展望》（Arab Media Outlook）年度报告

三、新加坡的自由开放战略借鉴

新加坡是全球著名的自由港，是亚洲重要的航运中心和国际贸易中心。根据英国著名研究机构 Z/Yen Group 2016 年对全球金融中心的排名，新加坡位列第三，仅次于伦敦和纽约。Z/Yen Group 对全球金融中心排名的依据是

①　王春枝. 传媒集群竞争优势研究：以迪拜媒体城为例 [J]. 国际新闻界，2013（10）：131 - 141.

营商环境、金融市场、基础设施、人力资本及综合项目五个方面①，全球第三的排名说明新加坡在上述五个方面都达到了世界一流水平。

（一）新加坡自由开放战略相关制度创新

新加坡的自由开放主要体现在贸易的便利化、税收的极度优惠和金融的全面开放等方面。本书对新加坡的自由开放战略及有关制度创新简要梳理如表5－3所示。

表5－3　新加坡自由开放战略制度创新

开放领域	开放战略制度创新
贸易开放	●一站式窗口：建立了世界上第一个国际贸易电子数据交换系统，实现海关、税务、军控、安全等35个政府部门的一口化受理 ●高效通关：10秒完成全部手续申报，10分钟得到审核批复
税收开放	●90%以上的货物类别不需要缴纳关税自由进出新加坡 ●低廉的消费税率（7%） ●企业仅需办理5项税务 ●企业每年仅需报税1次，无须每月报税 ●企业每年仅有1项必缴税负 ●全球缴税最为方便国家中排名第二 ●全球最少税务的国家之一
金融开放	●全面开放的自由外汇市场

（二）新加坡文化开放战略特殊管理股制度设计：以传媒产业为例

虽然新加坡以自由贸易著称于世，然而其实在国家文化安全和意识形态安全方面，该国也进行了一定的制度创新，这种制度创新的核心思路就是建立特殊管理股制度。例如，关乎社会主流价值观的传媒行业（如新加坡报业控股公司）在公司治理层面就专门设置了特殊管理股制度，其制度要点包括以下几个方面：

（1）特殊管理股制度在公司章程中有明确的条文予以界定其有关权限，

---

① 黄贤超. Z/Yen Group 发表全球金融中心指数纽约、伦敦、新加坡位居三甲［EB/OL］. http：//www. ccpit. org/Contents/Channel＿ 3429/2016/0408/627026/content＿ 627026. htm，2017 － 04 － 08.

并且有专门的法律法规予以保障；

（2）特殊管理股的权限主要集中在重大事项的一票否决权方面；

（3）特殊管理股赋予政府的是重大事项的控制权，并不是干涉企业经营管理的权力；

（4）特殊管理股制度一般在涉及国家安全、社会公共事业领域进行设置。

第二节　文化产业对外适度开放型战略借鉴

一、欧盟及其自由贸易区的开放战略借鉴

欧盟在促进国际贸易方面有着悠久的历史，积累了丰富的经验。经过梳理与分析发现，有两个方面的制度创新对于中国自贸试验区有很强的借鉴意义。

一是认证经营者（Authorized Economic Operator，AEO）制度。世界海关组织（World Customs Organization，WCO）《全球贸易安全与便利标准框架》中对认证经营者（AEO）给出了标准定义："以任何一种方式参与货物的国际流通，并被海关认定符合世界海关组织或相应供应链安全标准的一方。AEO包括生产商、进口商、出口商、报关行、承运商、理货人、中间商、港口或机场或货站经营者、综合经营者、仓储业经营者和分销商。"AEO制度已经成为全球大型跨国公司便捷通关的"VIP通道"。

二是海关与自贸区共同监管制度创新。为充分发挥自贸区运营方的主观能动性和组织力量，欧盟设立了海关与自贸区运营方共同参与监管、共同负担责任的创新监管模式，实施以自贸区运营方、企业的自律监管为主体，海关不定期审查核验为保障的共同监管模式。

从欧洲的发展历史来看，爱尔兰香农自贸区和德国汉堡自由港在其国家经济发展过程中都发挥了重要的作用，功不可没。

成立于1959年的爱尔兰香农自贸区是全球最早的现代意义上的自由贸易区之一。基于香农国际机场开发建设，占地面积600英亩，拥有国际先进的基础设施，航空、陆路、海运等各个方面交通条件都得天独厚、极为便利，

周边还有大量的高校科研机构集聚，形成了良好的产业、科研一体化格局。2016年4月13日，中国（上海）自由贸易试验区与爱尔兰香农自由区签署了战略合作协议，双方将在飞机融资租赁、航空产业链、跨境投资、融资租赁配套产业合作、跨境电子商务等五个方面开展深入合作。

2013年1月1日，德国汉堡港正式取消自由贸易区。这个始建于1888年的自由港结束了长达125年的使命。取消的主要原因在于欧盟统一市场的一体化程度加深，自由贸易区豁免关税的优势日渐弱化、加工功能已萎缩殆尽，而进入自由贸易区的手续反而影响了物流速度、造成了交通堵塞，成为影响"自由贸易"的阻滞因素，而且对于欧盟成员国间的货物进出口并没有影响，在这种情况下，自由贸易区的取消成为必然选择。尽管如此，汉堡自由港在德国120多年来的发展过程中立下了"汗马功劳"，汉堡港自贸区对于德国的经济发展功不可没。因此，德国汉堡港自贸区的有关制度创新对于中国自贸试验区的发展仍然具备借鉴意义，我们需要批判性地借鉴。

本书根据上海财经大学自由贸易区研究院、上海发展研究院对全球100个自由贸易区概况进行的研究，以及其他关于自贸区的公开资料，整理了爱尔兰香农自贸区和德国汉堡自由港的对外开放战略及有关制度创新，[①] 如表5-4所示。

表5-4 欧盟自由贸易区自由开放战略制度创新

开放领域	爱尔兰香农自由贸易区	德国汉堡自由港
战略定位	●高技术、高增值、高技能的三高战略定位，为后来信息、数字媒体和电子商务领域的快速发展奠定基础	●汉堡州政府统筹规划，土地只租不售并严格限制用途
管理体制机制	●成立香农自由空港开发公司，由政府控股，受到企业和贸易部长直接管辖，但又自负盈亏、实行公司化运作	—

① 资料来源：上海财经大学自由贸易区研究院，上海发展研究院. 全球100个自由贸易区概览（上）[M]. 上海：上海财经大学出版社，2014.

续表

开放领域	爱尔兰香农自由贸易区	德国汉堡自由港
贸易开放	• 企业利润可以自由汇出爱尔兰	• 自由贸易区允许船只自由进出 • 海关不对货物在自由港的装卸、转船和储存进行限制 • 进入自由港的货物无须立即申报与查验，45 天以内转口无须登记
税收开放	• 实行关税免征政策 • 企业税标准从 45% 降至 10%（截至 2000 年），后统一调整为 12.5% • 专利产品免征所得税	• 货物在自由港区加工贸易无须缴纳增值税 • 税收政策为欧洲最优惠的政策
政府扶持	• 政府提供建设工厂资金补助，高达 35% • 厂房、仓库租金低廉，且 5 年以内的企业还可享受租金优惠 • 工厂、建筑和设备还可享受折旧补贴	—
基础设施	• 提供配套住宅、学校、商店及服务中心等满足投资者生活需求的基础设施	• 具备特别发达的物流系统，拥有 155 条通往波罗的海区域的航运线路，拥有通向欧洲大陆各地的高速火车运输系统

二、韩国自由贸易区的开放战略借鉴

文化产业是韩国的支柱产业，在韩国的仁川自由经济区、釜山·镇海自由经济区、新万金－群山自由经济区等都设置了关于文化产业对外开放的创新性制度。本书参考《全球 100 个自由贸易区概览》的有关研究，以及其他关于自由贸易区的公开资料，对韩国三大主要自贸区关于文化产业对外开放制度创新设计进行系统梳理考察，如表 5－5 所示。①

---

① 资料来源：上海财经大学自由贸易区研究院，上海发展研究院. 全球 100 个自由贸易区概览（上）［M］. 上海：上海财经大学出版社，2014.

表 5－5　韩国自由贸易区自由开放战略制度创新

开放领域	仁川自由经济区	釜山·镇海自由经济区	新万金－群山自由经济区
战略定位	● 集贸易、物流、金融、文化旅游于一体的世界前三的经济中心 ● 建设高辨识度的区域形象（明确规范城市景观标准，特色化城市建筑风格，独具特色魅力的城市形象等）	● 成为吸引外国人定居、外国投资商投资的"第二故乡"，从而建立起能够与新加坡、中国香港、上海相抗衡的世界级投资目的地	● 在 2020 年通过填海造出 40 万公顷的新土地，开启韩国发展的新天地
管理机制	—	● 在自由经济区企划团中设立专门的文化旅游投资组	● 在自由经济区企划团中设立专门的文化旅游投资组
税收开放	—	● 旅游业外商投资企业税收减免：投资额 1000 万美元以上免 5 年关税、所得税 3 免 2 减半，财产税 7 年免征，后 3 年减半征收；投资额 2000 万美元以上 5 年免征关税、特别消费税、附加税、法人税，所得税 5 年免征后 2 年减半	● 旅游业外商投资企业税收减免：投资额 1000 万美元以上免 5 年关税、所得税 3 免 2 减半，财产税 15 年免征；投资额 2000 万美元以上 5 年免征关税，所得税 5 年免征后 2 年减半
政府扶持	—	—	● 投资额在 1000 万美元以上，按 5% 比例享受最高 50 亿韩元的补助金；新雇用 20 人以上，每人每月补助 50 万韩元（最高补助 6 个月或 5 亿韩元），并且补助 10 万至 50 万韩元的教育培训费用

续表

开放领域	仁川自由经济区	釜山·镇海自由经济区	新万金 – 群山自由经济区
基础设施	•巨资打造 U – City，实现国家全部资源的数字化、网络化、可视化、智能化，并向海外输出标准、技术、产品及服务	—	•在 2020 年通过填海造出 40 万公顷的新土地
文化产业	•举办仁川国际数码艺术庆典、U – City 国际研讨会等大型推广活动	•打造休闲旅游产业，建设世界一流的休闲旅游设施及休闲度假目的地	•打造休闲旅游胜地和国际海洋观光休闲城市，包括建设总长 33.9 公里的全球最长的堤坝，海豚休闲场、日落休闲区、展望平台等旅游景点

三、巴西玛瑙斯自由贸易区的开放战略借鉴

巴西政府在对外开放方面采取了典型的适度开放政策，一方面采取优惠措施积极引进外资，另一方面在采取有力措施扶持民族企业的发展。巴西玛瑙斯自由贸易区于 1967 年在原来的玛瑙斯自由港基础上正式建立，该自由贸易区占地面积达到了 221 万平方公里，是全球面积最大的自由贸易区。玛瑙斯自由贸易区最新发展起来的是商业和旅游业，凭借得天独厚的自然风光以及亚马逊原始森林的魅力，吸引着全世界的游客。

本书参考《全球 100 个自由贸易区概览》的有关研究，以及相关的媒体公开资料，对关于巴西玛瑙斯自由贸易区文化产业对外开放战略进行初步梳理考察,①② 形成如下表格：

---

① 资料来源：上海财经大学自由贸易区研究院，上海发展研究院. 全球 100 个自由贸易区概览（上）［M］. 上海：上海财经大学出版社，2014.
② 世界杯与自贸区：拉美最大最成功的"玛瑙斯自贸区（Manaus FTZ）"［EB/OL］. https：// club. 1688. com/article/59915078. htm，2017 – 05 – 01.

表5－6　巴西玛瑙斯自由开放战略制度创新

开放领域	开放战略制度创新
投资开放	● 对于中、小计算机领域，内资比重需逐步提高到70%以上（保护性措施）
税收开放	● 免征从国外进口到西亚马逊地区的产品的进口税 ● 资讯产品的进口税额按照人工和本国原料在生产成本中的费用占比进行减免 ● 使用巴西设备和零件等产品达到85%的外资企业可享受税收、贷款等优惠政策 ● 减免88%的进口税、工业产品免税、所得税减免75% ● 在对当地高等教育、研究开发以及旅游业作出一定贡献的情况下，还可减免55%－100%的州税
文化产业	● 举办各种文化艺术活动：定期和不定期举办亚马逊电影节、戏剧节、舞蹈节、音乐节等 ● 符合2390/96号法令的投资项目需要缴纳旅游和基础发展基金

四、伊朗自由贸易区的开放战略借鉴

伊朗为了发展经济、加强国际地位，出台了专门的《伊朗自由贸易区管理法》，设立了多个自由贸易区，其中含有文化产业对外开放内涵的自贸区有阿拉斯自贸区、格什姆自贸区、马库自贸区、基什自贸区及阿尔万德自贸区等。但是由于政治、历史、宗教、文化、军事等各种原因，伊朗采取了适度开放的政策，特别是对以色列等国家采取了严格的贸易保护政策。

本书参考《全球100个自由贸易区概览》的有关研究，以及相关的媒体公开资料，对伊朗多个自贸区对外开放制度进行了考察分析，梳理出有关文化产业对外开放战略及制度创新，如表5－7所示。①

---

① 资料来源：上海财经大学自由贸易区研究院，上海发展研究院.全球100个自由贸易区概览（上）[M].上海：上海财经大学出版社，2014.

表5-7 伊朗自由贸易区与文化产业对外开放战略制度创新

自贸区名称	文化战略与制度创新					
	文化与旅游业	投资	贸易	税收	金融	管理制度
阿拉斯自贸区	• 定位为国家替代石油产业的战略新兴产业 • 开发各种旅游资源和配套基础设施	• 投资比例无限制 • 外资资本和利润可自由返回	—	• 所有投资项目享受20年完全免税	• 外资可无限制设立金融机构 • 货币可自由兑换	• 设立独立管理公司,实行公司化运作
格什姆自贸区	• 保护文化遗产,保持文化多元化 • 建设自贸区内商品展览展示功能 • 开发海洋旅游业	• 投资比例无限制 • 外资资本和利润可自由返回	• 禁止进口原产于以色列的产品	• 所有进入自贸区的货物免征进口税和所得税 • 15年完全免税	• 外资可无限制设立金融机构 • 货币可自由兑换	—
马库自贸区	—	• 投资比例无限制 • 外资资本和利润可自由返回	• 禁止违背伊斯兰教法的商品	• 15年完全免税	—	• 设立独立管理公司,实行公司化运作 • 设立文化事务顾问和城市发展总监
基什自贸区	• 积极宣传发展观光旅游业 休闲/商务旅游配套设施齐全	• 投资比例无限制 外资资本和利润可自由返回 • 对文化机构设立、知识产权保护等手续非常简化	—	• 30年完全免税	• 外资可无限制设立金融机构 • 货币可自由兑换	• 股份有限公司管理方式

续表

自贸区名称	文化战略与制度创新					
	文化与旅游业	投资	贸易	税收	金融	管理制度
阿尔万德自贸区	●旅游管理区占总面积的27.91% ●大力发展旅游业,保护文化遗产、完善旅游设施	●投资比例无限制 ●外资资本和利润可自由返回	—	●20年完全免税	—	—

第三节　文化例外型对外开放战略借鉴

一、法国马赛港自由贸易区的开放战略借鉴

马赛港是法国最大的海港,是欧洲第二大海港,马赛港自贸区始建于1228年,是全球第一个自由贸易区。与其他自贸区不同的是,法国马赛港自贸区不仅仅是货物的集散地和贸易中心,而且是集文化、娱乐、商业、生活于一体的综合集聚区。

本书参考《全球100个自由贸易区概览》的有关研究,以及相关的媒体公开资料,对法国马赛港自贸区对外开放制度进行了考察分析,梳理出有关文化产业对外开放战略及制度创新,如表5-8所示。①

---

①　资料来源:上海财经大学自由贸易区研究院,上海发展研究院. 全球100个自由贸易区概览(上)[M]. 上海:上海财经大学出版社,2014.

表5-8　法国马赛港自由开放战略制度创新

开放领域	开放战略制度创新
区域发展战略定位	• 本着港城一体化理念，将文化、娱乐、商业等生活设施（如电影院、剧院、商业中心）注入马赛港的扩建和新建过程中，在核心地带建设邮轮码头，将客运码头纳入城市发展规划，通过人行步道系统实现港口与城市的融合发展 • 以人为本的城市滨水空间设计：突破传统港口单一物流功能，科学设计港口的物流功能与文化娱乐功能，使之既能互不干扰又能和谐互补，建设融效率与娱乐为一体的城市滨水新空间
贸易开放	• 商品进出自贸区无须办理海关手续 • 允许在自贸区内展览、展示、交易、储存等
税收开放	• 商品进出自贸区免征关税
管理制度	• 建立港口环境保护制度、监控制度、废弃物排放限制制度、湿地保护制度、水资源管理制度以及严格的环境影响评价等制度，确保港口绿色化生态化

二、加拿大温尼伯港口的开放战略借鉴

加拿大政府在温尼伯港口出台了一系列类似于自由贸易区的制度，使得温尼伯港口具备了自贸试验区的功能，成为加拿大对外开放的一个窗口。

本研究根据《全球100个自由贸易区概览》的有关研究，以及相关的媒体公开资料，对加拿大温尼伯港口对外开放情况进行了考察分析，经简要梳理，如表5-9所示。①

表5-9　加拿大温尼伯港口自由开放战略制度创新

开放领域	开放战略制度创新
投资开放	• 简化企业申请一系列表格和审核流程
贸易开放	• 免除海关保税仓库的年度注册费 • 实施关税减免过程中不需要债务担保、取消通关费用等，商品可以在符合关税减免的企业间自由转移与销售

① 资料来源：上海财经大学自由贸易区研究院，上海发展研究院．全球100个自由贸易区概览（上）[M]．上海：上海财经大学出版社，2014.

续表

开放领域	开放战略制度创新
税收开放	• 联邦和地方合并企业所得税率比美国低 13%，综合税率低于 OECD（经济合作组织）平均水平 • 免征进口先进装备关税 • 入境前期的税款减免 • 海关保税仓库免除关税、营业税 • 出口集散中心项目营业税减免 • 加工出口服务项目营业税减免

第四节　西方国家文化产业扶持政策法规制度创新体系借鉴[①]

　　政府是否为文化产业发展提供扶持受到社会因素、经济因素、政治因素等多重因子的影响，需要从更广阔的"大文化"纬度与公共政策干预等视角来综合考虑。[②] 首先，国家财政资助文化产业符合相关国际文化公约的具体要求，并不违反 WTO 反补贴协议；其次，国家资助文化产业是基于保护本国文化独立性、多样性，保障公民文化权益等的考虑，不仅资助力度大、覆盖面广，还涉及不同公私部门多元主体的参与。最后，扶持文化产业的地理性集中分布受到政治因素、管理效果及公众是否支持等多种因素的影响[③]。总的来看，西方文化产业发达国家的扶持政策法规已形成了较为完善的体系与独特的模式。

---

　　① 解学芳，臧志彭.国外文化产业财税扶持政策法规体系研究：最新进展、模式与启示 [J].国外社会科学，2015（04）：85－102.

　　② YR. Isar. "Cultural Policy": Towards a Global Survey, Culture Unbound [J]., 2009, 1（1）：51－65.

　　③ AM. Bertelli, JM. Connolly and DP. Mason, Politics, Management, and the Allocation of Arts Funding：Evidence from Public Support for the Arts in the UK [J]. International Journal of Cultural Policy, 2014, 20（3）：341－359.

一、基于立法保障的西方文化产业发展扶持制度创新

（一）宪法：西方文化产业制度的合法性基础

欧美各国对文化产业发展给予了高度重视，并在多国的国家宪法的具体条款中得以体现，明确了对文化产业发展的扶持。

1. 宪法强调对文化艺术的资助与扶持

德国面对公共文化机构资金短缺问题，对用于文化基础设施与维持基本文化需求的扶持资金的诉求越来越高，由此，在德国的宪法中加入了特定的条款——国家承担支持文化的义务，并通过积极措施保护和促进文化和艺术的发展；并且，根据德国宪法的解释，艺术和科学、研究和教学应当是免费的。与此同时，德国大多数州的宪法也明确提出对艺术、文化发展提供公共财政，例如"州要保护和支持文化生活"（柏林州宪法，第二部分第20条），"所有人应有机会利用生活中的文化商品"（莱茵兰－普法尔茨州，第三部分第40条），① 可见，政府承担扶持与培育文化艺术发展的责任是宪法的应有之意。在俄罗斯，宪法明确规定"发展联邦文化项目，根据联邦预算为文化拨款，制定文化部门的最低报酬和稿酬，保护对联邦具有重要性和特别价值的历史文化古迹"，并把对文化遗产保护安排在政府扶持的优先任务列表中，体现出俄罗斯在遵从宪法的基础上采取积极的国家艺术政策，推动文化产业的发展。

2. 宪法明确扶持电影、音乐等文化行业发展，确保国家文化的多样性

瑞士对联邦宪法进行了修订，修订后的宪法包含的法律条款，一方面，突出了促进文化多样性、保护文化遗产的目的。例如瑞士宪法规定"应促进共同福利、可持续发展、内部凝聚力和国家的文化多样性"（宪法第2章），"保障语言自由"（瑞士宪法第18章），"保障艺术自由"（瑞士宪法第21章），"联邦政府应当保护风景、地区、历史遗迹和自然文化古迹、应支持自然文化遗产保护行动"（瑞士宪法第78章）等条款，明确了政府为实现保障

① U. Blumenreich, Compendium Cultural Policies and Trends in Europe: Germany [EB/OL]. http://www.culturalpolicies.net/web/germany.php? aid = 1.

语言与文化艺术多元化、保护文化遗产的目标应实施积极的财税政策。另一方面，强调对音乐、影视等行业的扶持。瑞士宪法第 69 章提到的"联邦可以支持国家利益的文化活动、鼓励艺术和音乐、教育的发展"，瑞士宪法第 71 章"联邦政府应鼓励瑞士电影制作和电影文化、通过立法扶持电影作品的种类和质量"，以及宪法第 93 章的"为广播、电视以及其他形式的特色节目与信息的公众转播完善立法"等规定，直接明确应以财税方式扶持电影产业、艺术与音乐、广播电视等行业的发展。此外，加拿大宪法第 27 条规定要"保存和增进加拿大人的多种文化遗产"，并在 1993 年颁布了《加拿大遗产部门法案》，为政府在文化遗产保护方面采取积极的财税举措提供了法律依据。[①]

3. 宪法要求政府保障公民文化权益，间接涉及对文化产业的财政扶持

《美利坚合众国宪法》第 1 款第 8 条规定"国会有权征收税收、关税、捐税与消费税用于偿还债务并提供国防和一般的社会福利"[②]，虽然授权政府制定一些特定的支出项目，但未对联郑政府的支出规模作出有效而明确的法律限制，也未直接涉及补助文化产业，但其所提及的社会福利包括了公民享受的文化福利与文化权益，意味着政府应该承担丰富文化产品、保护文化遗产、为实现公民文化权益提供肥沃的文化土壤与保障，并培养公众参与文化艺术的责任。在俄罗斯，按照俄罗斯联邦宪法的要求"保障公民创造、获得文化、参与文化生活的自由，利用文化设施的权力，保护知识产权，将保护历史文化遗产和遗迹作为每个公民的责任"，直接明确了公民拥有完整的文化权利，即自由创造和参与文化生活的权利，并指明了政府应采取积极的财税措施，是间接扶持文化产业的表现。

可见，在宪法中通过对联邦政府承担促进文化发展的作用、承担保护公民文化权益与文化遗产的定位，为政府合理扶持文化产业发展提供了最高层面的法律依据，也为文化产业的发展提供了最可靠的法律保障。

（二）文化基本法：政府扶持文化产业的基础制度框架

文化产业促进法作为文化基本法是实现产业振兴的法律根本。在亚洲，

---

① J. Foote, Compendium Cultural Policies and Trends in Europe：Canada ［EB/OL］. http：//www. culturalpolicies. net/web/canada. php.

② 傅光明. 美国的财税立法和法律机构 ［J］. 财政与发展，2001（8）：44 – 46.

日本与韩国是通过"文化立国"战略与系统的文化产业促进法推动文化产业发展的典型代表，突出了"振兴文化产业"的决心与战略导向；在欧洲，俄罗斯与瑞士实施的文化基本法，偏向于将文化产业促进法作为保障文化权利和促进文化发展的"文化宪法"。此外，还有一些国家，虽然没有明确出台文化产业促进法，但出台的一系列文化基本法为扶持文化产业发展起到了保驾护航的作用。

1. 将文化产业促进法作为法律基准推动产业快速发展

日韩等国确立"文化立国"的国家战略，制定文化产业促进法。日本文化厅早在 1996 年颁布了《21 世纪文化立国方案》，确立了"文化立国"战略；之后，陆续颁布了一系列的文化法规，如《高度信息通信网络社会形成基本法》（以下简称《IT 基本法》）、《关于促进创造、保护及应用内容产业相关法律》《文化艺术振兴基本法》《知识产权基本法》《知识产权战略大纲》《内容产业促进法》《关于文化艺术振兴的基本方针》，成为全方位扶持文化产业发展的法律依托。其中，《关于文化艺术振兴的基本方针》提出 11 个领域的 107 项基本措施，振兴不同类型的文化艺术与区域文化、保护与利用文化财产、扶持国际交流与文化艺术基地建设等。例如，日本对中小出版企业实施所得税、印花税、企业税、固定资产税减免政策，对重要期刊与学术著作出版、学术数据库及相关研究项目提供资助等。

韩国首先是于 1997 年设立文化产业基金，多渠道筹措发展资金扶持初创期的文化企业，为韩国文化产业竞争力的培育提供了资金保障，推动了"文化韩流"在亚洲的崛起。而后，1999 年在文化立国战略的导向下实施了《文化产业振兴基本法》（2003 修订），不仅系统界定了文化产业，还提出了振兴文化产业的具体政策，不断强化了对重点文化行业的扶持。2013 年又开始重点实施《地方文化振兴法》《激活文化艺术援助法》《大众文化艺术产业发展法》等法案，既重视扶持公共文化与保护传统的文化行业，也重视发展网络游戏、动漫等新兴优势行业，为文化产业振兴建构起一个完善的法律屏障。特别是 2014 年开始实施的《文化基本法》，对国民享有自由参与文化艺术创作、参与文化艺术活动权利进行了保障，并建立了文化影响评价制度，建立了以需求为中心的文化扶持政策体系；同时实施的《博物馆及美术馆振兴法》修正案则为社会捐资捐物提供了明确的法律依据。① 从统计数据来看，2000—2010 年韩国对文化产业重点行业投入 6000 亿韩元，扶持文化产业的方式包括了实施税收优惠政策、设立政府资金奖项、扶持文化产业项目与文化人才等多种方式，不但设立了地方文化产业支援中心，还培育起地方文化产业集群；② 并且每年投入 500 亿—1000 亿韩元的政府预置金按照市场运作方式向特定的文化企业提供银行低息贷款，扶持文化产业做大做强。③

2. 将文化基本法作为扶持文化产业的"文化宪法"

利用文化基金法作为指导、扶持与推动文化产业发展的"宪法"，俄罗斯与瑞士是典型代表。俄罗斯的《文化基本法》规定了国家文化行动需遵循一定的原则和规范来维护、发展和传播文化，保障文化权利和自由；同时，也确定了国家对文化的资助水平——联邦预算 2% 与地区预算 6%（不包括媒体），但实际实施情况不佳。此外，在《俄罗斯联邦文化法》中，法律条款包含文化部门合伙特别准入、慈善和捐赠活动等的具体规定；与此同时，政府提出"2020 战略"关注创新，强调对文化、教育、科学发展的投入与扶持。

2012 年，瑞士实施了《联邦文化促进法》，规定联邦政府在促进文化发展方面的职责及文化政策准则，提出"通过促进文化发展提升瑞士文化凝聚力、保护瑞士文化多样性，通过促进文化发展、鼓励类型丰富的优质文化资源的供给，通过促进文化发展为文化艺术从业人员和文化机构创造优良环境，通过促进文化发展让民众更主动参与文化活动、更方便地享用文化服务，通过促进文化发展塑造瑞士文化强国的国际形象"，④ 虽然未直接明确对文化发展提供资金扶持，但确保文化多样性、鼓励文化资源供给、保障公民文化权益等提法，都是政府积极扶持文化产业发展的基本指导方针。

---

① 宋佳炟．韩国施行《文化基本法》谋求"文化隆盛" [N]．深圳特区报，2014－01－08．

② 李政炫．韩国文化产业集群的现状和启示 [A] //国际文化产业发展报告（2007）[A]．北京：社会科学文献出版社，2007：345－346．

③ 陈志楣，冯梅，郭毅．中国文化产业发展的财政支持研究 [M]．北京：经济科学出版社，2008：146．

④ C. Weckrle, Compendium Cultural Policies and Trends in Europe：Switzerland [EB/OL]．http://www.culturalpolicies.net/web/switzerland.php.

美国对外实施积极的文化扩张战略，对内却不主张政府过多干预文化产业的发展，但在扶持文化产业层面形成了完善的法规体系，包括《联邦电信法》《联邦版权法》《尼尔与明尼苏达法案》《纽约时报与沙利文法案》《基金法》《国家艺术及人文事业基金法》《纽约时报与美国法案》等；与此同时，诸多文化机构代表政府行使部门职能资助文化产业发展，例如国家艺术基金会代表政府向文艺团体与艺术家提供资金扶持与技术援助，国家博物馆委员会专门资助博物馆与美术馆等。① 而且，从美国国会制定的《国内收入法典》的内容来看，对文化产业的扶持表现在以相对集中或独立的章节的形式对文化从业人员个人所得税、公司所得税优惠进行了规定。

二、基于细分行业的西方文化产业发展扶持制度创新

各国对文化不同细分行业的法律层面的关注与政策扶持，一方面，体现出该国对公共文化的重视，对公民文化权益的关注，也是从更长远的视角为文化产业发展提供文化受众；另一方面，是各国对文化行业中主导产业的判断与定位，以及对本国文化产业重点行业的扶持；此外，表征着不同国家的文化资源禀赋的异质性，是一国文化特色的体现，也是各国在国际文化市场中形成差序竞争格局的制度基因。

（一）公益性文化行业的扶持型制度创新

政府对公益性文化行业给予财税扶持与公民文化权益的实现是息息相关的，这从欧美各国的宪法与相关财税法的条款中可以判断出来。从文化属性来看，基于公共文化设施，如博物馆的可持续性发展与国家层面文化发展的可持续性，政府应设计适当的文化政策；② 但从文化产业的经济属性来看，对公共文化的扶持是提升公民文化素养、培育潜在的文化消费群体的重要制度安排。

法国政府重视公共文化服务与大型文化设施建设。首先，从税收上给予

① 熊澄宇. 世界文化产业研究 [M]. 北京：清华大学出版社，2012：77 - 81.
② T. Stylianou - Lambert and NBM. Christodoulou - Yerali, Museums and Cultural Sustainability：Stakeholders, Forces, and Cultural Policies [J]. International Journal of Cultural Policy, 2014, 20 (5)：566 - 587.

公共文化扶持。在法国,正常增值税税率是 19.6%,但博物馆、遗迹、展览和文化遗址、电影院等适用于中等税率 5.5%,特定的 2.1% 税率则适用于出版社、公众广播用、新上演的戏剧作品的前 140 场表演。① 其次,每年投入在兴建公共图书馆、博物馆、影剧院等文化设施上的财政拨款高达几十亿法郎。2010 年,法国文化部发起"区域博物馆"计划,投入 7000 万欧元扶持整个地区的博物馆建设项目。从法国政府资助文化机构的具体情况来看,对文化遗产遗迹、博物馆、美术馆、无形遗产以及文化艺术的扶持尤为突出,具体如表 5 - 10 所示;根据法国文化与通讯部公布的数据,2014 年划拨预算资金 72.6 亿欧元,其中 26.9 亿欧元用于文化领域,明确资助青少年文化与艺术教育、文化遗产保护与发展以及文化创新、公共视听服务的多元化与数字化等。②

表 5 - 10　2010 - 2013 年法国政府对文化机构的财政资助列表

领域	文化机构	数字（年份）
文化遗产	文化遗产遗迹	14428 项历史遗迹存档中的国家分类遗产（2010） 29292 项注册国家遗迹（2010） 163 个有"城市和国家艺术和历史"标识的遗迹（2011） 119483 项可移动分类对象（2011） 38 个 UNESCO 世界遗产名录中遗产（2013） 约 100 项国家遗产和国家财产（2013） 373 个有杰出花园标识的著名花园（2011） 111 个有尊贵的房子标识的著名住宅（2011）
	博物馆	1216 个法国的博物馆（2011）
	档案馆（政府）	3 个国家档案馆和 11401254 份数字化文件（2010） 26 个地区档案馆服务（2010） 101 个部门档案馆服务和 263142 份数字化文档（2010） 1 家国家广播研究所（音像档案）
	无形遗产	11 项在联合国教科文组织非物质文化遗产列表（其中 1 项需要紧急维护）

---

① T. Perrin and JC. Delvainquiere, Compendium Cultural Policies and Trends in Europe：France ［EB/OL］. http：//www. culturalpolicies. net/web/france. php.

② 杰夕,禾泽,疏影,薇冉. 从 2014 预算看多国文化走向[N]. 中国文化报,2013 - 11 - 07.

领域	文化机构	数字（年份）
视觉艺术	公共艺术画廊/展览大厅	1 个国家视觉艺术中心（2013） 23 个地区当代艺术基金会（2013） 19 个大区 50 个当代艺术中心（2012） 1244 个私人艺术画廊（2011）
	高等教育	58 个地点的 45 所艺术院校（2013）
表演艺术	交响乐团	法国国家广播电台管弦乐队、法国国家管弦乐队、爱乐乐队等 4 个乐队（2013） 24 个大区管弦乐队（2011）
	音乐院校	298 个市镇或市镇之间的艺术学校（2013） 110 个乡村的艺术学校（2013） 43 个大区的艺术学校（2013）
	高等教育	10 所音乐和舞蹈学院（2011） 11 所音乐和舞蹈教师培训中心（2011） 11 所戏剧学院（2013） 9 所学校音乐从业者培训中心（2011） 3 所马戏团学院（2013） 1 所木偶戏学院（2013） 2 所表演艺术学院（2013） 1 个街头艺术培训平台（2013）
	戏剧院	5 家国家剧院（2013） 40 个国家和地区戏剧中心（2013） 12 个国家马戏团（2013） 178 家国家许可的和国家级剧院（2013） 9 个国家街头艺术中心（2013） 627 个受资助的戏剧公司（2010）
	音乐剧院、歌剧院	1 家国家歌剧院：巴黎歌剧院（2013） 1 家喜剧歌剧院（2013） 13 家大区歌剧院（2013） 1 家巴黎乐器行（2013） 7 所音乐礼堂，2 个正在建造（巴黎爱乐大厅、法国国家广播礼堂）（2013）
	舞蹈和芭蕾团	1 个国家舞蹈中心（2013） 19 个舞蹈中心和芭蕾舞团（2010） 10 个舞蹈发展中心（2013） 258 个受补贴的舞蹈团（2011）

续表

领域	文化机构	数字（年份）
图书馆	图书馆	1 个国家舞蹈中心（2013） 19 个舞蹈中心和芭蕾舞团（2010） 10 个舞蹈发展中心（2013） 258 个受补贴的舞蹈团（2011）
	其他机构	1 个国家图书产业中心（2013） 20 个大区图书政策机构（2011）
视听产品	广播组织	法国国家电视台：5 个国家大陆电视频道和 1 个海外广播网络（电视和广播） 法国国家广播电台：6 家国家电台和 1 家地方电视台网络 1 个法—德和欧洲频道：德法公共电台 3 家法国对外视听 AEF
其他		5 个遗产学术机构 3 所电影和视听学院 50 多所大学 300 个艺术和文化学术培训课程（2008）

数据来自：T. Perrin and JC. Delvainquiere, Compendium Cultural Policies and Trends in Europe：France, http：//www. culturalpolicies. net/web/france. php.

德国政府重视大型公共文化设施的改建与柏林的城市文化形象的塑造。2006 年，联邦政府的财政补贴扶持柏林三大歌剧院；2007 年，联邦议会设立 4 亿欧元的特殊文化基金拿出 2 亿欧元用于柏林国家歌剧院整修；2008 年，联邦共和国与柏林地区签订文化之都融资合约，明确了扶持文化发展的领域，并确定联邦对柏林的文化资助持续到 2017 年年底。实际上，德国尤其重视对博物馆、档案馆等文化遗产的保护与公共艺术的发展，在财税扶持时给予优先考虑。从表 5 - 11 可以看出，在政府资助的各类文化机构中，政府对文化遗产的资金扶持力度是最大的，仅 2008 年就资助了 6190 家博物馆，778 家地方档案馆，把大量资金用于博物馆、歌剧院等的改建与翻新方面。此外，德国实施的《基金会税收法案》对一些公共文化活动或者类似于剧院表演的非盈利活动采取免增值税与企业所得税的政策，要求设立公共基金会，并规定向基金会捐赠的给予税收激励，鼓励与刺激了基金会的遍地开花，例如联邦文化基金会、普鲁士遗产基金会、魏玛经典基金会，对促进文化发展起到了关键的作用。

自贸试验区与文化产业开放战略

表 5 – 11　2008 – 2010 年德国政府资助文化机构的行业列表

领域	文化机构（子领域）	数量（年份）	趋势（＋＋到＋）
文化遗产	文化遗产遗迹（认可的）	N/A	N/A
	博物馆（组织）	6190（2008）	＋＋
	档案馆（政府）	74 国家（2009） 778 地方（2008）	不变
视觉艺术	公共艺术画廊/展览厅	488（2008）	不变
	艺术学院（大学）	23（2010）	不变
表演艺术	交响乐团	133（2010）	—
	音乐学校	909（2010）	—
	音乐/戏剧学院（或大学）	40（2010）	＋
	戏剧院	128（2008）	不变
	音乐剧院和歌剧院	43（2008）	不变
	舞蹈和芭蕾团	35（2009）	不变
图书和博物馆	图书馆	10021（2009）	—
视听产品	广播公司	17	不变
学科间	社会文化中心/文化馆	1100（20080	＋
其他	青少年艺术学校	423（2008）	＋

数据来自：U. Blumenreich, Compendium Cultural Policies and Trends in Europe：Germany, http：//www. culturalpolicies. net/web/germany. php? aid =1.

俄罗斯对公共文化的财税扶持也有明确的法律依据，而且资助力度很大。首先，从税收体系上确立对公共文化的资金扶持。俄罗斯的《公民和预算法典》规定，国家在文化领域中需承担融资义务，即政府应是文化事业单位的公共资金提供者，并规定对"文化历史遗迹修复工作，维护文化遗产与转移慈善货物、作品、服务"减免税收，对"属于艺术家或民间手工艺家的建筑和活动场所，用作工作坊或对公众开放的私人展览、图书馆、画廊、博物馆等建筑"免除税收，可见，俄罗斯对文化实施的税收优惠法规条款具体而明确。其次，俄罗斯实施的《文化古迹法》明确了国家和当地政府对不动产对象和相关的绘画、雕塑、装饰艺术等文化遗产给予资金扶持，政府还要承担文化遗产项目的利用和保护责任。从统计数据来看，

142

2010－2012 年，联邦文化部为"文化和历史遗产保护"提供的预算分别占总预算的24%、19%和31%，足见对文化遗产保护的重视；从 2013－2020 年的规划来看，俄罗斯联邦文化和旅游发展国家项目重点任务也定位于"保护和合理利用文化遗产，提高图书馆服务质量和增加可获得图书馆的途径，提高博物馆的质量和增加可获得的途径，确保档案集合的保存、收购和合理使用"等。此外，俄罗斯重视采用资金资助方式扶持公共文化发展，从表 5－12 的统计数据可以看出，虽然 2005 年以来俄罗斯联邦预算支出比重呈现微降的趋势，但 2010 年，俄罗斯用于博物馆与展览项目、图书馆、文化家园的财政支出规模却是最大的，高达 174.46 亿卢布，占文化类总支出的 34.57%。①

表 5－12　2005－2010 年俄罗斯联邦预算公共文化支出（单位：百万卢布）

分类	2005 年	2007 年	2010 年
文化、电影艺术和大众媒体	39173.1	67804.7	107340.2
文化包括： 俄罗斯文化联邦目标项目（FTP） 资本投资 文化家园 博物馆和展览 图书馆 表演艺术	16901.1	35757.7	50473.9 12841.4 3843.2 2425.7 12015.7 3004.7 10747.0
电影艺术	2686.2	3684.4	5562.4
广播	10918.3	20704.3	36725.1
期刊和出版业	387.2	3345.0	4103.2
应用研究	173.3	287.0	398.8
其他	8107.0	4026.3	10076.9
合计：联邦预算支出	3047929.3	4794455.2	8846973.5
合计百分比（%）	1.3	1.4	1.2

① Tatiana Fedorova, Compendium Cultural Policies and Trends in Europe：Russian Federation ［EB/OL］. http://www.culturalpolicies.net/web/russia.php.

瑞士重视对公共文化的资金投入。首先，瑞士对文化遗产保护的重视程度主要体现在法律层面，近年陆续实施了一系列文化遗产领域的联邦法令，包括《自然遗产与文化遗产保护首批名录》《瑞士国家博物馆筹建法》《自然遗产与文化遗产保护法》《联邦文化财产转移法》《联邦文化促进法》《联邦博物馆及其藏品法》等。其中，《自然遗产与文化遗产保护法》明确了要保存和保护自然遗产和文化遗产，支持专家的研究与培训等。其次，瑞士对公共文化设施建设与文化遗产保护投入了大量财政资金。联邦文化局隶属的历史遗迹与文化遗产保护部门重视修缮和保护涉及国家利益的历史古迹，并对国家图书馆与文化遗产传承相关的协调与推广项目进行全额或部分资助。从各级政府的投入情况来看，联邦政府的资金投入少，财政投入主要由各州、市政府承担。例如，2009 年，瑞士公共文化支出规模为24.33 亿瑞士法郎，48% 的公共文化开支来自市政府，州政府文化支出为41%，联邦政府文化开支仅为 11%，如表 5－13 所示。此外，根据《联邦文化促进法》的规划目标，2012－2015 年，瑞士投入 6.37 亿瑞士法郎（约5.14 亿欧元）专门对语言、音乐教育、阅读、艺术与文化项目给予扶持，而且相比于其他欧洲国家，瑞士文化领域的资金投入更大比例来自赞助人、基金会等私人或私企——民间基金会每年支出 10 亿－20 亿瑞士法郎，其中 3亿－5 亿用于文化支出。

表 5－13　2009 年瑞士的文化支出情况　（单位：百万瑞士法郎）

各级文化部门	总计	各级文化部门	总计
政府、州、市各级文化部门总开支	2433.0	州文化支出	995.8
音乐会及戏剧表演	525.2	音乐会及戏剧表演	257.6
图书馆	321.3	图书馆	113.7
历史古迹及自然遗产保护	257.7	历史古迹及自然遗产保护	186.6
博物馆和艺术品	404.9	博物馆和艺术品	176.8
大众传媒	136.8	大众传媒	16.3
文化泛类	783.3	文化泛类	244.8
文化以及传媒领域的研究与发展	3.7	文化以及传媒领域的研究与发展	—

续表

各级文化部门	总计	各级文化部门	总计
联邦政府文化支出	265.2	市文化支出	1172.0
音乐会及戏剧表演	4.3	音乐会及戏剧表演	263.4
图书馆	27.6	图书馆	180.1
历史古迹及自然遗产保护	30.4	历史古迹及自然遗产保护	40.8
博物馆和艺术品	35.4	博物馆和艺术品	192.7
大众传媒	45.9	大众传媒	74.6
文化泛类	118.0	文化泛类	420.5
文化以及传媒领域的研究与发展	3.7	文化以及传媒领域的研究与发展	—

数据来源：C. Weckerle, Compendium Cultural Policies and Trends in Europe：Switzerland, http：//www. culturalpolicies. net/web/switzerland. php.

英国对公共文化的重视与扶持，一方面，表现为政府或文化艺术委员会等机构拨款给公共文化领域。例如，英国政府建立了4000万英镑的基金扶持2012年奥林匹克运动会和残奥会，促进青年群体对艺术与体育的兴趣，而由公众和私人基金构成的7500万英镑的基金则用于"盛典2012"的文化活动；2013年，40%的基金用于健康、教育、环境和慈善事业，其中，体育、艺术与遗产各占20%。[1] 另一方面，英国对具有公益性的文化行业采用税收优惠政策，例如重点扶持图书出版业的发展，对图书出版、期刊、报纸不征增值税。但是从趋势来看，英国文化、媒体和体育部（DCMS）对公共文化的支出正在缩减并强调私人部门的作用，不断强调对政府扶持资金进行绩效管理的重要性并作出调整。[2] 例如，从2010－2011年的16亿英镑缩减到2014－2015年的11亿英镑，缩减了25%；同时，DCMS对英格兰艺术委员会的拨款也减少了29.6%（约1亿英镑），2014－2015年收到的财政拨款仅为3.5亿英镑，意味着上百家文化艺术组织可能会失去资助。反之，说明了英国政府热衷于鼓励更多私人部门为文化发展提供资金扶持的政策趋向，也反映出

---

① 疏影薇，冉杰夕. 多国文化艺术基金：平衡文化补充财政推进普及 [N]. 中国文化报，2014－01－16.

② Tlili A, Managing Performance in Publicly Funded Museums in England：Effects, Resistances and Revisions [J]. International Journal of Heritage Studies, 2014, 20（2）：157－180.

英国政府遵循文化领域的"一臂之距"原则资助文化艺术。① 此外，英国倡议在私营部门和文化艺术间建立互惠的合作伙伴关系，强调对从事艺术与公共文化以及相关慈善性质的组织捐助资金的私营部门可以享受税收减免政策，鼓励私人或营利性组织对文化进行资助，从而使得大量私人资金流入艺术、博物馆、遗产等具有慈善性质的机构；同时，支持与鼓励公私文化机构合作可以享受赋税减免。例如，如果一个慈善或教育机构（如艺术组织）借用一个企业的员工所获得的补贴或所得工资适用于税收减免。

美国对公共文化的重视突出表现在对非营利文化组织的扶持上。美国对非营利文化组织实施免税政策，提高私人、企业投入文化的积极性。美国的《国内税收法》规定，向法律许可的一切文化机构捐助款物的个人和单位可享受销售税与财产税的减免优惠政策；州政府的财政拨款侧重对文化艺术领域的地方文化组织与文化团体给予资助，例如，纽约市 2000 余家非营利文化组织中，约有 1/4 获得市政府资金扶持；地方政府从税收收入中提取一定比例的金额成立相关基金为文化提供扶持，对非营利性文化组织实行税收减免政策的地方州政府将近 50 个。② 另一方面，鼓励对文化艺术与非营利文化组织的捐赠。特别是美国征收高税率的遗产税与慈善捐赠免税刺激了私人对文化产业的捐赠热情，社会捐赠几乎占美国文化预算的 43%。此外，利用基金会的方式。美国联邦政府对美国博物馆及图书馆服务协会、国家人文基金会、美国国家艺术基金会、肯尼迪中心等每年资助额高达 10 亿美元。

（二）营利性文化行业的扶持型制度创新：以电影产业为例③

电影产业属于创造财富的产业，可以带来可观的经济效益与社会效益；同时，电影作为展示一国政治话语权与创意表达的方式，④ 为各国扶持电影产业发展提供了现实依据，因此各国大都采用积极的财税政策鼓励与扶持电影产

---

① Hesmondhalgh D, Nisbett M K. Oakley and D. Lee, Were New Labour's Cultural Policies Neo - liberal? [J]. International Journal of Cultural Policy, 2015, 21 (1): 97 - 114.

② 杜晓燕. 美国财政政策对文化产业投融资的支持探析 [J]. 财政监督, 2011 (12): 72 - 73.

③ 李琳, 解学芳. 文化与科技融合视野下的上海电影产业链构建 [J]. 东南传播, 2016 (09): 20 - 23.

④ Blomkamp E. Discourses of Legitimation in New Zealand's Film Policy, International Journal of Cultural Studies, 2012, 1 (6): 629 - 644.

业的发展，但电影企业争取政府"补贴"的竞争也是异常激烈的。[①] 美国把电影补贴政策看作是保持经济活力的法宝，各州大多通过税收优惠政策补助电影产业，而且补贴额度是非常高的。具体来看，各州给电影生产者的补贴一般为：每美元生产费用给 25 美分的补贴，最丰厚的税收补贴是阿拉斯加和密歇根，高达 42 美分；而且电影制作者与政府长期保持着密切的关系。从 2010 年度的财政预算来看，政府补助 15 亿美元给电影和电视制作，把原本可以补助给公共领域（如教育、医疗卫生、公共安全和基础设施）的资金都划拨给了电影产业。其中，纽约州、路易斯安那州与加利福尼亚州补助电影产业的额度是最高的，分别达到 3.5 亿美元、1.25 亿美元、1.1 亿美元；而且电影税收享受的优惠政策要比其他行业多，从表 5－14 可知，电影税收抵免规模远高于研发税收减免规模，虽然美国对研发也很重视，其中密歇根州的电影产业税收抵免规模最大，为 1.17 亿美元；但从现实状况来看，诸多美国学者反对政府补助电影产业，认为一系列的广泛证据表明政府补助电影产业、对电影生产者提供慷慨资助，政府付出了高昂的成本，但通常是负回报率，而且不利于自由市场的发展。[②]

表 5－14　2010 年的电影税收减免与投资、研发领域比较 （单位：百万美元）

州	电影税收抵免	投资税收抵免	研发税收减免
康涅狄格州	$41	$47	$15
路易斯安那州	$101	N/A	$42
马萨诸塞州	$100	$59	$91
密歇根州（2009）	$117	$127	$63
北卡罗来纳州	$23	N/A	$20
宾夕法尼亚州	$74	N/A	$40
罗德岛州	$14	$12	$5
N/A：Not applicable or not available			

数据来源：R. Tannenwald, State Film Subsidies：Not Much Bang for Too Many Bucks, Washington, DC, Center on Budget and Policy Priorities. , http：//www. cbpp. org/cms/index. cfm? fa = view&id = 3326.

---

① Collins A. & Snowball J. Transformation, Job Creation and Subsidies to Creative Industries, International Journal of Cultural Policy, 2015, 21（1）：41 – 59.

② Tannenwald R. State Film Subsidies：Not Much Bang for Too Many Bucks［EB/OL］. Washington, DC, Center on Budget and Policy Priorities, http：//www. cbpp. org/cms/index. cfm? fa = view&id = 3326.

法国电影在电影文化产品出口国中仅居于美国之后，2012 年，每天约有 40 部法国电影在外国电视频道上播放，464 部法国电影在全球电影院播放给 13.7 亿观众观看，产生了 85.1 亿欧元的收入。可以说，法国电影产业的发达与其完善的财税扶持法规体系是分不开的。一方面，《电影动画形象法典》明确了支持法国电影产业发展的机构，建立了系统的税收制度，包括对电影降低增值税、实施税收抵免政策，并资助大量的电影产品、对影院特定作品传播提供资金支持，扶持建立现代化电影院等；同时，法国的电影制片人也从政府的财税扶持中不断受益，形成了各界促进电影产业发展的良性循环，确保了法国乃至整个欧洲电影产业的活力。另一方面，法国通过各种电影基金会为电影产业发展提供资金支持，如法国的国家电影、广播产业支持基金会为电影提供资金扶持与融资，影像多元化基金会则主要为电影、广播和多媒体作品提供补充性扶持，国家电影中心与法国文化中心合作成立的世界电影基金会主要扶持电影产业的国际合作、对 2012 年戛纳电影节上展示的 7 部电影进行了资助；2012 年，资助基金账户资助电影产业 7.7 亿欧元，其中 3.7 亿欧元来自自主性资助，3.6 欧元来自选择性资助。[①] 此外，法国采用奖励与联盟的方式扶持电影产业发展。2010 年，法国电视集团、国家电影中心等合作建立了法国影视多样性奖项，奖励三部以多样性为主题的影视作品，奖金分别为 20000 欧元、15000 欧元、10000 欧元；法国电影联盟拥有 600 个成员，电影和微电影制片人、演员、导演、编剧与艺术机构，致力于保护世界范围内的法国电影，在电影产业中起着行业引领、扶持与保护的作用。

在俄罗斯，《俄罗斯联邦电影艺术国家支持法》对电影实施免除税收和关税的优惠政策，虽然这项法律未能得到有效执行，但还是给电影产业发展提供了约 80% 的预算外资金支持；2001 年，为重新调整电影生产和影片发

---

① 疏影薇，冉杰夕. 多国文化艺术基金：平衡文化，补充财政，推进普及［N］. 中国文化报，2014 - 01 - 16.

行，国家公布了两个总统法令将电影制片厂与相关企业变成合资公司，明确了电影产品和发行的报酬，从而将电影制片人在融资方面的关键性地位得到巩固；还通过 2008 - 2020 年长期社会经济发展规划，将对电影艺术、文化与大众媒体的预算从 2007 年占 GDP 的 0.7% 增加到 2020 年的 1.5%，加大了对电影艺术发展的扶持力度；此外，俄罗斯还重视对电影历史题材的扶持，联邦国家电影基金通过扶持特殊的电影院与档案馆开展电影档案节，受到大城市市民的欢迎。①

电影产业被认为是德国文化传统的重要组成要素和主导产业，为了促进和支持电影发展，联邦政府和州都采取了促进电影发展的措施。从 1968 年就颁布了支持电影产业发展的《联邦电影促进法案》，并于 2010 年 8 月进行了第六次修正，对电影领域里的技术和经济因素的扶持也考虑进来。《联邦电影促进法案》成为财税扶持电影产业发展的法律基础，德国各产业中涉及电影的部分可以通过"电影税"获得资金扶持。德国用于奖励电影产业的资金规模也较大，从 2005 年开始，高达 1.3 亿欧元用于授奖德国电影奖项，促进与支持电影产品、剧本和电影院发展；德国创新了电影扶持模式，被称为"鼓励和巩固德国电影生产"的扶持模式，每年提供 6000 万欧元用于在德国本土生产电影的电影制片人报销 15% - 20% 的生产成本，从而大大提高了德国作为电影生产基地的吸引力，带来大批国际电影制作人的集聚。与此同时，州层面建立电影委员会实施电影促进计划，扶持资金来自各种不同的赞助者与团体的资助，实现了州与联邦政府协同扶持电影产业发展的格局。

瑞士通过财政资助、设立奖项、为电影产业教育提供资源等多种方式扶持电影产业的发展。一方面，瑞士在电影产业方面颁布了一系列的法规，如《联邦电影制作和电影文化法》《电影法令》《联邦电影促进法令》《瑞士联邦电影奖励法令》《电影推广法令》，建立起完善的电影法

---

① Tatiana Fedorova，Compendium Cultural Policies and Trends in Europe：Russian Federation ［EB/OL］．http：//www.culturalpolicies.net/web/russia.php.

规体系。其中，《电影推广法令》提出对"电影项目的资金支持，以及对电影生产、营销及电影发行事业的资助"，通过多元化的电影推广方式，如支持举办电影节，电影期刊的出版，或针对儿童和青少年的特别电影活动，或通过对院线、电影发行和传播的财政支持，实现电影文化的多样性与提高瑞士电影的质量。此外，对电影产业实施奖励机制，为电影精品、优秀电影工作者（电影团队、制片公司、分销商和影院）提供额外的扶持资金；但对以营利为目的的影片加入了最低票房的限制条件，即专题片票房需达到 1 万瑞士法郎、纪录片票房需达到 5000 瑞士法郎才可以得到扶持资金。

英国对电影产业的扶持主要体现在两个方面。一是建立专业的机构。英国电影委员会在 2000 年成立，并设立了英格兰区域投资基金（简称 RIFE）对英格兰地区电影给予直接投资，包括投资电影生产、电影教育、电影遗产与展览、电影培训与相关服务等，并扶持电影院网络、电影俱乐部和电影社区的建立等，让更多大众有机会欣赏电影。2010 年，英国电影委员会与英国电影学院合并（实际是取消了电影委员会），英国电影学院开始承担"为英国本土电影颁发英国国家彩票大奖，为英国各地区电影提供资金支持，为电影税收抵免进行测试认证"等职责。二是把财政税收优惠政策作为扶持电影产业的保障。2006 年，《融资法案》通过，对电影采用全新的税收减免体系，即一部电影须达到以下 4 点要求"由英国电影制作生产，院线放映，有英国电影协会监制或符合英国电影合作生产协议，英国政府支出至少占其 25% 的预算"，如果未达到上述文化观测标准，电影制片商须从"电影的文化内容、文化贡献、文化中心、文化实践者"等方面来展现其具有的英国风格与质量。当所有方面达标时电影企业才可以申请享受税收减免政策，例如成本低于 2000 万英镑的电影可以获得 100% 的附加税的减免。与此同时，英国通过税收优惠政策吸引外来电影投资商进驻英国，达到将英国变成电影制作胜地的目标，并提高英国电影产业的国际化水平。

三、基于文化产业价值链的西方文化产业制度创新实践

（一）积极扶持艺术家的制度创新

首先，通过实施税收减免优惠政策扶持艺术家。通过税收减免手段资助艺术家是最常见的方式。爱尔兰颁布的《艺术家所得税豁免法》规定，艺术家在文学作品、音乐作曲、绘画、雕塑等领域的文化所得年收入不超过 25 万磅的艺术家应免征所得税，年收入超过 25 万磅的其超过部分按正常税率减半征收，而从事电影及影视娱乐业人员不享受税收减免政策。[①] 在英国，虽然税务局规定艺术家的补助和奖励是可以纳税的，但对于特殊的文化从业人员，例如作词家、作曲家、剧作家等由于创作过程长，其收入比平均水平低，可以和税务局协商将税收分配到几年里进行纳税。在加拿大，对作者、艺术家、制片人、音乐人、演员及其他创意产业人才实施税收减免政策，例如在魁北克省，所得不超过 2 万加元的艺术家其 1.5 万加元部分所得免于征税，收入超 2 万加元的部分减半征税，减免最高额度为 3 万加元。[②] 韩国则对从事网络游戏、动漫、影像、创意行业的文化人才，取得突出成就的可以免征个人所得税两年。

其次，通过各种文化奖项资助艺术家。欧美各国大多会采用设立文化奖项与提供奖学金的方式择优资助艺术家。法国在文化艺术领域设有多种高额奖项用于奖励优秀的文化艺术人才，例如文学创作领域的奖项就高达数百个；同时，法国对居住在国外的法国作家、艺术家和文化专业人士提供资金资助，每年向法国艺术家或在法国居住 5 年以上的 100 名艺术家提供一次性的奖助，还有近 350 个法国和国际舞台上的创意艺术家在他们创业过程中从居住区项目中收益。按照法国的政策要求，大部分公共资金补助和奖助受到区域政府、文化机构间协议的约束，但对艺术家的奖助则不受协议约束，只有补助额度大于 23000 欧元时才需要有协议。德国也为艺术家提供奖学金的奖励、各种

① 郭玉军，李华成. 欧美文化产业税收优惠法律制度及其对我国的启示［J］. 武汉大学学报，2012（1）：5 - 10.

② Auburn M. Utilizing Tax Incentives to Cultivate Cultural Industries and Spur Arts - Related Development［EB/OL］. http：//www. docin. com/p - 305194001. html.

文化艺术奖项的奖金，文化领域的奖项高达千余种奖励和奖学金，这方面的支出约占德国文化总支出的 1%。瑞士则每年会提供 50000 瑞士法郎的艺术大奖以及 15000 瑞士法郎的特别奖用于表彰为艺术与文化推广作出重大贡献的人，并还以年度奖金的方式发放文化奖赏，为在文学、电子音乐、戏剧、舞蹈、爵士/摇滚/流行音乐以及喜剧方面作出突出成绩的艺术家提供定期津贴。英国则实施领军文化人才扶持计划。一是实施英国艺术家领袖计划，由杜菲德基金资助，旨在帮助培训和发展英国新一代文化部门领袖，每年资助一批艺术家进行学习、工作、研究、训练，一些专门性公共艺术机构与相关组织会为其提供助学金资助；二是实施"文化领袖"项目（CLP），通过资金扶持创意产业领导力培训来保持创新和恢复创造力，目标是培养 21 世纪世界级多样化文化领袖。

再次，通过文化基金会扶持艺术家。文化基金会存在的要义除了资助优秀文化项目，为艺术家提供资金援助也是重要任务。在法国，很多基金会与赞助者对文化艺术发展作出了贡献——卡地亚基金会、法国基金会、皮埃尔·贝尔热伊圣罗兰基金会、让·吕克·拉加尔代尔基金会、人民银行基金会等，基金会对文化的赞助占到法国基金会的 22%。其中，法国的当代艺术国家基金致力于发现新的年轻的艺术家，购买作品已经成熟的艺术家优秀的作品，以此来资助、培育艺术家的成长。1982 年成立的当代艺术地区基金会在法国的各个地区都有，扶持了 4200 位艺术家创作的超过 26000 份作品。德国则通过各种不同的基金会资助艺术家，例如德国文化基金会、视觉艺术基金会、德国文学基金会、社会文化基金会、表演艺术联邦基金会、德国翻译基金会等多个基金会给予艺术家资金扶持。此外，瑞士设立了艺术家特别基金——瑞士文化社会基金，由瑞士联邦文化处出资成立，主要为需要帮助的艺术家提供资金援助。

最后，通过资金扶持与社会保险/养老金方式扶持艺术家。德国对艺术家的资助表现在两个方面：一方面，为个体艺术家实施社会保险条款；另一方面，通过联邦、州、行政区层面对艺术家进行资金资助，包括购买艺术家的艺术作品，投资艺术品的生产，协助举办艺术展览和投入公共设施、提供工作室和工作坊、给予出版补助等。在俄罗斯，各级政府通过对杰出艺术家授予个人终身成就奖，对艺术家联合成员实施特殊支持计划等资助活跃的艺术家。例如，2010 年，文化部为支持艺术家组织的津贴预算达到了 8000 万卢布；2013－2020 俄罗斯联邦文化和旅游发展国家项目，支持有创造力和积极性的艺术家、文化工作者。而瑞士扶持艺术家的形式广泛而多样。不管是联邦政府、州政府还是市政府，都要求在培养艺术家方面提供财政补助或者捐赠、提供竞赛活动奖金、为艺术家的海内外工作室提供援助资金，并鼓励艺术家开展国际性的展览活动，由瑞士文化基金会对国际展览以及本国展览提供资金捐助；而依靠联邦文化局资助成立的相关艺术家社会组织与艺术家咨询中心，则为有需求的艺术家提供辅助性资本支持；与此同时，养老基金成为创新性做法，例如瑞士《联邦文化促进法》的第 9 条规定，联邦政府和瑞士文化基金会应把资助给创意艺术家的资金变为艺术家养老基金或另一种经济给养的形式，数额大小由联邦委员会决定，由此在电影行业、表演和戏剧艺术行业以及音乐行业形成了三个自发组成的养老基金会。此外，英国从1999 年开始实施"音乐新政"扶持政策，帮助未就业的音乐家以及各种从事艺术的年轻人获得职位，扶持与帮助他们真正走进艺术行业；而苏格兰则将音乐产业纳入政府资金扶持政策的范畴。①

（二）鼓励文化内容创新的制度设计

欧美各国重视对文化创新的资金投入，通过各种财税手段支持与鼓励文化企业或个人从事文化创意项目与文化创新活动。例如"创意欧洲"计划，2014－2020 年投入 14.6 亿欧元扶持欧洲文化产业发展，提高文化产业对经济增长的贡献率。②

首先，重视内容创新，对具有创意的文化项目给予资金扶持是世界发达国家扶持文化产业的共性做法。德国政府对具有独特艺术形式的文化产品与文化创意项目给予重点扶持，特别是对具有创新性的文化艺术企业、新兴公司、自由职业的创意人士提供特别支持。法国广播事务管

① Homan S, Cloonan C, Cattermole J, Introduction：Popular Music and Policy, International Journal of Cultural Policy, 2013, 19（3）：275－280.

② 郑苒．"创意欧洲"拉动文化产业［N］．中国文化报，2013－11－28.

理局在 2013 年规定，对平板电脑和智能手机产品征收 1% 的税来支持文化创意活动。而俄罗斯文化和艺术委员会由卓越的文化管理者、艺术家和艺术家工会代表组成，自成立起就致力于对文化创新的积极性支持、对文化和历史遗产的关注，不但与创意社区和文化组织之间建立互动关系，还对艺术节、知名的文化机构、卓越的艺术家和优秀的公司给予国家奖助与奖金，例如，2010 年俄罗斯文化部在政府奖助方面支出 18.79 亿卢布，在 2011 年和 2012 年分别计划了 17.9 亿卢布和 15.34 亿卢布的专项拨款，提供了 15 个俄罗斯联邦政府文化奖（每年 100 万，2005 年起）、15 个政府奖励民间业余艺术家的俄罗斯灵魂奖（每年 10 万，2007 年起）、10 个俄罗斯联邦政府平面媒体奖（每年 100 万，2005 年起）、8 个交响乐团和大学生合唱队政府奖助（每年 44570 万，2005 年起）、14 个音乐艺术政府奖助（2009 - 2011 年，每年 60090 万）以及针对民间音乐和舞蹈专业公司、音乐剧院与院校、戏剧艺术剧院与院校等的俄罗斯总统奖；同时还对专业艺术家团体或组织给以财政支持，仅 2010 年文化部对剧院艺术发展就提供了 1.5 亿卢布的预算。①

其次，鼓励与促进艺术创作。瑞士早在 1965 年就制定了《瑞士文化基金会法》，之后成立瑞士文化基金会，作为完全由瑞士联邦政府拨款资助的机构，扶持视觉艺术、音乐、文化人文学科、戏剧、舞蹈、文化等多个领域的发展，并重点定位于"扶持艺术性及创造性作品的多样性发展，提高瑞士艺术文化的知名度，培育当代流行文化，鼓励文化交流"等方面。瑞士文化基金会采用四种方式扶持文化项目，其中遴选优秀文化项目进行资助是主要方式，约占总资金的 70%，其他还有内部项目资助（约占总资金的 10%）、文化中心网络和海外办公室资助（约占总资金 17%）、信息和推广材料资助（约占总资金 3%）等。德国实施差别税率扶持文化艺术，虽然在单独的法案中没有明确规定，但是在各种专门法案的规章中都有所涉及，例如关于增值税，对于大部分文化艺术采用

---

① Tatiana Fedorova. Compendium Cultural Policies and Trends in Europe: Russian Federation [EB/OL]. http://www.culturalpolicies.net/web/russia.php.

了较低的税率 7% 而不是普通标准的 19% 的税率；德国联邦政府还对《艺术家社会保险管理法》进行了修订，而《萨克森自由州文化领域法案》规定州预算至少 8670 万欧元分配给 5 个乡村地区与 3 大城市地区来支持具有价值的文化机构与文化活动，该法案于 2012 年进行了最新修订，对萨克森剧院全部剧目进行资助；而萨克森的《文化区域法案》提出了州、行政区、县要联合资助区域内或超区域的、有价值的文化，资金由联邦政府分配给文化机构与文化活动；颁布的《非盈利与捐赠法案》减轻了公民的税收负担，规定捐赠不受 20% 所得税的限制，并将建立基金会的免税津贴从 30 万欧元升到 100 万欧元。[①] 此外，日本致力于培养、鼓励文化创作的优秀人才，建立相关文化研究机构与各种不同形式的基金会，资助文化艺术项目、鼓励文化产业的发展。例如，文化艺术振兴基金每年大约 15 亿日元用于文化艺术领域，为文化艺术创新活动提供了保障；而韩国实施新的内容基金，重点关注扶持内容产业的数字化。[②]

（三）刺激文化产业技术创新的制度设计

各国对文化产业的技术创新给予了积极的资金扶持，特别是基于技术成为创意的工具以及技术创新和创意互动的非线性与不可预测性，[③] 各国致力于鼓励与资助本国文化产业的技术创新，推动文化产品的数字化与网络化，提升文化产品的科技含量、延展文化产品的展示载体与表现形式。

首先，加强对科技类文化行业的资助。欧美等国对从事技术创新的文化企业实施税收优惠政策，鼓励企业加强技术创新与研发活动、加大对无形资产的投入力度。美国的《国内税收法》对企业科技创新活动的扶持倾向明

---

① Blumenreich U. Compendium Cultural Policies and Trends in Europe：Germany ［EB/OL］. http：//www. culturalpolicies. net/web/germany. php？ aid = 1.

② Kim YJ. Content Industry Support Fund in Digital Media Environment：Focusing on New Content Fund in Korea and Culture Tax in France ［J］. The Journal of the Korea Contents Association，2014，14（2）：146 – 160.

③ Le Patrick L. Masse David and Paris Thomas，Technological Change at the Heart of the Creative Process：Insights From the Videogame Industry ［J］. International Journal of Arts Management，2013，15（2）：45 – 59.

显。例如，税法规定"企业研究费用若比上年计算增加部分的20%可冲抵所得税；若研发费用超过上年度或前几年的平均值，超出部分则可享受25%的所得税抵免；用于技术更新改造的投资可按投资额的10%抵免当年应缴所得税；企业委托大学或科研机构进行基础研究产生的研发费用，65%可从应纳所得税中抵免"①；约三十个州实施研发税收抵免政策，以夏威夷为代表的州将税收抵免政策适用范围拓展到文化产业领域，对符合特定条件并经认证的文化企业可以免交所得税，但前提是文化企业75%以上的研发活动要在夏威夷进行，且半成以上投入用于研发，一大批从事创新项目的文化企业从中受益。②此外，法国也特别关注中小文化企业的研发活动，法国出台的《技术开发投资税收优惠制度》规定"凡是增加研发投资的中小企业可享受减税优惠；研发投资比上年增加的企业可免缴研发投资增加额50%的企业所得税，资助上限为800万法郎；中小企业以专利、发明或其他无形资产投资所获利润的增值部分可推迟五年纳税"③，这对拥有版权为核心的无形资产的文化企业而言，既减轻了创新的风险，也进入了依赖版权创新与版权增值的良性循环的发展轨道。

其次，以基金会资助方式推动文化产业的数字化进程。法国于2002年建立了文化融资体系支持多媒体和数字艺术创作，单独针对新媒体项目设立了特别基金会来支持创新的广播节目和数字视听作品，将互联网与手机的文化特点融合到传统的艺术手法与传播方式中，并通过数字化设备增加艺术文化的获得载体以便吸引更多的受众。瑞士联邦政府实施"四年计划"（2012 - 2015年"文化信息"计划），鼓励将新信息技术应用于文化领域，致力于实现文化产品的数字化，特别是通过瑞士文化基金会与联邦文化局的合作扶持与鼓励具有艺术价值的电脑游戏、博物馆图像档案的数字化。韩国则成立了游戏产业发展基金，扶持初创期的游戏企业的发展，并设立了韩国游戏大奖；

---

① 李炳安. 美国支持科技创新的财税金融政策研究 [J]. 经济纵横. 2011（7）：97 - 99.

② 郭玉军，李华成. 欧美文化产业税收优惠法律制度及其对我国的启示 [J]. 武汉大学学报，2012（1）：5 - 10.

③ 于海峰，谭楚玲. 欧盟与中国支持中小企业技术创新财税政策的比较研究 [J]. 税务研究，2009（11）：82 - 85.

在 2010 年出台的《电子出版产业育成法》中规定政府五年内投入 635 亿韩元培育与扶持电子出版产业发展。① 此外，荷兰于 2013 年 2 月与谷歌达成了一项史无前例的协议，计划用 6000 万欧元资金来促进新闻行业的数字化转型；而加拿大则成立加拿大音乐基金专门扶持音乐产业的数字化。

最后，以补助与税收优惠方式扶持新媒体与网络文化产业。② 欧盟为推动数字电视的普及提供大量资金扶持、资助可以接受数字信号的相关设备，并提供三网融合服务。③ 俄罗斯把促进大众媒体数字化、多元化作为文化政策的主要导向，联邦政府通过扶持文化项目的生产、采用补助金方式扶持图书出版与文化教育的数字化，并积极推动国家音像档案的数字化，扶持新媒体的发展。英国也关注创意产业的数字化，2005 – 2006 年投入 1600 万英镑资助包括网络、数字电视和移动服务等文化科技创新与数字化项目；博物馆、图书馆和档案馆委员会则与相关基金会合作为文化机构的内容与服务数字化提供资助，并投入 1.2 亿英镑的彩票基金与 5000 万英镑的数字节目创意项目资金资助了全英 4200 家公共图书馆入网。韩国重视网络文化产业，其文化观光部设立游戏投资联盟，每年向游戏产业投入 500 亿韩元，对指定的风险企业实施税制优惠政策，包括对从事生产销售游戏机的企业免征特殊所得税，对新成立的数字游戏企业免除三年的税收，并提供低息或贴息银行贷款等。其中，电子竞技游戏产业 2014 年预算比上年度增长 60%，高达 16 亿韩元。④

---

①　陈玉凤，黄先蓉. 韩国数字出版法律制度的现状与趋势 [J]. 出版科学，2013 (1)：94 – 97.

②　郭玉军，李华成. 国际文化产业财政资助法律制度及其对中国的启示 [J]. 河南财经政法大学学报，2013 (1)：51 – 58.

③　Iosifidis P. Growing Pains? The Transition to Digital Television in Europe, *European Journal of Communication*, 2011, 26 (1)：3 – 17.

④　杰夕，禾泽，疏影，薇冉. 从 2014 预算看多国文化走向 [N]. 中国文化报，2013 – 11 – 07.

第六章　基于全球价值链重构的
自贸试验区文化产业开放战略

　　自由贸易试验区是中国政府开放战略制度创新的重要举措。目前，中国自贸试验区战略进入第二阶段，这一新阶段体制创新路径应当是由适应实物资本投资的体制环境转变为适应知识资本投资的体制环境，全球价值链竞争形式正在从以海关总量统计为依据的进出口市场份额的竞争，转变为全球价值链增加值位置的竞争。①

第一节　全球价值链理论研究回顾

　　全球价值链理论起源于 20 世纪 80 年代，形成于 90 年代中后期。1985年，美国哈佛大学 Michael Porter 教授在《竞争优势》一书中提出了价值链概念。② 同年，Kogut（1985）在全球战略分析与设计过程中提出了价值增值链（value added chain），反映了价值链的垂直分解与全球空间的协同配置。③ 20世纪90年代，美国杜克大学教授 Gereffi 对全球价值链进行了较为系统的研究，他在 1994 年基于跨国生产网络组织体系的研究界定了全球商品链（Global Commodity Chain，GCC）的内涵，分析了发达国家主导企业管理和控制全球商品链的过程，在学术界产生了很大的影响，并在 1999 年建立了较为系统的分析

---

　　① 王新奎. 全球价值链竞争背景下，中国（上海）自由贸易试验区的历史使命 [N]. 中国社会科学报，2016 – 10 – 11 (004).

　　② 迈克尔·波特. 竞争优势 [M]. 陈小悦，译. 北京：华夏出版社，2005：168 – 171.

　　③ Kogut B. Designing Global Strategies：Comparative and Competitive Value – added Chains [J]. Sloan Management Review. 1985，26 (4)：15 – 28.

框架；进而在 2000 年，在该领域学者们共同倡议下全球商品链更名为全球价值链（Global Value Chain, GVC）。[1] Krugman（1995）虽然没有直接使用"全球价值链"一词，但已提出将企业间价值链与区域、国家间价值链融为一体，实质上与全球价值链具有内涵一致性（池仁勇等，2006）。[2] 关于全球价值链的概念，Gereffi（2001）认为价值链的形成过程，其实是企业在参与价值链过程中获得一种技术的能力与服务的支持。[3] 联合国工业发展组织（UNIDO，2002）和《世界投资报告》（2003）都对全球价值链进行了界定，突出了生产过程国际化与不同国家参与不同生产阶段的特点。[4]

现有研究对全球价值链治理模式的认识从三类拓展至五类。Powell 早在 1990 年提出了价值链治理结构的三种组织形式，即市场型、层级型与网络型，后期关于全球价值链的治理模式基本上是在此基础上的延伸。Humphrey 和 Schmitz（2002）将全球价值链分类为网络型、准层级型、层级型（等级制）与市场型，反映出主导企业对价值链的控制程度。[5] Gereffi、Humphrey & Sturgeon（2003）强调交易费用学说、企业网络与企业学习能力理论对全球价值链治理的重要性，以市场交易能力与供应能力为标准提出五种治理模式，即市场型、模块型、关系型、领导型和层级型。[6] 全球价值链驱动力主要源于生产者与购买者。关于全球价值链的驱动力，目前比较主流的观点认为全球价值链的驱动力来自生产者与购买者，分为生产者驱动型与购买者驱动型，其中生产者投资推动市场需求形成全球生产供应链的垂直分工体系，而投资者推动则与技术优势、市场扩张、资本等诸要素有关，购买者模式是

① Gereffi G. International Trade and Industrial Upgrading in the Apparel Commodity Chain [J]. Journal of International Economics, 1999, 48 (1): 37 – 70.

② 池仁勇，邵小芬，吴宝. 全球价值链治理、驱动力和创新理论探析 [J]. 外国经济与管理，2006 (03): 24 – 30.

③ Gereff Gi., Kaplinsky R. The value of value chains [J]. IDS Bulletin, 2001, 32 (3): 1 – 8.

④ 毛蕴诗，王婕，郑奇志. 重构全球价值链：中国管理研究的前沿领域——基于 SSCI 和 CSSCI（2002—2015 年）的文献研究 [J]. 学术研究，2015 (11): 85 – 93.

⑤ Humphrey J& Schmitz H. Developing Country Firms in the World Economy: Governance and Upgrading in Global Value Chains [R]. INEF Report, University of Duisburg, 2002, 25 – 27.

⑥ Gereffi G. Humphrey J, Sturgeon T. The Governance of Global Value Chains [J]. Forthcoming in Review of International Policical Economy, 2003, 11 (4): 5 – 11.

指发达经济体通过全球采购形成强大的市场需求进而拉动发展中国家嵌入全球价值链（Humphrey & Schmitz，2003①）；国内学者张辉（2004）从动力源、核心能力、进入障碍、产业分类、典型产业部门、主导产业结构、辅助支撑体系、企业等多方面对生产者驱动型与采购者驱动型的全球价值链进行了对比研究。②

关于全球价值链地位测度的量化研究是一大热点。从测度方法上来看，学者们提出了垂直专业化（VS）指数方法、构建出口价格衡量指标、构建出口复杂度指数、开发突出产权的价值链模型等（Antràs & Chor，2013）。③ 其中 Koopman 等（2011）④ 对该方法进行了改进，使之更适用于中国和墨西哥等加工贸易型国家。为了测算一国某产业在全球价值链中所处地位；构建了全球价值链地位指数，该指数通过衡量一国某产业作为中间品提供者或需求者的相对重要性来衡量该产业在全球价值链的上游或下游；该方法缺陷在于没有考虑"物流配送、市场营销以及售后服务"等"下游"环节的附加值，因而导致资源丰富的发展中经济体（如俄罗斯等）的价值链地位高于发达国家（Koopman et al.，2010⑤；聂聆，2016⑥）；Johnson & Noguera 强调了服务业的 VAX（增加值出口）比率高于制造行业⑦。在 WTO 和 IDE - JETRO 于 2011 年提出附加值贸易的概念后，Koopman 等（2014）提出了附加值贸易的测算框架（即 KPWW 法），该方法实现了对总出口的完全分解，同时在传统

① Humphrey J，Schmitz H. How does Insertion in Global Value Chains Affect Upgrading in Industrial Clusters？ [J]. Regional Studies，2002，36（9）：1017 - 1027.

② 张辉. 全球价值链理论与我国产业发展研究 [J]. 中国工业经济，2004（05）：38 - 46.

③ Antràs P；Chor D. Organizing the Global Value Chain [J]. Econometrica，2013，81（6）：2127 - 2204.

④ Koopman et al. Give Credit Where Credit is Due：Tracing Value Added in Global Production Chains [J]. NBER Working Paper. 2011.

⑤ Koopman R，Powers W，Wang Z，et al. Give Credit to Where Credit is Due：Tracing Value Added in Global Production Chains [R]. NBER Working Paper，2010.

⑥ 聂聆. 全球价值链分工地位的研究进展及评述 [J]. 中南财经政法大学学报，2016（06）：102 - 112.

⑦ Johnson RC.，Noguera G. Accounting for Intermediates：Production Sharing and Trade in Value - Added [J]. Journal of International Economics，2012，86（2）：224 - 236.

的总值贸易统计方法与附加值贸易统计方法之间搭建了桥梁[1]。还有诸多学者对参与国际垂直分工程度进行了定量研究（Johnson et al.，2012）[2]。国内学者深入分析了中国服务业在全球价值链中的地位（洪世勤、刘厚俊，2014；[3] 刘洪愧等，2016；[4] 孟东梅等，2017；[5] 张二震、张晓磊，2017[6]）。

　　关于全球价值链重构至今还没有明确、清晰的概念和边界界定。国外学者关于全球价值链重构的研究，大体可以分为两条战略路径：一是聚焦在原有价值链体系中的攀升提高，这一路径获得了较多的关注。Gereffi（1999）分析了亚洲服装行业全球价值链升级路径[7]。Beck et al.（2001）强调网络作用于价值链各环节带来价值链重组（向价值链高位移动）的现象[8]。Humphrey 与 Schmitz（2002）的研究归纳出处于全球价值链低端的企业可以采取工艺升级、产品升级、功能升级和链的升级四种路径[9]。Gereffi、Humphrey 等（2003）更进一步指出基于不同形式的全球价值链治理模式应选择不同的升级路径，即升级路径是"OEM——ODM——OBM"[10]。Kaplinsky

　　① Koopman R.，Wang Z.，Wei S. J. Tracing value – added and double counting in gross exports [J]. The American Economic Review，2014，104（2）：459 – 494.

　　② Johnson，Robert，and Noguera G. Accounting for Intermediates：Production Sharing and Trade in Value – added [J]. Journal of International Economics 2012，86（2）：224 – 236.

　　③ 洪世勤，刘厚俊. 中国服务业分行业出口技术复杂度问题研究 [J]. 江淮论坛，2014（06）：77 – 81.

　　④ 刘洪愧，朱鑫榕，郝亮. 全球价值链在多大程度上是全球性的——兼论价值链的形式及演变 [J]. 经济问题，2016（4）：123 – 129.

　　⑤ 孟东梅，姜延书，何思浩. 中国服务业在全球价值链中的地位演变——基于增加值核算的研究 [J]. 经济问题，2017（1）：79 – 84.

　　⑥ 张二震. 从贸易大国走向贸易强国的战略选择 [J]. 世界经济研究. 2016（10）：6 – 8.

　　⑦ Gereﬁ G. International Trade and Industrial Upgrading in the Apparel Commodity chain [J]. Journal of International Economics，1999（48）：37 – 70.

　　⑧ Beck M.，Costa L.，Hardman D.，Jackson B.，Winkler C. & Wiseman J. Getting Past The Hype：Value Chain Restructuring In the E – Economy [J]. Booz – Allen and Hamilton，2001.

　　⑨ Humphrey J& Schmitz H. Developing Country Firms in the World Economy：Governance and Upgrading in Global Value Chains [R]. INEF Report，University of Duisburg，2002：25 – 27.

　　⑩ Gereffi G. Humphrey J，Sturgeon T. The Governance of Global Value Chains [J]. Forthcoming in Review of International Policical Economy，2003，11（4）：5 – 11.

（2015）认为应该建设国家创新体系，并采取财政激励政策促进升级的实现①。二是寻找和构建新的全球价值链或区域价值链。Kadarusman（2013）通过对印尼企业的案例研究指出，印尼企业并未嵌入发达国家主导的全球价值链，而是利用国内市场与新兴出口市场来获取创新能力、设计与品牌的更新升级②。随着新兴市场的崛起，全球价值链朝着区域化的方向发展，对于发展中国家的企业而言，建立区域供应链与零售网成为全球价值链重构的重要路径（Lee & Gereffi，2015）。③ 与此同时，文化要素与出口目标国的相互融合也极其重要（MacDermott & Mornah，2016)④，可有效减少文化折扣问题。国内学者研究指出，全球价值链重构是全球范围内价值与经济利益在价值链各环节重新分配的过程，应抓住新格局下跨国公司"逆向创新"机遇，利用全球资源与全球智慧，促使全球竞争格局发生结构性变化（毛蕴诗等，2015；⑤ 戴翔、张二震，2016⑥；谭人友等，2017⑦）。刘志彪（2015）认为中国重构全球价值链的基本路径是从加入全球价值链转向嵌入全球创新链（Global Innovation Chain，GIC），主动参与新的国际分工和产业重构；培育新的比较优势，加快人才集聚、技术创新与优化产品设计，重塑产业发展新动力。⑧ 三是诸多相关因素成为影响全球价值链重构的重要因子，例如跨国公

---

① Kaplinsky R. Technological Upgrading in Global Value Chains and Clusters and Their Contribution to Sustaining Economic Growth in Low and Middle Income Economies ［Z］. UNU - MERIT Working Paper，2015，（27）：1 - 45.

② Kadarusman Y. , Nadvi K. Competitiveness and Technological Upgrading in Global Value Chains：Evidence from the Indonesian Electronics and Garment Sectors ［J］. European Planning Studies，2013，21 （7）：1007 - 1028.

③ Lee J. , Gereffi G. Global Value Chains，Rising Power Firms and Economic and Social Upgrading ［J］. Critical Perspectives on International Business，2015，（7）：319 - 341.

④ MacDermott R. , Mornah D. The Effects of Cultural Differences on Bilateral Trade Patterns ［J］. Global Economy Journal. 2016（4）：637 - 668.

⑤ 毛蕴诗，王婕，郑奇志. 重构全球价值链：中国管理研究的前沿领域——基于 SSCI 和 CSSCI （2002 - 2015 年）的文献研究 ［J］. 学术研究，2015（11）：85 - 93.

⑥ 戴翔，郑岚. 制度质量如何影响中国攀升全球价值链 ［J］. 国际贸易问题，2015（12）：51 - 63.

⑦ 谭人友. 全球价值链的概念性理论框架：一个国际分工的视角 ［J］. 现代管理科学，2017 （05）：40 - 42.

⑧ 刘志彪. 从全球价值链转向全球创新链：新常态下中国产业发展新动力 ［J］. 学术月刊，2015（2）：5 - 14.

司对于改变全球价值链结构具有重要的影响（Azmeh & Nadvi）。① 此外，文化要素在全球价值链中，特别是对外直接投资与贸易中有着重要的作用（MacDermott & Mornah，2015②；Raymond et al，2016③）。

第二节　文化产业全球价值链重构战略立方体模型

长期以来，以美国为代表的西方发达国家凭借其多年累积的知识产权优势、市场优势、资本优势和制度优势在传统行业全球价值链中牢牢占据了高附加值的主导地位，而以中国为代表的发展中国家在嵌入传统行业全球价值链过程中，陷入了"被俘获"与"低端锁定"的劣势循环（刘志彪、张杰，2009）。④ 进入 21 世纪以来，以美欧日韩为代表的发达国家正试图以控制制造业等传统行业的方法"俘获"新兴市场国家的文化产业价值链，延伸建构西方国家在文化产业全球价值链中的主导地位。鉴于制造业被长期俘获和低端锁定的历史教训，寻求新兴产业背景下的国家主动权，2016 年 12 月 6 日，商务部、国家发改委、科技部等 7 部委联合下发《关于加强国际合作提高我国产业全球价值链地位的指导意见》，希望能够通过政府的制度创新推动中国产业全球价值链地位升级。然而，Humphrey 和 Schmitz（2002）研究认为处于全球价值链低端的企业虽然可以采取工艺升级、产品升级、功能升级和链的升级四种路径，但是发展中国家其实很难在发达国家主导和控制的全球

---

① Azmeh S & Nadvi K . Asian Firms and the Restructuring of Global Value Chains. International Business Review, 2014, 23（4）：708 – 717.

② MacDermott R . , Mornah D. The Role of Culture in Foreign Direct Investment and Trade：Expectations from the GLOBE Dimensions of Culture［J］. Open Journal of Business and Management, 2015（1）：63 – 74.

③ Raymond J. MacDermott. , Dekuwmini Mornah. The Effects of Cultural Differences on Bilateral Trade Patterns［J］. Raymond J. MacDermott, Dekuwmini Mornah. Global Economy Journal. 2016（4）：637 – 668.

④ 刘志彪，张杰 . 从融入全球价值链到构建国家价值链：中国产业升级的战略思考［J］. 学术月刊 . 2009（9）：59 – 68.

价值链中由低端向高端跃升，更不可能实现自动快速升级机制。① 归根结底，中国等新兴发展中国家的文化产业是不可能依靠建构于发达国家主导的、以制造业和传统国际贸易模式为基础的全球价值链理论获得文化产业全球价值链的主导地位（毛蕴诗等，2015②；俞荣建等，2011③），而必须突破现有全球价值链理论和升级逻辑，构建文化产业全球价值链重构的理论范式，建立文化产业全球价值链重构新型战略模式。

参与和主导全球价值链无论是对一个企业，还是一个国家而言，都是战略性的重大决策。有鉴于此，本研究借鉴战略管理专家安索夫（Ansoff）提出的安索夫矩阵（Ansoff Matrix）、波士顿咨询公司提出的经营单位组合分析战略矩阵、明茨伯格战略转型"立方体"模型等战略管理研究思路，结合文化产业全球价值链实际，提出构建文化产业全球价值链新型重构战略模式。

从根本上讲，判断文化产业某个细分行业重构全球价值链是否可行、能否成功，取决于三大因素：一是文化产业细分行业的本国价值链（National Value Chain，NVC）成熟度（以下简称 NVC 成熟度），发展成熟的本国价值链是增强全球价值链竞争优势的前提。二是文化产业细分行业的全球价值链（Global Value Chain，GVC）成熟度（以下简称 GVC 成熟度），如果该行业全球价值链已经比较成熟，那么要突破现有格局进行全球价值链的重构，必将面临非常大的难度；而如果该行业全球价值链尚不成熟，仍处于构建和巩固过程中，那么重构的难度将会小很多，成功的概率也会大很多。三是文化产业细分行业发展成熟度（以下简称行业成熟度），如果发展成熟、全球价值链格局基本定型，则很难取得重构性突破；只有当行业存在大量的技术革新，尚处于快速变化的非均衡发展期，才有打破已有全球价值链分工和创建新格局的机会。需要指出的是，NVC 成熟度、GVC 成熟度和行业成熟度三大因素是从静态的成熟度角度考察某个特定时期一个国家文化产业全球价值链重构的操作可行性与成功可能

---

① Humphrey J& Schmitz H. Developing Country Firms in the World Economy: Governance and Upgrading in Global Value Chains [R]. INEF Report, University of Duisburg, 2002, 25 - 27.

② 俞荣建，文凯. 揭开 GVC 治理"黑箱"：结构、模式、机制及其影响——基于 12 个浙商代工关系的跨案例研究 [J]. 管理世界, 2011 (08)：142 - 154.

③ 毛蕴诗，王婕，郑奇志. 重构全球价值链：中国管理研究的前沿领域——基于 SSCI 和 CSSCI (2002 - 2015 年) 的文献研究 [J]. 学术研究, 2015 (11)：85 - 93.

性。除此之外，文化产业全球价值链重构还需要考虑另外三个动态因素，即内容创新、技术创新与制度创新。如前文所述，内容创新是文化产业发展的核心动力、技术创新是引领动力、制度创新为基础动力，三者的协同创新促成了文化产业的形成与发展。在文化产业全球价值链重构战略分析过程中，如果说NVC成熟度、GVC成熟度和行业成熟度三大因素决定了当前文化产业重构全球价值链成功的可能性，那么内容创新、技术创新与制度创新三大因素则决定了文化产业全球价值链重构的未来成功可能性以及未来发展潜力，同时也是文化产业全球价值链重构战略的重要改进方向与实施路径。

　　由此，本研究以NVC成熟度、GVC成熟度和行业成熟度三大因素为三轴坐标系，以内容创新、技术创新和制度创新为三大动力因素，构建全新的文化产业全球价值链重构战略立方体模型，如图5-1所示。

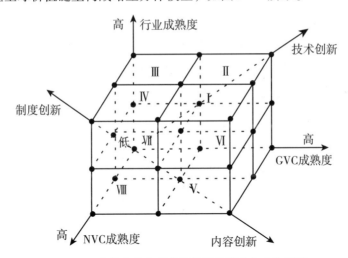

图5-1　文化产业全球价值链重构战略立方体模型

来源：作者研究设计

　　从图5-1可以看出，战略立方体模型图共分为八大战略模块，每个战略模块的要义和战略路径选择简要概述如下。

战略模块Ⅰ：NVC高成熟度＋GVC高成熟度＋行业高成熟度

GVC重构战略

● 适用战略

一是市场优先战略：优先主攻未被发达国家控制的发展中国家市场；全

球范围内兼并收购有文化产业市场优势的企业。

二是低成本战略：在发展中国家建立文化产业相关生产制作基地和非核心技术研发基地。

- 内容创新：差异化文化创意内容开发策略
- 技术创新：原始创新、跨界创新、颠覆性创新
- 制度创新：政府支持本国文化创意龙头企业进入全球主导企业圈
- 治理模式：建立市场型、网络型治理模式

战略模块Ⅱ：NVC 高成熟度 + GVC 高成熟度 + 行业低成熟度

GVC 重构战略

- 适用战略

一是研发优先战略：争取在文化产业技术研发上做到全球领先，从而获得全球价值链重构机会。

二是兼并收购战略：全球范围内兼并收购有文化创意研发优势的企业。

- 内容创新：差异化文化创意内容开发策略
- 技术创新：原始创新、集成创新、消化吸收再创新；主导建立全球创新网络
- 制度创新：政府支持本国文化创意龙头企业进入全球主导企业圈
- 治理模式：建立市场型、网络型治理模式

战略模块Ⅲ：NVC 高成熟度 + GVC 低成熟度 + 行业高成熟度

GVC 重构战略

- 适用战略

一是市场优先战略：优先主攻发达国家市场，树立品牌优势。

二是兼并收购战略：全球范围内兼并收购有文化产业市场优势的企业。

三是低成本战略：在发展中国家建立文化产业生产制作基地和非核心技术研发基地。

- 内容创新：整合全球优质文化创意内容资源创新开发
- 技术创新：原始创新、跨界创新、颠覆性创新
- 制度创新：政府支持本国文化创意龙头企业成为全球主导公司
- 治理模式：建立领导型、层级型治理模式

战略模块Ⅳ：NVC 高成熟度 + GVC 低成熟度 + 行业低成熟度

GVC 重构战略

● 适用战略

一是研发与市场并重战略：优先抢占发达国家文化产业优势研发资源和市场资源。

二是兼并收购战略：全球范围内兼并收购有文化产业市场优势或研发优势的企业。

● 内容创新：整合全球优质文化创意内容资源创新开发

● 技术创新：原始创新、集成创新、消化吸收再创新

● 制度创新：政府支持本国文化创意龙头企业成为全球主导公司

● 治理模式：建立领导型、层级型治理模式

战略模块Ⅴ：NVC 低成熟度 + GVC 高成熟度 + 行业高成熟度

这种情形是发展中国家传统行业普遍面临的状况，也是现有研究考虑最多的情境。

GVC 重构战略

● 适用战略

一是先嵌入再升级战略：用市场换知识产权，走传统制造业的升级模式，从为主导企业建国内市场，到基于市场开发自营产品，建立本国 NVC。

二是差异化战略：基于差异化创新建构差异化的文化产业国际竞争力，开发具有文化认同（低文化折扣）的发展中国家市场。

● 内容创新：充分挖掘本国特色文化创意资源

● 技术创新：差异化、跨界化的文化创意技术创新策略，寻找新的机会

● 制度创新：政府扶持本国文化创意企业加快整合，构建具有国际竞争力的大企业集团

● 治理模式：寻求与发达国家平等合作；与发展中国家强势文化创意企业结盟

战略模块Ⅵ：NVC 低成熟度 + GVC 高成熟度 + 行业低成熟度

GVC 重构战略

● 适用战略

一是研发优先战略：加快新兴文化创意技术研发，争取"弯道超车"。

二是立足本国战略：加快建立本国文化产业价值链，形成核心竞争力。

• 内容创新：充分挖掘本国特色创意文化资源

• 技术创新：原始创新、跨界创新、颠覆性创新

• 制度创新：政府扶持本国文化创意企业加快整合，构建具有国际竞争力的大企业集团

• 治理模式：寻求与发达国家平等合作；与发展中国家强势文化创意企业结盟

战略模块Ⅶ：NVC 低成熟度 + GVC 低成熟度 + 行业高成熟度

这种情形常见于完全竞争型市场上的产品及行业，一般此类行业技术、创意等进入门槛非常低，且呈现明显的区域化特征，难以形成全国层面的价值链，并且国外资本因竞争激烈和成本收益比较低而不愿进入，故而很难形成全球价值链。

• 适用战略

一是知识产权战略：加强知识产权保护，避免因行业进入门槛低带来的不正当竞争破坏了完全竞争的市场秩序。

二是区域结盟战略：鼓励各个小的区域间达成合作联盟，逐渐形成较为成熟的国内价值链。

• 内容创新：充分挖掘本区域内的特色创意文化资源

• 技术创新：突破区域范式，鼓励区域间合作式创新、共享式创新

• 制度创新：政府扶持区域间大型文化创意企业间的合作联盟，培养建立具有国际竞争力的大企业集团

• 治理模式：网络型治理模式

战略模块Ⅷ：NVC 低成熟度 + GVC 低成熟度 + 行业低成熟度

GVC 重构战略

• 适用战略

一是研发优先战略：抓紧抢占文化创意技术制高点。

二是兼并收购战略：在全球范围内兼并收购有文化创意研发优势的企业。

三是立足本国战略：加快建立本国文化产业价值链，形成核心竞争力。

• 内容创新：加快本土文化创意优质内容开发

●技术创新：与文化产业全球创新资源建立开放式创新网络

●制度创新：政府扶持本国文化创意企业加快整合，构建具有国际竞争力的大企业集团

●治理模式：市场型、网络型治理模式，同时可以考虑与发达国家建立合作关系，联合治理

需要说明的是，本研究所构建文化产业全球价值链重构战略立方体模型，整合了 NVC 成熟度、GVC 成熟度和行业成熟度三大维度，涵盖了内容创新、技术创新和制度创新为三大动力因素，构成了一整套战略体系：首先，三大维度实际上是从国内价值链、全球价值链和行业成熟度三个方面进行的战略环境分析，而且可以基于三轴坐标系准确定位文化产业细分行业或具体的数字创意企业在特定时期全球价值链重构过程中的准确位置，也就是战略基础锚定；然后基于目前的位置，结合自身的内容创新、技术创新和制度创新等优劣势条件，可以制定全球价值链重构的目标，即战略目标制定，并根据重点目标进行战略选择；然后可以编制多种实施方案，进行战略规划；最后可以从内容、技术、制度以及治理模式等方面进行具体实施路径的设计，即战略路径指南。

第七章　文化产业开放科技创新
环境优化战略路径

第一节　文化产业科技创新环境优化的基本法则

文化产业科技创新环境优化需要打造一个鼓励、尊重、包容、助推科技创新的文化产业创新生态氛围、制度创新生态、人才集聚生态。

一、立足良好创新生态系统的构建

构建一个开放、高效、多元的科技环境，是全面释放文化产业发展潜力的保障——良好的创新生态系统能够高效聚集创新要素，发挥协同创新的裂变效应，推动文化产业从原来的粗放型、过度依赖消耗实体资源的发展模式转向集约型依赖信息、技术、文化、创新、人才要素循环发展的新模式。具体来说，一是要树立打造一个适合文化产业发展的科技环境的战略思维。文化产业发展的科技环境不是僵化的、孤立的、静态的，要结合上海四大中心建设、上海自贸试验区建设的要求，构建适合文化产业发展的科技生态系统。二是要创建一个鼓励文创企业致力于原创、创意、研发的科技创新生态系统。目前，上海文化产业处在发展阶段，创新主体之间的互动性、创新链条内部的承接性、产业链与创新链之间的衔接性都不够完善，文化产业创新体制机制尚未理顺，存在的共性问题不容回避，如何真正建立一个适合文化创意主体持续创新的生态系统刻不容缓。三是以张江国家级文化与科技融合示范基地为载体建设上海全球科技创新中心，紧跟世界最新科技发展趋势、布局文化与科技融合的重大项目与研发机构、形成科技转化文化创意服务圈。①

二、树立科技环境一体化开发战略思维

需要充分认识到，优化文化产业开放战略的科技环境要整体一盘棋，要改变当前碎片化的区域发展思维——各个区域之间缺乏有效的战略协同，甚至存在恶性竞争、重复建设的问题，要从整个全国一盘棋的角度，全面统筹整合各个区域的优势与文化科技融合发展规划与制度创新，根据区域经济发展的极化效应、扩展效应、回程效应，构建全国一体化的、体现产业链整合效应、符合区域经济极化效应的文化科技融合发展规划与科技环境优化政策体系。此外，要实现构建科技创新优化与国际经济开放、国际金融开放、国际航运开放、国际贸易开放战略的协同，将科技创新环境的建设融入文化产业开放战略的各个环节中，融入开放的经济中心、金融中心、贸易中心的建设。其中，政府需要体现现代化的治理能力，将政策目标从促进有形要素积累向促进创新与知识资本积累转变，创造一个适宜文化与科技融合的创新生态、创新队伍与创新政策环境。②

三、科技创新环境的优化要具有开放的全球化视野

基于全球科技创新中心的定位，树立开放的跨越式发展思维，从全球文化产业市场的高度思考中国在世界文化产业科技链中的定位，深度认识"科技创新中心"建设对全球文化产业中心的助推器功能，细致考量当前文化产业发展的科技环境的优劣势，构建文化产业跨越式发展的科技环境体系。一方面，积极利用自贸试验区的开放性与制度创新契机。据文化部发布的数据，上海自贸试验区内的国家对外文化基地聚集了上海文化产权交易所、星空卫视等在内的文化企业232家，注册资本规模达到35亿元，特别是自贸试验区挂牌后新增企业67家，新增注册资本为17亿元③，对文化产业发展利用国际

---

① 王春. 中外院士研讨上海全球科技创新中心建设 [N]. 科技日报，2014 – 11 – 16.

② 刘小玲. 从韩国创造型经济谈上海科技创新中心建设 [J]. 华东科技，2014（10）：64 – 66.

③ 文华. 文化部：推动建立文化走出去"上海新模式" [N]. 中国文化报，2014 – 06 – 09（第001 版）.

科技资源，提升开放性与国际化水平提供机遇。鉴于此，下一阶段，应思考如何利用自贸试验区的制度创新及其他优势资源，创新文化产品、提升文化品牌国际影响力，丰富文化产品与服务出口内容与类型、积极拓展国际文化市场，真正实现文化产业发展环境的开放性与全球性。另一方面，开放性的思维还需要以包容的心态充分利用不同创意主体的创新性思想。大众是创新、创意的不竭源泉，提供一个适宜不同创新、创意转化为文化产品的生态土壤与制度创新体系刻不容缓。例如，对具有奇思妙想的"创客（Maker）"群体给予政策扶持，将其创意转化成现实，从而激发全社会的创新能力。①

第二节　文化产业科技创新环境优化的路径选择

要以构建全球科技创新中心建设为坐标，创造一个鼓励技术创新、推进文化产业与科技创新融合发展的良好环境。一是积极鼓励文化企业进行核心技术与关键技术的研发与应用，开发具有自主知识产权的动漫、网络游戏、网络出版、数字文化服务等新兴文化产品，推动文化产业从规模扩张向追求内涵与高质量转变；二是促进文化产业跨领域、跨行业、跨地域整合科技资源，实现文化产业各业态以及与其他产业在技术层面的交叉渗透与合作，为文化产业结构调整与技术提升、文化行业技术进步、文化产业聚集区技术转移提供持续的支撑和引领；三是积极培育文化科技人才，特别是大数据挖掘与深度分析人才、文化科技产品原创人才，以及运营与营销的综合性人才。

一、推动技术创新演化与产业发展的协同俱进

从技术长波曲线来看，技术创新加速度和增长周期愈来愈短的趋向构成了文化产业业态间此消彼长的过程。文化产业技术创新演化过程中，诸要素

---

① 龚丹韵．建设全球科技创新中心·关注草根力量，上海创客 ［N］．解放日报，2014 -
11 - 24．

间的相互作用、相互依赖构成了相对稳定的有机体，呈现出技术创新的整体性、有序性、过程性与动态性。特别是伴随新技术在文化产业领域应用的成熟化：一是外生技术创新引发整个文化产业技术的进步，二是文化产业内部的技术创新，其技术创新的多维发展与应用空间如同指数式的增长累加，与文化产业业态演化齐头并进，伴随新技术在文化产业领域各节点间应用流量与应用速度的加快，各节点间越容易产生不同文化的产品融合，创造出具有异质性的文化产品与服务，在技术获得自我突破的同时，也推动技术创新进入新一轮的创新演化周期。因此，要积极利用新技术不断打破旧技术的根基，累积优势，推动与新技术所对应的新产业业态的应运而生。

卡斯特曾强调"信息化经济的独特性在于它形成了以信息科技为基础的技术范式，彻底释放了成熟工业经济潜在的生产力，新技术范式改变着工业经济的范围与动态性，创造了全球经济"①。卡斯特突出了新技术范式对产业、组织与制度的重构能力。如何利用科技创新高度整合新旧文创产业系统的优势，凸显技术创新的主导性，将会带来新文化业态的不断滋生，创造新的发展格局。例如，曾掌握世界上最为先进摄像胶卷技术的柯达公司凭着这一核心技术，执掌了当时全球的摄像市场，但数码成像技术的出现与应用打破了传统的摄影市场，柯达没有跟上全球性技术创新爆炸式的发展潮流，数字时代的到来将恪守传统的柯达逼出历史舞台；而美国新媒体联盟（New Media Consortium）发布的《2013 地平线报告》所指出的 3D 打印技术与可穿戴技术等新媒体技术未来的市场化、网络游戏与高等教育的结合，② 将会给文化产业带来全新的"技术塑造产业空间"的想象力。

下一阶段，关键是利用技术创新加快缩短创新周期，利用科技创新的"创造性破坏"带来新创意、新文化、新产品、新服务、新模式，利用技术创新挖掘文化产品内涵、打造高品质，带动文化产业科技创新能力的提升、产业结构的优化与产业竞争力的提高，不断创造出文化产业的新增长极。

---

① 曼纽尔·卡斯特. 网络社会的崛起［M］. 夏铸九，王志弘，等，译. 北京：社会科学出版社，2001：117.

② 美国新媒体联盟（NMC）的《2013 地平线报告》显示了高等教育信息化在今后 5 年的发展趋势和面临的挑战以及新技术对高等教育带来的影响。

二、构建文化与科技深度融合的创新生态

要积极应对跨媒介技术创新带来的变革。三网融合、云计算技术的影响体现在跨行业、跨媒介方面，特别是移动互联网有望成为上海文化产业未来最强劲的技术驱动推力。在网络基础设施、3D、数字编码、P2P等技术日渐成熟基础上，移动互联网站在它们肩膀上有了更高起点，新兴的移动互联网产业形态、运营模式由此而生。与此同时，移动互联网适应大众时间越来越碎片化的需求，移动互联网向娱乐化发展成为必然趋势。特别是伴随移动终端如智能手机、平板电脑的普及，进一步推动移动互联网和文化产业的融合将是战略重点。此外，上海应积极围绕"无线城市"与"智慧城市"战略，构建创新活跃的新一代信息技术产业体，重点实施云计算、物联网、TD－LTE、高端软件、下一代网络（NGN）、车联网、信息服务等，加快研发投入、提升科技研发能力，真正实现文化与科技的高度融合发展。

提高科技创新在文化产业领域的应用广度与深度，构建文化与科技多维融合的创新生态。以3D科技创新为例，3D技术具有精确性、真实性、无限可操作性，相比于原先的2D技术能带来更具真实性的虚拟体验，增强了视觉感受、娱乐感受，特别是随着3D技术日趋成熟与发展，要拓展3D技术的应用空间，不仅要服务传统的电影产业、演艺产业、文博行业，还要在新兴的网络游戏、动漫产业、数字会展、创意设计等领域提高3D技术应用的深度与精度。

创新生态的构建还需要形成尊重与保护版权的文化创新氛围。文化产业的崛起与经济利益膨胀的驱使，使得文化产业进入一个发展迷局，在虚拟的网络空间非法使用音乐、书籍、影视等文化作品的拷贝与传播变得容易、快捷与低廉，在无边界的网络环境里推动着网络侵权的恶意扩散，侵犯了版权人的合法权益，也严重打击了文化原创者的积极性，提高文化版权的保护意识已刻不容缓。鉴于此，一方面，政府应加快建立一个鼓励创新、尊重与保护创新主体权益的文化版权保护环境，加快制度创新；另一方面，文创企业应提高版权保护水平，从创意初始阶段介入版权保护，提高版权增值运营水平；此外，公众需合理分享与使用传统的文化产品，特别是网络文学、网络

音乐、网络游戏、网络动漫、网络视频等网络文化产品，建立消费正版文化产品的版权意识，这对整个文化产业可持续发展至关重要。

三、提升文化管理体制机制的战略预见性

基于文化产业管理体制机制的战略规划，提升其战略预见性，推动科技创新改革，是对利益关系的重塑与激励方式的创新，是在新技术环境下由"管制链"走向"绩效链"的系统工程。毋庸置疑，科技创新的重大突破将颠覆性替代原来的文化产业形态，推动新一轮文化业态的出现、变革和文化产品的创新，并形成文化产业发展的新格局，文化产业管理体制不仅要适应这一变革，充分发挥科技创新对文化产业管理体制变革的前瞻与启发作用，还要主动打造管理体制的"绩效"来推动新产品开发、产业升级，催生、引领文化产业领域的革命性变革。特别是移动通信技术、物联网、云计算等新技术的应用，新一轮技术创新意味着文化产业新的竞争制高点，势必对构建前瞻性的文化产业管理体制提出新的要求，这就需深谙科技创新的运动轨迹，研究科技创新所带来的文化产业新趋势、新规律、新动向，积极出台前瞻性的政策法规指导中国文化产业的发展；同时，需根据文化内容的选择、编辑、呈现方式等所展现的技术性与特殊性，在进行文化信息评价、选择、组织与内容管理工作方面要进一步提高技术控制水平。毫无疑问，科技创新介入将是文化产业管理体制从"管制链"成功跨越到"绩效链"的关键要素。

政府应深谙并遵循科技创新主导文化产业演化的机理，积极出台具有前瞻性的文化政策与科技创新政策，建立起"产学研"相结合的文化产业科技创新体系和文化科技产品版权保护制度——优化文化与科技融合的外部环境，构建公共技术平台与文化科技融合平台，形成支撑文化产业发展的科技保障体系，推动高新技术与文化产业的深度融合。

此外，要通过制度创新为文化产业科技创新中心的建设提供保障，建设全球科技研发总部、集聚全球一流文化科技人才、构建全球有影响力的产学研协同创新中心。特别是将重点放在人才的引进与培养上——积极培养文化

技术人才、数字软件与创意设计开发人才以及网络安全技术人才，鼓励文化企业联合开发高端共性技术与关键技术，掌握自主知识产权，提高技术创新带来的协同效应，加快推动文化产业的技术升级与竞争力的增强。

四、基于技术创新推动文化市场开放、多元与有序

积极利用技术创新推动文化市场的开放性、多元化与有序化。既要关注如何利用科技手段实现文化产业商业模式的合理化，实现盈利模式的多元化；也要提高居民在新技术环境下为文化产品付费的意识，积极建构多元化的、安全、快捷、高效的互联网支付与移动支付配套体系，在政府层面亟须完善网络支付服务规则、支付标准建设与风险控制措施，强化对网络支付体系的监督；在行业层面要优化网络账户服务、完事身份识别功能，加速实现网络支付服务的高效性、多样性、人性化与安全性。此外，要利用现代化技术规范文化盗版侵权与规约网络暴力、网络犯罪行为，建构一个公平、公开、开放、有序的文化市场环境。

大数据时代开启了新的信息应用规则，塑造的集群整合与精准化效应造就了不同营销模式在文化产业领域的应用，给整个文化产业链带来巨大变革。大数据从原来意义上的巨量资料与处理大量数据的技术，伴随应用范围的不断扩大成为人们对海量数据进行分析获取巨大价值的行业。就文化产业而言，大众文化需求是多样的，但受众对象的时间、注意力是有限的，如何准确进行文化需求的预测变得至关重要，但精准营销的实现需要来自互联网的海量数据的支持与支撑，大数据恰恰迎合了这一需求——对于文创企业而言，利用大数据准确进行受众需求数据的深度分析与预测，既能够有针对性地为不同性别、不同年龄、不同学历、不同收入水平、不同行业、不同偏好的受众提供其所需的文化产品，降低成本、提高营销效率；又可以实现文创产品创意、创作与需求的有机衔接，开发出更适合大众需要的文创产品，提升盈利能力与文化产品影响力。对于受众而言，可以免于不必要的信息接收，提高用户体验。特别是在网络视频、网络动漫、网络文学领域，应将文化作品的

创作、生产、传播与推广整合在一个大数据平台之上，利用与相关数据的定期采集、整合、关联、挖掘与分析，系统地为文化产品从创作到营销的全过程提供精准服务。① 例如，通过预测网络视频用户或网络文学观看者的喜好，进行定向广告的展示与视频、网络文学内容的推送；或是在不同时间段根据受众对象进行不同广告的精准投放；对于网络游戏用户，利用大数据分析可建立用户的游玩喜好评价体系，以便进行新游戏产品的精准定向营销、投放。

---

① 曾凡斌. 大数据对媒体经营管理的影响及应对分析 [J]. 出版发行研究，2013 (2)：21－25.

第八章　基于自贸试验区制度创新的
文化产业开放战略路径

本章主要立足自贸试验区，从投资开放、贸易开放、金融开放、法制保障等多个维度对文化产业开放战略提供制度创新层面的路径选择。①②

第一节　自贸试验区文化产业
投资开放制度创新优化路径

负面清单管理制度是自贸试验区的一大制度创新，为全国各行各业的投资管理提供了新的思路和路径。自贸试验区负面清单从 2013 年提出以来就不断缩减，2014 年负面清单在 2013 年基础上减少了 31 条，2015 年比 2014 年又减少了 17 条。2017 年版负面清单共划分为 15 个门类、40 个条目、95 项特别管理措施，与 2015 年版相比，又减少了 10 个条目、27 项措施；并且在文化产业方面取消了三项措施、修改了一项措施，进行了实质性的优化完善。但是，结合文化产业发展实际，在确保国家文化安全的前提下，建议进一步实质性加大文化产业对外开放的力度。

一是进一步放宽电影院的建设、经营限制。鉴于以万达为代表的中国企业在全球院线价值链中的地位，建议可以适当放宽对电影院建设、经营的中方控股限制。但是在影片放映时间比例方面，还需要遵循"放映电影片，应当符合中国政府规定的国产电影片与进口电影片放映的时

①　这里需要感谢华东政法大学文化产业管理硕士研究生崔煜在本章研究过程中作出的重要贡献。

②　本章还参考了胡环中. 自贸区与文化贸易实务——艺术品交易与文化金融创新［EB/OL］.［2017-05-01］. https：//max. book118. com/html/2016/0822/52334080. shtm.

间比例。放映单位年放映国产电影片的时间不得低于年放映电影片时间总和的 2/3"的规定。

二是进一步放宽民营文艺表演团体的限制。对于国有文艺表演团体，应始终坚持"禁入"原则，但是对于民营文艺表演团体，可以允许外资进入，建议允许在自贸试验区内试点中外合资、中外合资文艺表演企业，但中方控股比例不低于51%。

三是要改变当前简单的"一刀切"式的管理模式，建立精细化、分类化的投资准入管理制度。负面清单不应再以笼统地减少了多少项特别管理措施作为完善的思路和宗旨，特别是在目前已经经过三轮删减后的负面清单，其剩余条款绝大多数在当前情况下如果"一刀切"式地放开，必然引起国家文化安全问题，所以之前"一刀切"式地减少特别管理措施的办法已经不可行了。在这种情况下，要考虑如何把负面清单"做厚"，即针对每项特别管理措施基于不同实际情况进行分类、细化设置不同限制程度的特别管理应用条款；甚至在某些条款方面，还可以根据自贸试验区所在区域的不同特点进行差异化设置。这将是今后很长一段时间内负面清单管理制度改进的主要思路。

第二节　自贸试验区文化产业贸易开放制度创新优化路径

在负面清单投资禁区之外，自贸试验区带来的制度红利，不但包括给国际投资者提供与中国文化市场主体同等的法律地位，推动外商投资准入的国际化，还要创建更具有便利性、开放性与市场活力的贸易环境。

一、加快构建文化产业贸易自由化、便利化的新平台

首先要构建网上国际文化产业贸易服务平台，通过信息平台建设与专业机构以及文化贸易行业协会合作，为文化企业海外资本运作提供配套服务等提升公共服务能级，实现文化资源的在场、在地和在线，成为对外文化贸易

渠道建设的重要载体。一方面，对内，为中国文化产业"走出去"提供配套服务支持，成为文化贸易的国际窗口与平台；另一方面，深化上海自贸试验区对外文化贸易建设，利用海内外优势文化资源与国家推动文化"走出去"战略政策，创新与升级自贸试验区文化贸易服务功能。

建立 AEO 互认合作协议平台。将自贸试验区内符合条件的文化企业列为 AEO 平台企业，以海关与欧盟、新加坡、韩国等国家和地区签署互认双边协议为依据，在文化进出口贸易中，高资信企业在互认国中享受最高等级的通关便利，享受 AEO 的制度成果，提高通关速度。这就要求加快自贸试验区内企业信用信息定期编制与公开的制度建设，通过公开自贸试验区内企业信用信息，发挥社会监督的作用，提高整个社会诚信体系的建设。

完善海关协调员制度平台，确定海关部门的专人进行负责，及时反馈，提高管理效率与服务水平；设立文化产品通关专用窗口，提高运作效率；推动自贸试验区内允许文化企业积极开展保税展示与交易的活动拓展到自贸试验区外，自贸试验区园区内文化企业与海关实施联网，给予税款担保，文化企业则定期向海关申报展示情况。

二、确立文化产业对外开放三大重点行业着力发展

一是创新影视后期制作服务贸易制度、发挥政策外溢效应。影视后期制作一直是中国电影产业的主要掣肘之一，提高影视后期制作水平对于提升中国影视产业至关重要。考虑到影视后期制作对于国家文化安全、国家意识形态安全影响较小，建议：一方面，国家在自贸试验区内放宽影视后期制作的投资准入限制，进行影视后期制作服务贸易制度创新；另一方面，建议充分利用自贸试验区进口保税政策，引进国际先进的影视后期制作大型设备，并整合现有的影视后期制作资源等一系列影视制作学术资源、技术资源、产业资源，建设全球影视制作研发中心、服务中心和离岸外包中心。

二是利用自贸试验区的开放政策，积极发展游戏产业。通过与日本游戏企业巨头任天堂、索尼和美国微软等三大家用游戏企业合作，利用其在自贸试验区集聚的优势与其在游戏行业的国际影响力，紧紧抓住"互联网＋"时代技术创新集聚带来的变革，提升上海网络游戏产业的内涵，整合 IP 资源、

释放文化要素集聚的优势，创造更多的新发展契机与新空间。

三是着力促进艺术品国际贸易自由化、便利化。从上海自贸试验区文化产业相关行业发展来看，艺术品行业的贸易开放建设发展相对最为完善。建议在现有基础上，进一步加大对外开放力度，采取更加有力的措施促进艺术品国际贸易的自由化、便利化，如可建立艺术品国际贸易绿色通道服务平台，通过关税保函避免到岸货物价值的海关保证金，促进艺术品自贸试验区外展览展示的自由化、便利化与低成本化；还可建立艺术品国际贸易的交易中心模式、私人洽购模式、微拍模式等各种便利化通道。

三、建设与世界接轨的国际版权贸易标准化体系

建议在现有国家对外文化贸易基地基础上，打造文化版权贸易基地。一方面，打造文化产品与文化服务保税展销平台，聚焦图书、演艺、艺术品、影视、音乐、创意产品等版权贸易业务，与国际文化版权贸易市场接轨；另一方面，文化版权贸易基地完善五大功能，即围绕国际文化版权评估与交易、国际文化版权纠纷调解、国际文化版权金融服务、国际文化版权作品展演、国际文化版权人才培训配套服务，真正成为国家文化贸易的重要载体。

在此基础上进一步扩展、升级基地功能，通过吸引、聚集全球知名版权运营机构及企业、版权研发机构等的入驻，建立与世界版权市场接轨的国际化版权贸易标准化体系，包括与世界接轨的国际版权评估标准、国际版权贸易政策标准、国际版权纠纷调整机制、国际版权金融服务标准、国际版权展览展示标准、国际版权衍生品开发标准等，形成能够面向国际与国内两大市场的国际版权贸易基地。

第三节　自贸试验区文化产业
金融开放制度创新优化路径

为满足文化产业发展的客观需要，实现金融业与文化产业全面对接成为国家相关政策的关键着眼点，在一系列政策推动之下可谓成效显著。但事实

上，文化产业发展的资金制约问题尚未根本扭转，普遍存在的融资难问题仍是关键瓶颈之一。① 自贸试验区建设的重心之一即在于推行金融改革试点，通过体制创新、市场松绑等一系列举措实现金融服务于中国产业发展的目的。不仅如此，结合自贸试验区在文化服务领域的开放举措，可以认为，自贸试验区金融开放制度创新对于中国文化产业发展意义深远。

一、率先打造全国文化金融融合发展示范区

党的十八届三中全会明确提出"鼓励金融资本、社会资本、文化资源相结合"。上海自贸试验区在文化开放与金融创新融合方面具备良好的制度优势，应加快推动对外文化贸易服务平台与文化产业金融服务平台的衔接与配套，完善并落实金融服务文化产业的相关政策。从现有文化金融政策来看，《上海市金融支持文化产业发展繁荣的实施意见（2010）》《关于推动科技金融服务创新促进科技企业发展的实施意见（2011）》《关于深入推进文化金融合作的意见（2014）》等提出了积极创新文化金融机制体制，不断创新符合文化产业发展需求特点的金融产品与服务，率先将自贸试验区打造成为全国文化金融融合发展示范区。

二、开发适合文化企业的多元化金融产品

自贸试验区文化产业金融开放制度创新应加强开发适合文化企业的多元金融产品，通过利率市场化、汇率自由汇兑，提高文化企业运作效率。文化产业的轻资产属性与风险分摊机制的缺乏是其发展需要夯实的资金保障，以缓解文化产业面临的高风险性。② 从国际做法来看，在文化企业遇到资金问题时，"英国政府指导相关企业或个人从金融机构或者政府部门获得投资帮助，并且逐步建立文化产业财务支持系统，从奖励投资、成立风险基金、提供贷款等方面对文化产业提供财务支持，对企业投资文化产业实行'政府陪

---

① 曾诗鸿，等. 我国文化产业投融资现状及对策建议 [J]. 经济研究参考，2014（14）：63 - 68.
② 苏玉娥. 我国政府支持文化创意产业发展的政策选择 [J]. 学术交流，2011（6）：128 - 131.

同资助'的资助模式";① 在美国，文化产业的投资主体则呈现多元化的特征，其资金的主要来源是国家艺术基金会、人文基金会和博物馆学会；与此同时，不单单是基金会的存在支撑着美国文化产业发展所需要的资金需求，一些金融巨头与文化集团强强联合，很大程度上也促进了美国文化产业在全球文化市场的繁荣。

基于专业评估探索知识产权质押贷款路径创新。鉴于文化类企业轻资产特点带来的贷款难、融资难等问题，建议自贸试验区开展基于专业评估的知识产权质押贷款的路径探索。目前，上海已经初步构建了"知识产权 + 银行 + 政府担保"的思路，在这个过程中，政府通过提供担保服务为中小企业的知识产权贷款做了充分的保障，而且还设置了 2 倍杠杆从而帮助中小企业获得更大的授信额度。但是这还是不够的，还需要：一是推广广东建立的知识产权质押融资服务平台模式，建立动态的数据库；二是推广江苏的市场化模式，进一步减少政府的干预，建立由市场主导的知识产权质押贷款模式；三是需要建立知识产权质押贷款的资源整合与分配机制，将企业知识产权资源、银行信贷资源、市场评估机构资源进行有效的对接，使得各方需求在市场化的机制上有机平衡，通过各取所需达到共赢。②

三、创新艺术品等重点文化行业的金融创新

推动重点文化行业与金融开放的结合，积极探索艺术品金融创新路径。一方面，推动艺术品与金融资本结合，通过与银行、保险、金融机构的深度合作，开发艺术品基金、艺术品银行、艺术品众筹、拍卖/微拍，探索艺术品按揭抵押与艺术品出区展示的关税保函制度；为艺术品金融通道提供服务功能；对于海外艺术品，在保税仓库与物流运输等环节配套保险保障，实现外汇收付的自由划转。上海自贸试验区内已经建立了全国首个艺术品保税仓储交易中心，将艺术品通关流程从 7 天缩短到 1 天，艺术品进境缴纳的保证金

---

① 王国颖. 国外文化创意产业发展的启示 [N]. 沈阳大学学报（社会科学版），2013（1）：37－40.

② 尹亭，王学武. 全球科创中心建设视角下的知识产权质押贷款：一个类政策传导工具的解释框架 [J]. 现代管理科学，2016（11）：57－59.

由交易中心代缴，避免加纳 24% 的保存税费，大大降低了客户的运作成本并便利艺术品的再次交易，成为海关与金融融合的典型。① 另一方面，加强高端文化装备行业的融资服务。自贸试验区集聚国际知名文化装备企业资源，要鼓励保险机构、投资基金为文化装备企业提供专业的金融服务。鼓励符合条件的企业设立文化融资租赁公司，向境内外承租企业出租融资租赁货物，发挥自贸试验区金融服务资源优势、创新优势。与海关特殊监管区域保税功能优势相结合，推动自贸试验区成为一流的文化融资租赁功能区与金融创新实践区。

---

① 涂鸣华. 中国（上海）自由贸易试验区文化产业政策解读 [J]. 声屏世界，2014（4）：5–8.

第九章　自贸试验区文化产业开放战略法制保障优化路径

法制保障制度创新是自贸试验区建设成为"国际化和法治化的营商环境，成为具有国际水准的投资贸易便利、货币兑换自由、监管高效便捷、法制环境规范的自由贸易试验区"的重要基础。本研究认为，自贸试验区文化产业对外开放法制保障制度创新，需要从国家层面进行研究，从宏观法律法规制度层面进行自贸试验区文化产业对外开放法制保障制度创新的优化路径思考与设计。

第一节　科学构建文化产业扶持政策法制保障体系①

前文关于北美、欧洲、亚洲、南美等国际自由贸易区建设发展制度创新体系借鉴分析发现，扶持政策是绕不开的制度。在本着不能成为政策洼地的原则下，上海自贸试验区乃至全国各地的自贸试验区未来发展，都需重新正视文化产业的扶持政策法律法规体系。

从西方各国的扶持政策法律法规来看，政府对文化产业发展的积极扶持以及制定多元文化政策的实践，是立足实现公众享受文化权益和参与文化生活、壮大文化产业、增强文化软实力目标基础上的。从扶持文化产业发展的方式来看，包括对文化产业实施差异化的税收优惠政策、直接补助公共文化、扶持文化企业或文化项目、通过奖励或者其他财税手段扶持与培育文化人才等四种。其中，近些年美国、英国为了减轻国家财政负担、平衡预算，都在削减文化艺

---

① 解学芳，臧志彭．国外文化产业财税扶持政策法规体系研究：最新进展、模式与启示［J］．国外社会科学，2015（04）：85–102.

术的财政支出,① 但对文化产业实施扶持政策仍然是最常见与主要的方式。

一、构建"四位一体"的文化产业扶持政策法制保障体系

中国对文化产业发展的财税扶持应形成不同立法层级、从上到下的"四位一体"的政策法规体系:第一层,即最高层是宪法,作为扶持与促进文化产业发展的法律依据与根本大法;第二层是文化产业基本法,即制定文化产业促进法,作为促进文化产业发展的文化宪法与基础法;第三层是配套法律,由财政法、税收法、投资法、金融法、贸易法等构成,作为扶持文化产业发展的配套保障;第四层是文化产业行业法,制定一系列的文化产业行业法规,成为扶持与促进文化产业发展的实施保障。

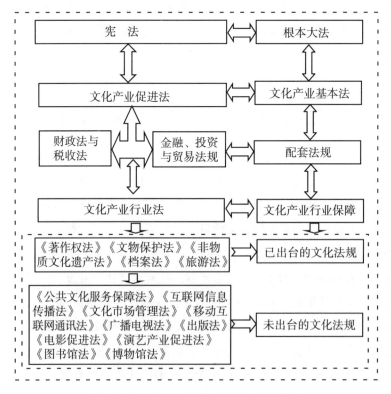

图 9-1　文化产业扶持政策法制保障体系

① Harsell D. My Taxes Paid for That? or Why the Past Is Prologue for Public Arts Funding [J]. PS Political Science & Politics, 2013, 46 (1): 74-80.

具体来说，首先，在最高层次上，对宪法进行修订与补充，明确以下四个关键的要素：一是确定政府承担扶持与培育文化发展的责任，推动文化立法与宪法的统一，明确政府财税扶持文化发展的责任；二是宪法要增加关于财税的适用范围，明确财税部门的职能、责任与义务，明确对公共文化的财税扶持力度，确保对文化的财政支出呈现逐年增长。三是宪法要明确公民平等享受公共文化服务、自由参与文化生活、保障公民文化生活的权益。四是宪法要明确政府保护历史文化遗产、促进文化多样性的责任，也是每个公民的责任。其次，在文化基本法层面，要加快出台文化产业促进法，确立文化产业的市场主体，明确政府的经济职能，使之成为约束、规范、促进与激励文化产业发展的专项基本法。文化产业促进法应以宪法为依据，以文化产业振兴为目标，明确政府扶持文化产业发展的基本指导方针，确定国家对文化的资助责任与资助水平，促进文化发展、提升文化凝聚力。再次，完善配套法规。在税收法的具体条款中明确对文化产业实施税收优惠政策，要特别强调对文化产业采取差别税收政策，设立免税区，并通过税收优惠、捐赠免税等政策设计鼓励与吸引来自私营企业或个人的资助，鼓励多元社会资本进入文化领域；完善文化产业的相关财政法规，积极发挥财政资金杠杆的作用，确保国家预算不断增加对文化的投入规模，明确扶持的重点行业；完善文化金融、文化投资与文化贸易法规。最后，要加快出台文化细分行业法规，作为扶持文化产业的实施保障。目前的文化产业立法主要有著作权法、文物保护法、非物质文化遗产法、档案法、旅游法，这些立法主要定位于规范与保护的目标，缺乏直接鼓励与扶持文化产业发展的具体法律条款。面对立法滞后的现状，应加快出台公共文化服务保障法、互联网新闻信息传播法、文化市场管理法、移动互联网通信法、广播电视法、出版法、电影促进法、演艺产业促进法、图书馆法、博物馆法等，并将互联网技术与移动互联网时代的到来带来的新变化、新业态、新情况等问题设计到诸文化产业部门法的具体条款中，将财税扶持条款、行业准入门槛等具体条款纳入其中，真正促进文化产业诸行业的快速发展。

二、积极借鉴西方文化产业财税扶持政策法规

首先，鼓励文化创新，给文化原创者积极的财税扶持。文化创新人才是文化产业持续发展与竞争力提升的核心与根本。欧美各国对文化创新活动与

创意人才的扶持力度明显高于中国。鉴于此，在文化产业法规还不系统、扶持体系还不完善的情况下，在法律条款设计与政策导向上，要对创意人才、文化领军人才实施具有社会导向性的资金支持与奖励——推行所得税减免优惠政策、设置文化类奖励、提供资金资助、提供奖学金等，鼓励原创、创新，培育一批文化领军人才，形成良性循环的文化创新生态。同时，财税政策法规不仅要关注经济效果，还应将内容创意人员数量、文化从业人员数量等就业指标作为社会效益考虑进来。①

其次，对公共文化与民族性文化遗产保护给予积极的财税扶持。政府对文化遗产与公共文化服务给予财税扶持既是保障公民文化权益实现的基础，也是保护文化资源与确立一国文化发展特色，激励、推动文化产业持续发展的重要手段。② 虽然中国近些年给予文化遗产保护与公共文化发展足够的重视，并从法制层面建立起保障体系，如非物质文化遗产法、文物法以及即将出台的公共文化服务保障法，但如何鼓励与吸引更多的私人投资、捐赠等社会资本注入公共文化领域，以开放的思维与"大文化概念"扶持与发展公共文化则是需要考虑的问题，这既有助于减轻政府财政负担，又可以活化公共文化、提升公共文化服务效能。需要强调的是，文化发展扶持资金要做好后期评估，核算成本与收益，真正实现政府补助预期的效果。③

再次，税收政策应是对人、组织、文化产业园区的共同关注。采用税收优惠的方式扶持文化产业发展是欧美各国通用的做法。纵观中国近些年对文化企业实施的税收优惠政策，一是基于国家与各地的文化产业园区/示范基地实施税收减免政策，二是税收减免主要针对文化企业与文化项目。但忽略了文化产业不同于其他行业的独特性，即文化创意的核心是人，税收减免政策中对创意人才的忽视不利于文化人才创新的主动性与积极性。因此，下一个

---

① Collins A & Snowball J. Transformation, Job Creation and Subsidies to Creative Industries: the Case of South Africa's Film and Television Sector [J]. International Journal of Cultural Policy, 2015, 21 (1): 41 – 59.

② Losson P. The Creation of a Ministry of Culture: Towards the Definition and Implementation of a Comprehensive Cultural Policy in Peru [J]. International Journal of Cultural Policy, 2013, 19 (1): 20 – 39.

③ Stockenstrand A K & Ander O. Arts Funding and Its Effects on Strategy, Management and Learning [J]. International Journal of Arts Management, 2014, 17 (1): 43 – 53.

阶段文化产业税收优惠政策设计既要针对文化产业园区内的文化企业落实税收减免、税收返还、出口退税等优惠政策，也要针对文化项目实施税收减免政策，还要对文化人才实施所得税优惠政策，这是中国建立科学、完善的文化产业税收优惠政策的参照基准。

最后，增加非政府组织资助文化产业的规模，扩展扶持资金的来源，形成"众筹"模式。从欧美各国扶持文化产业的经验来看，确保扶持资金来源的多元化是最关键问题所在。一直以来，中国文化企业过度依赖政府资助文化产业发展的模式是难以持续的，扶持资金会受到政府预算、国家战略、文化政策等多种因素的影响，扶持对象则往往会出现"国进民退"的窘状。因此，扩大多元化的社会资本进入文化产业领域是下一个阶段的法制创新重点。一方面，政府文化部门与私营企业可以签署合作伙伴协议，通过成立基金理事会的方式为文化发展提供多元化的资金来源；另一方面，通过税收优惠、捐赠免税等政策设计鼓励与吸引来自非盈利与商业活动者的私人文化资助。

第二节　加强文化产业知识产权制度化建设

推进自贸试验区文化产业发展，必须加强知识产权保护。这是因为，在承认文学、艺术等创造性产品具有公共物品属性的基础上，必须对因其内在的非竞争性与非排他性特征造成的市场失灵予以合理补救，以使得其产出的全部价值归于其所有者，并进而形成良性的社会激励与生产机制；事实上，著作权法体系的作用在于建立有权使用作品的市场。[1] 从世界各国的实践经验来看，保护知识产权首先在于建立并不断完善与知识产权相关的法律法规体系，其目的不仅在于使行为人的智力成果得到法律确认并实现预期的人身性权益与财产性权益，更在于使知识产权的市场价值在生产环节得到合理的配置，形成促进整体良性发展的制度框架。

---

① 戴维·索罗斯比. 文化政策经济学［M］. 大连：东北财经大学出版社，2013.

一、要完善现有的知识产权法律体系

现有的知识产权法律体系主要由《著作权法》《商标法》和《专利法》构成，此外还包括与之相关的国际性条约适用及散见于其他法律中的相关条款，如《刑法》中关于侵犯著作权犯罪的规定。但是，学界研究表明，现行的知识产权法律体系中存在诸多问题，如法条经过解释后构成矛盾，对相似的独创性产品予以不同的法律地位及规制措施等。以著作权归属为例，一般地，作品创作完成后，著作权由创作者依法享有，但是在电影产业则显然成为例外，电影创作者完成作品以后并不能完全或较大程度上享有著作权带来的相应财产性权益，[①] 而主要由制片人享有，尽管从世界各国的立法实践来看，电影著作权归于制片人并不少见，但是在中国，电影创作者权益享有明显少于其实际付出也低于国际水平也是事实。当前，中国文化产业发展势头强劲，亟须健全的知识产权法律予以保障，为此，需要针对现行知识产权法律体系运作过程中暴露的问题进行相应完善。首先对现有知识产权法律体系暴露的问题进行分析，不仅如此，更要对文化产业发展规律进行研究，对法律体系问题的分析建立在产业发展规律的基础之上。为此，可以建立由不同学科学者组成的研究机构，通过学科交叉分析形成政策设计的基本依据。其次，启动法律法规的修改程序，对现行法律进行适当修订。从法律制度的演进来看，制度发展尽管滞后于社会经济的发展速度，但是，人类往往通过制度修改及时满足社会发展需要。《著作权法》自其出台以来已经进行修改，第三次修订案尚未通过，对此，应该加快法律修订速度，及时将文化产业的发展要求反映在法律制度上，通过知识产权法律修订保障产业发展。

二、适应市场发展，设立新的配套性法律法规

中国文化产业发展日新月异，其中资本和技术发挥了重要作用，尤其是互联网技术的发展，使得文化产品与服务的生产与最终形态均呈现出与以往

---

① 罗施福. "电影作者"的立法模式与法律确认——兼论我国《著作权法》第15、19条的修改 [J]. 中国版权，2012 (4): 38–41.

不尽相同的特征。同样以电影作品为例，从技术角度来看，电影产品制作以往多由摄制完成，而互联网技术介入后，电影产品甚至可以完全由计算机设计完成。但关于电影作品的法律界定，现行《著作权法》将"摄制"作为电影作品构成要件，使得通过计算机制作的视听类作品无法被归入电影作品①，由新技术完成的作品无法在法律上被置于合理地位将不可避免对电影产业的发展产生一定的阻碍，提高产业发展的总体成本。不仅如此，从文化产业发展的趋势来看，尽管产业内部的行业不断细化，但对不同行业的行政管理归属却越来越难、越来越模糊。具体到法律法规的执行层面来看，不同部门权责不一或重叠或缺位，由部门出台的规章也显得较为淆乱。有鉴于此，需要设计新的配套性法律法规。首先，基于国家部委大部制改革，对现有文化产业的行政管制权责进行新的分配，在此基础上整合形成文化产业管理的部门规章，从管理层面推进知识产权保护。其次，设立新的法律法规，如游戏产业促进法，对文化产业中涌现的新兴行业和传统文化产业中的新发展进行管理和保障。

三、完善文化产业知识产权法制化建设，加大对自贸试验区内文化企业知识产权保护力度

由于法制的缺失以及执法不严，尤其是知识产权的司法、行政保护较弱，产权人才维权方面投入的成本较大，导致知识产权侵权现象突出，② 严重打击了专业性人才或者创意性人才的创作积极性，造成文化产业发展过程中的"文化剽窃、创意不足"。上海自贸试验区为文化产业知识产权保护制度的完善提供了条件与机遇。自贸试验区内的文化企业可以通过借鉴国际企业的版权运作与知识产权保护经验，增强知识产权保护意识、提升知识产权保护水平。

四、培育文化产业知识产权保护的法治化生态

既要推动文化产业领域的知识产权资源高度集聚，又需积极落实知识产权海关保护的制度。把知识产权的开发利用和维护纳入完善的知识产权法律

---

① 王迁．"电影作品"的重新定义及其著作权归属与行使规则的完善［J］. 法学．2008（4）：83-92.

② 季丹．上海文化创意产业人才策略研究［J］. 科学发展．2013（2）：100-106.

系统。近些年，上海市制定和颁布的关于知识产权的政策法律文件有《上海知识产权战略纲要（2004－2010）》《上海市创意产业知识产权保护联盟公约》、《上海市创意产业知识产权保护联盟章程》等，随着上海自贸试验区的成立以及文化产业国际化水平的提升，关于知识产权的问题与突发状况频次，只有与时俱进，加快建构完善的知识产权政策法规体系，才能保障文化产业的持续健康发展。2014 年 3 月 1 日，上海启用了"知识产权海关保护系统"，鼓励知识产权权利人通过互联网平台提交备案申请、备案续展申请、备案变更申请与备案注销申请等，无须向海关总署寄送纸面申请文件，降低了外向型企业的运营成本、大大提高了文化创意产品"走出去"的效率。①

五、依法打击盗版、侵权等违法犯罪活动，形成尊重与保护文化版权的文化市场氛围

一个创意从产生到最终的成形，在整个的过程当中，它都是需要知识产权的保护，只有知识产权在旁监督，对创造产品的原创性进行保护和确认，才能体现出个人创造的价值性。② 伴随侵权技术的多元化，对文化产业的版权保护进入一种发展迷局，在虚拟的网络空间非法使用音乐、书籍、影视等文化作品的拷贝与传播变得容易、快捷与低廉，在无边界的网络环境里推动着网络侵权的恶意扩散，侵犯了版权人的合法权益，也严重打击了文化原创者的积极性。文化企业则应提高文化产品版权保护水平，从创意初始阶段介入版权保护，提高版权服务增值运营水平。

---

① 高敬，王希．2013 年外高桥保税区文化贸易基地贸易额达 41 亿元［EB/OL］．［2014－01－30］．http：//news. xinhuanet. com/2014－01/30/c_ 119193387. htm.

② 钱雅文．上海文化创意产业知识产权策略分析［J］．今传媒，2011（12）：25－26.

第十章　多措并举坚决维护国家文化安全和意识形态安全

进入互联网时代以来，国家文化安全的重要性已经堪比国家军事安全。在纷繁复杂的国际竞争形势中，自贸试验区的文化产业开放战略必须始终坚守国家文化安全为第一原则，要采取多种措施立体式全面保护国家文化安全和意识形态安全。

第一节　基于自贸试验区文化产业开放战略的文化安全路径

研究表明，中国意识形态文化虽然总体安全，但不安全感较为明显，中国意识形态文化安全仍面临诸多问题。① 在全球化发展趋势下，文化产业领域的贸易往来对国家文化安全的影响重大，这一点从世界各国的文化政策制定与实施方面可以得到佐证，如法国的"文化例外"政策。当前，自贸试验区正推进文化产业领域放松管制和自由化，必然使得国家文化安全问题更加突出，由此，必须切实维护中国文化与意识形态安全。

面对文化安全问题的扩大化，自贸试验区应构建一个动态化的文化安全预警体系：一方面，需加快完善文化安全信息收集与监测系统。对海量文化信息进行收集与分析，即设立专门的常设机构收集、整理大量涉及文化安全的内容，对信息影射出的威胁系数进行论证，检测那些危害、威胁文化产业发展，威胁人们身心健康及社会精神文明建设等方面的不良文化内容。另一方面，要积极构建文化安全预警系统，包括预警的组织机构、预警的对象和

---

① 黄明理. 当前我国意识形态文化安全现状探究 [J]. 党政研究. 2015 (4)：102 – 109.

预警系统的实时监控平台等，并建立科学的网络文化内容安全评估指标体系，这是实现文化安全监测系统顺利运转的关键。此外，随着大数据时代的到来将文化安全推向一个可预知、智能化、综合性与融合性交织的新时期。

要完善自贸试验区文化产业投资开放的安全监督管理制度。针对文化产业投资开放与行政审批简化带来的文化安全风险，自贸试验区需加快完善对外商投资文化产业的安全监管机制，及时识别与预警国家文化风险。一方面，建立多元主体参与监督管理的文化安全治理体系，建立海关、金融、质检等多部门参与的联谊会议制度，创新投资监督管理的手段，建立开放的网络监督平台，实现监督管理功能的优化。另一方面，针对自贸试验区不同行业的特点，建立文化安全分类监督管理的制度体系。结合文化产业不同行业特点，特别是对文化内容服务与文化制造业的差异性应该采取不同的监管标准，并及时公开监督结果。对于自贸试验区文化版权的侵权事件、外资并购文化企业事件要加大安全监督力度，并配套完善的解决机制。①

文化安全体系的完善，还需强化对国际互联网接口的管理，屏蔽境外提供煽动危害国家安全、破坏社会稳定、传播淫秽色情等有害信息的文化内容，并利用技术创新加快文化安全技术平台建设，完善文化安全技术保障体系，构建一个安全、健康、有序的文化产业发展环境，促使文化建设更好地服务经济增长、社会发展与精神文明建设，不断巩固和扩大中国优秀文化在全球文化市场的阵地。特别是鉴于新闻出版、广播电视、游戏动漫等内容的健康性与引导性，以及对青少年受众产生的潜在影响，针对淫秽色情、暴力等不良信息内容积极制定规范性的制度体系，确保文化产品安全，维护一个绿色安全的文化产业发展生态。

基于前文的国际经验分析，建议自贸试验区要借鉴美国文化安全的核心思想——在文化产业的发展层面上，可以实现最大程度的对外开放，借助全世界的资本促进本国文化产业的发展繁荣；与此同时，要牢牢把握文化内涵不动摇、不受外国资本控制，全面坚守国家核心文化价值观，并不断拓展中国文化软实力的全球影响力。

---

① 邵学峰，任春杨. 国外自贸区外商投资准入制度实践经验及启示［J］. 中州学刊，2016（9）：23－27.

构建和完善"特殊管理股"体制机制是保障国家文化安全和意识形态安全的科学制度创新。2013 年 11 月，党的十八届三中全会《中共中央关于全面深化改革若干重大问题的决定》就提出了要对重要的国有文化企业实行特殊管理股制度；随后党中央、国务院又多次发文强调实施特殊管理股制度。作为对外文化贸易的试验窗口，上海自贸试验区有责任主动承担起文化领域特殊管理股运行机制的探索实践使命，积极借鉴美国《纽约时报》《华盛顿邮报》、新加坡报业控股公司等关于特殊管理股的制度设计，通过科学的公司治理机制创新，坚决保障国家文化与意识形态安全。

第二节　"互联网 +" 开放背景下
网络文化安全战略路径

网络文化安全问题是关系国家安全以及公众根本利益的重大问题。网络文化安全不会自动兑现。虽然许多国家已采取相应措施来规范网络文化产业发展过程中出现的种种安全问题，但这些努力与技术进步的速度以及网络文化安全问题的爆发性增长相比捉襟见肘。

网络文化安全的实现，从内容来看，需在政治方面防止来自国内外反动势力的恶意攻击、诬陷与制造和平演变图谋；在健康层面要消除淫秽、色情、暴力等不良信息内容；在保密性方面要设定存取或进入的控制权限，防止机密信息流失或被泄露、窃取；在隐私方面需确保网络系统持续提供完整、安全的服务，防止个人隐私的滥用和扩散；在产权性方面防止知识产权被剽窃、盗用等；在破坏性方面防止病毒、垃圾邮件、网络蠕虫等恶意信息耗费网络资源。综上来看，网络文化安全的实现，不是仅依靠技术可以解决的，而是需要一套完善的治理体系，即需强化网络文化安全意识，培养网络文化安全监管理念，健全网络文化安全体系，构建起"金三角"式坚固的网络文化安全架构，如图 10 - 1 所示，从顶层来看，网络文化安全体系是网络文化安全决策系统、专家库与网络文化安全立法三大要素构成"金三角"；从内核来看，网络文化安全决策系统是网络文化安全体系的核心，由网络文化安全检测系统、网络文化安全防卫系统和网络文化安全人才系统构成；专家库和网络文化安全立法是进行网络文化安全决策的"左右手",其中,专家库的建设与网络文化安全人才系统互补交融,而伴随2012年年底《关于加强网络信息保护的决定》①的出台,网络安全立法取得重大进展。从整个理论架构来看,三大要素共同铸造了一个完善的网络文化安全体系。下面重点阐释网络文化安全决策系统这一网络文化安全体系的核心。

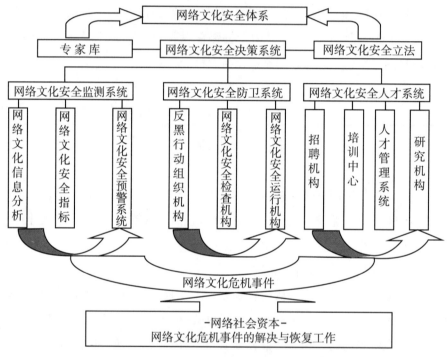

图 10 – 1　"金三角"式国家网络文化安全架构②

一、网络文化安全监测系统

网络文化安全监测系统主要是对网络文化信息进行分析,设置网络文化安全的指标体系和构建网络文化安全预警系统。首先,对网络文化信息进行

---

① 2012 年 12 月 28 日,《关于加强网络信息保护的决定》以法律形式保护公民个人与法人信息安全,如垃圾信息问题、信息保护问题、身份管理问题,明确网络服务提供者的义务与责任,强调政府主管部门必要的监管手段,一定程度上解决了我国网络信息安全立法滞后问题,对于网络文化安全保护而言,迈出了重要的第一步。

② 孙健. 网络经济学导论[M]. 北京:电子工业出版社,2001:240.

分析的关键是由专门的常设机构收集、整理大量涉及网络文化安全的内容，对信息影射出的威胁系数进行论证，将那些危害国家安全和人民利益，威胁人们身心健康及社会精神文明建设等方面的不良网络信息内容提取出来；将那些网络文化中值得发扬的民族优秀文化，为社会提供各种学习、工作的网络信息内容定位为优良信息，并对当前总体的网络文化安全现状作出判断。其次，构建网络文化安全预警系统，涉及预警的组织机构、预警的对象和预警的监控等。最后，建构网络文化安全指标体系，这是健全网络文化安全监测系统的关键，主要包括以下五大指标。

第一，网络文化内容安全指标。这个指标涉及健康网络文化内容和不健康网络文化内容两个维度以及具体指标——从政治层面、产业层面、社会层面、文化层面和信息技术层面进行细分，如表10－1所示。

表10－1　网络文化内容安全指标

分类维度	健康的网络文化内容①	不健康的网络文化内容
政治层面	通过网站和各种网络媒体宣传党和国家的方针政策、法律法规；实行政府政务互动以及民意调查和民主测评；发布政府工作动态以及热点政务专题和新闻发布；发布政府突发事件进展和应急管理等；推动国家安全和维护国家主权以及有利于民族团结和实现人民利益的网络信息内容	网络信息内容威胁国家主权与国家安全；损害国家荣誉和利益；煽动民族仇恨、民族歧视，破坏民族团结；违反、破坏宪法和法律、法规；制造形形色色"中国威胁论"；借助网络媒体西方国家打着"文化自治""宗教自由"和"维护人权"的幌子，支持不法集团的分裂活动等②
产业层面	交流沟通、展现才能的论坛平台——BBS、博客、微博和SNS；健康向上的电子书、网络音乐、网络广播、网络游戏以及网络视频；提供网络文化产品和服务信息查询以及客户服务信息查询的网上交易平台；网络文化企业招商投资指南和招标信息；门户网站资讯等	网络信息中含有虚假欺骗内容；使网民上瘾、产生依赖和幻想的网络游戏与娱乐软件；使人道德弱化的网络信息和软件；带有恶意进行信息耗费的网络信息和软件；各种流氓软件；剽窃、盗用他人知识产权；散布虚假网络信息，扰乱正常的网上交易秩序等

① 谷志远，张屹，等. 构建我国网络文化安全评价指标体系的实证研究 ［J］. 电化教育研究，2008（2）：39－46.

② 梅兆荣. 谈中国国际形象面临的挑战 ［N］. 文汇报，2008－09－09.

续表

分类 维度	健康的网络文化内容	不健康的网络文化内容
社会 层面	提供日常生活咨询及服务查询；促进社会进步的思想道德、社会文化知识；社会各界发布各种便民公益信息；网民权益投诉与维护；工作培训、生产安全教育与防护以及社区服务等	含有危害社会公德或者民族优秀文化传统；侵害社会风俗、习惯；扰乱社会秩序，破坏社会稳定；侮辱或者诽谤他人，侵害他人合法权益以及未经同意擅自获取、更改、发布他人隐私等
文化 层面	弘扬新时期主旋律，倡导社会主义精神文明、民族优秀文化传统和现代文化精华等	散布淫秽、色情、赌博、暴力、凶杀、恐怖文化，破坏国家和平统一的宗教政策，宣扬邪教和封建迷信
信息 技术 层面	公共信息技术平台建设信息，技术共享等	通过网络技术传播各种网络病毒，发送垃圾邮件，以及恶意攻击各种门户网站的黑客行为等①

虽然网络文化内容安全涉及政治、产业、社会、文化、信息技术等多个维度，但网络文化产业的文化属性与软实力特征在全球化视野下的政治属性越发凸显。例如，美国政府2007年开始实施的"棱镜计划"对网民和全球监控的内容涉及电邮、即时消息、视频、照片、存储数据、语音聊天、文件传输、视频会议、社交网络资料等，② 都属于网络文化内容，但其背后影射的是其政治目的。

第二，网络文化多样性指标。网络文化包含的形态是否多样性，包括两层含义，一层含义是就国内来看，网络文化多样性是多种不同网络文化形态共存的状态；另一层含义是放眼全球，全球网络文化形态多样性是各种不同民族、不同国家的文化形态并存的状态，而不仅仅将英语作为网络主导语言或美国等发达国家的文化主导网络文化航向，③ 保证网络文化形态多样性是实现整个网络文化安全的基础。这就意味着需增强中国网络文化产业综合竞

① 王军. 多维视野下的网络战：缘起演进与应对［J］. 世界经济与政治，2012（7）：80-98.
② 张意轩，岳小乔. "棱镜门"曝光"美式暗战"［N］. 人民日报海外版，2013-06-28.
③ 潘一禾. "非传统"视野中的当代国家文化安全［J］. 世界经济与政治，2005（2）：49-54.

争力，提供更多、更优质的中文网络文化产品和服务，提高在整个网络世界的话语权与影响力。

第三，网络文化自我修复与调节指标，或者说是网络文化生存和竞争能力指标。网民在网络空间的文化活动规模和强度不可避免地会对网络文化安全造成不同程度的影响或威胁，但对于安全性高的网络文化体系来说，它能够消解这种影响并通过网络文化的自我调节能力修复过来，重现网络文化的生机。

第四，网络文化环境安全指标。网络文化安全的实现得益于共创一个良好的内外部环境。环境安全是一个复合概念，包括制度环境、技术环境、金融环境和市场环境等所带来的安全系数的提高。对内，即国内环境，这是网络文化产业赖以生存的基础，如国内经济总体状况、国内网络文化市场需求、网络文化产业布局安全、产业结构安全、网络安全技术的创新、网络安全制度的创新等，其中在从技术层面必须拥有自主路由器、芯片与强势网络信息产业。对外，即国际层面致力于网络安全的公共治理，为健康的网络环境的努力达成共识，并在安全政策、金融安全以及国际网络文化市场安全方面积极合作。

第五，网络文化产业国际竞争力评价指标。网络文化产业是否具有较强的国际竞争力直接关系到网络文化安全的实现问题。要提高安全系数，必须增强中国网络文化产业的国际竞争力，逐渐降低对外的依赖度，增强自主创新的能力。从指标细分来看，网络文化产业国际竞争力指标可以细分为网络文化产业国际市场占有率、国内市场占有率、国际竞争力指数、国内竞争度、市场集中度以及网络文化产业研发费用等具体指标。①

二、网络文化安全防卫系统

网络文化安全防卫系统整体功能的发挥，有赖于网络文化安全检查机构、网络文化安全运行机构与反黑行动组织机构在应对突发网络文化安全事件中各司其职、各负其责。首先，要成立专门的反黑行动组织机构。随着网络技术的升级换代，网络黑客呈现组织化、技术普及化、破坏力扩大化等趋势，反黑客行动组织必须首先在技术上掌握最新强有力的计算机安全技术，配备

---

①　李孟刚. 产业安全理论研究［M］. 北京：经济科学出版社，2006.

精于黑客技术的反黑专业人员。而且，反黑速度一定要快捷才能达到安全防卫效果。例如，2005 年美国国防部专门成立反黑客行动小组，以防止遭遇"网络 911 袭击"事件，并到"黑客市场"招揽反黑专业人才，仅 2007 年投入经费就高达 250 亿美元；① 且美国国防部升级网络战相关规定，网军高达十万人，并开发高安全性能的 4G 网络。② 其次，成立网络文化安全检查机构。对网络文化产品、网络文化服务进行实时检查，及时纠正、停止传播影响网络文化安全的内容，正确、积极引导网络文化的传播航向；对垃圾邮件威胁达成共识，共同拟定反垃圾邮件政策，摒除垃圾邮件传播病毒、传播不健康内容的路径，保护网络用户不遭受垃圾邮件侵扰；同时，网络文化安全检查机构还需对相关中介机构或认证机构进行评测、审计，对其安全性、可信性进行评估。最后，完善网络文化安全运行机构，针对整个网络文化市场运行中出现的问题及时完善安全监控体系，实现政府、开发商、运营商、第三方组织之间的协作以及国际层面和技术层面的共同协作，提高应对与防范网络文化安全突发事件的能力。

三、网络文化安全人才系统

网络文化安全人才系统包括专门的人才招聘机构、专业培训中心、专业人才管理系统以及配套的研究机构等。网络文化安全通常和技术联系在一起。安全的实现需要技术，不安全的因素也来自技术；技术进步既可以给网络文化安全带来威胁，也可以运用技术消除威胁，即"安全与技术的悖论"。网络文化安全的实现需大批掌握先进网络技术的专业人才。但面对新兴网络文化产业的快速崛起，网络文化安全维护人才不仅在数量上严重短缺，在人才结构上也极其不平衡，成为影响维护网络文化安全的瓶颈。网络文化安全人才体系建设需要采取多方举措来实现。一方面，要引进掌握新一代网络技术、防火墙技术、数字解密技术等重点领域的技术研究开发人员，具备构筑政治、经济、文化等领域过滤网站的防范病毒传播和破坏计算机系统的软硬件技术、

---

① 高轶军. 美组建黑客部队预防"网络 911" ［EB/OL］. ［2007 - 03 - 13］. http：// world. people. com. cn/GB/1029/42355/5464184. html.

② 信息来源于 2013 年 6 月 28 日的外媒报道 http：//www. cnbeta. com/articles/242750. htm.

抵御破坏性网络信息侵袭的专门技术人才，以及能开发出建设中文域名服务器和集思想性、知识性、教育性、艺术性、娱乐性于一体的宣传教育软件的专业人才。另一方面，为弥补人才短缺现状，应积极与技术研究机构合作加大对现有人才在网络安全技术方面的培训，通过定期与不定期培训，优化网络文化安全人才结构，推动网络文化安全管理人才和技术人才共同成长；①同时，做好政策配套，为网络文化安全人才提供良好的成长环境。

四、解决网络文化危机与培育网络社会资本

面对网络文化危机事件时，亟须三大系统力量的整合。针对网络文化危机事件应设立专门的危机处理机构来解决。毕竟只有专业性机构才可能在最短时间内通过与其他相关部门及时有效地沟通、合作、谈判、协调与决策，真正地将危机事件处理好。当然，危机事件的解决一定要和危机后的恢复工作配套实施。也就是说，为了防止类似网络文化危机事件的再度发生，应及时对危机发生原因与教训进行总结、找出症结所在，提高治理危机的效率。在此过程中，网络社会资本起着极其关键的作用。网络社会资本是网络社会中网民之间、第三方组织间以及网络社会组织内部的非正式的互动沟通规则。国外学者南姆·卡朴库认为，"社会资本即使不是充分的条件，也是在突发事件中建立有效合作伙伴关系及政府采取更多的与非营利部门合作政策的必要条件"。② 国内学者陈振明则强调"在多主体的治理环境下，行动者能否摆脱集体行动的困境而实现合作，不仅取决于行动者和制度环境本身，还取决于各方发生联系的中间媒介——社会资本"③。培育良好的网络社会资本有助于加强政府与网民在危机事件上的沟通，缓解不稳定性安全因素，降低发生网络文化安全危机事件的几率和不良影响，也可以推动不同网络文化安全危机解决部门之间建立起合作关系，提高解决危机的效率与效能。

---

① 李桂平. 我国网络文化安全发展的现状及对策研究［J］. 产业与科技论坛，2012（13）：11-13.

② 南姆·卡朴库，周洁，等. 无等级的合作——公共部门与非盈利部门合作伙伴关系［J］. 国家行政学院学报，2004（1）：93-96.

③ 陈振明. 公共管理学——一种不同于传统行政学的研究途径（第二版）［M］. 北京：中国人民大学出版社，2003.

主要参考文献

[1] Acheson K & Maule C. Culture in International Trade [J]. Handbook of the Economics of Art and Culture, 2006, (1): 1141 – 1182.

[2] Ahn IJ. , Choi SK. , Noh Y. A Study on Establishing Creative Zones and Creative Zone Programming [J]. Journal of the Korean Society for Information Management, 2014, 31 (2): 143 – 171.

[3] Antras P. , Chor D. Organizing the Global Value Chain [J]. Econometrica, 2013, 81 (6): 2127 – 2204.

[4] Azmeh S. , Nadvi K. Asian Firms and the Restructuring of Global Value Chain [J]. International Business Review, 2014, 23 (4): 708 – 717.

[5] Barbieri N. Why does Cultural Policy Change? Policy discourse and Policy Subsystem: A Case Study of the Evolution of Cultural Policy in Catalonia [J]. International Journal of Cultural Policy. 2012, 18 (1): 13 – 30.

[6] Bloom L. , Faulkner R. Innovation Spaces: Lessons from the United Nations [J]. Third World Quarterly, 2016, 37 (8): 1371 – 1387.

[7] Boston – Fleischhauer C. Beyond Making the Case, Creating the Space for Innovation [J]. The Journal of Nursing Administration, 2016, 46 (6): 295 – 296.

[8] Boutard G. Co – Construction of Meaning, Creative Processes and Digital Curation [J]. Journal of Documentation, 2016, 72 (4): 755 – 780.

[9] Breen M. Digital determinism: Culture Industries in the USA – Australia Free Trade Agreement [J]. New Media & Society, 2010, 12 (4): 657 – 676.

[10] Browne Dennis. Canada's Cultural Trade Quandary: How Do We Resolve the Impasse? [J]. International Journal, 1999, 54 (3): 367 – 368.

［11］ Burri M. Trade and Culture in International Law: Paths to (Re) Conciliation ［J］. Journal of World Trade, 2010, 44 (1): 49 – 80.

［12］ Cacciatore M A. Coverage of Emerging Technologies: A Comparison Between Print and Online Media ［J］. New Media & Society, 2012, 14 (6): 1039 – 1059.

［13］ Cassandra C. Wang. A Review of Innovation Spaces in Asia: Entrepreneurs, Multinational Enterprises and Policy Edited by Maureen McKelvey and Sharmistha Bagchi – Sen ［J］. Economic Geography, 2016, 19 (1): 117 – 139.

［14］ Chaudhry P. The Looming Shadow of Illicit Trade on the Internet ［J］. Business Horizons, 2017, 60 (1): 77 – 89.

［15］ Chen & Maxwell. Three Decades of Bilateral Copyright Negotiations: Mainland China and the United States ［J］. Government Information Quarterly, 2010, 27, 206.

［16］ Choi J. Evolution of Innovation Focus of Online Games: From Technology – Oriented, through Market – Oriented, and to Design – Oriented Soft Innovation ［J］. Asian Journal Technology Innovation, 2011, 19 (1): 101 – 116.

［17］ Comunian R. , Faggian A. , Jewell S. Digital Technology and Creative Arts Career Patterns in the UK Creative Economy ［J］. Journal of Education and Work, 2015, 28 (4): 346 – 368.

［18］ Davis J. , Docherty C. , Dowling K. Design Thinking and Innovation: Synthesising Concepts of Knowledge Co-creation in Spaces of Professional Development ［J］. The Design Journal, 2016, 19 (1): 117 – 139.

［19］ Ding, Kwok Wing James. International Trade and Cultural Heritage Conservation in some Asian Countries: the Role of International Law and International Institutions ［D］. The University of Queensland, 2012.

［20］ Disdier AC & Head K & Mayer T. Exposure to Foreign Media and Changes in Cultural Traits: Evidence from Naming Patterns in France ［J］. Journal of International Economics，2010：80，227－336.

［21］ Doyle G. Audio － Visual Services：International Trade and Cultural Policy ［J］. ADBI Working Paper，2012，355.

［22］ Feng CM，Hsieh HC. An Empirical Study of Choosing the Core Industries of Free Trade Zones ［C］. International Conference on Logistics Systems and Intelligent Management，Harbin，2010：9－10.

［23］ Gereffi G. Humphrey J，Sturgeon T. The Governance of global value chains ［J］. Forthcoming in Review of International Policical Economy，2003，11 （4）：5－11.

［24］ Gerefi G. International Trade and Industrial Upgrading in the Apparel Commodity Chain ［J］. Journal of International Economics，1999（48）：37－70.

［25］ Goode S. ，Kartas A. Exploring Software Piracy as a Factor of Video Game Console Adoption ［J］. Behaviour & Information Technology，2012，31 （6）：547－563.

［26］ Griffiths F. Strong and Free：Canada and the New Sovereignty ［M］. Canada：Stoddart，1996：8－9.

［27］ Guan B，Fu CH，Li YW. Influences on Shanghai Free Trade Zone on China's Foreign Trade Enterprises and Countermeasures ［C］. International Conference on Global Economy，Commerce and Service Science（GECSS 2014），2014：51－53.

［28］ Guan PQ，Hao W &Xi W. Culture Industry Policy in China and the United States：A Comparative Analysis ［D］. Kennesaw State University，2009. 6.

［29］ Jesse Chu － Shore. Homogenization and Specialization Effects of International Trade：Are Cultural Goods Exceptional？ ［J］. World Development 2010，38，（1）：37－45.

［30］ Johnson RC. ，Noguera G. Accounting for Intermediates：Production Sharing and Trade in Value － Added ［J］. Journal of International Economics，2012，86，224－236.

［31］ Kadarusman Y. ，Nadvi K. Competitiveness and Technological Upgrading in Global Value Chains: Evidence from the Indonesian Electronics and Garment Sectors [J]. European Planning Studies, 2013, 21 (7): 1007 – 1028.

[32] Kaplinsky R. Technological Upgrading in Global Value Chains and Clusters and their Contribution to Sustaining Economic Growth in Low and Middle Income Economies [Z]. UNU – MERIT Working Paper, 2015, (27): 1 – 45.

[33] Keane MA. Going out and the Search for Originality in China [C]. The Annual Report on International Cultural Trade of China, Peking University Press, Beijing, 2012, 372 – 378.

[34] Kirk C. , Pitches J. Digital Reflection: Using Digital Technologies to Enhance and Embed Creative Processes [J]. Technology, Pedagogy and Education, 2013, 22 (2): 213 – 230.

[35] Koopman R. , Wang Z. , Wei S. J. Tracing Value – Added and Double Counting in Gross Exports [J]. The American Economic Review, 2014, 104 (2): 459 – 494.

[36] Lee J. , Gereffi G. Global Value Chains, Rising Power Firms and Economic and Social Upgrading [J]. Critical Perspectives on International Business, 2015, (7): 319 – 341.

[37] Liboriussen B. (Digital) Tools as Professional and Generational Identity Badges in the Chinese Creative Industries [J]. Convergence: The International Journal of Research into New Media Technologies, 2015, 21 (4): 423 – 436.

[38] Lindtner S. Hackerspaces and the Internet of Things in China: How Makers are Reinventing Industrial Production, Innovation, and the Self [J]. China Information, 2014, 28 (2): 145 – 167.

[39] LisaJo K. , Scott VD. The Extension of the Coloniality of Ower into Digital culture [J]. Symbolic Interaction, 2017, 40 (1): 133 – 135.

[40] Martins J. The Extended Workplace in a Creative Cluster: Exploring Space (s) of Digital Work in Silicon Roundabout [J]. Journal of Urban Design, 2015, 20 (1): 125 – 145.

[41] Matthew Lockwood. Creating Protective Space for Innovation in

Electricity Distribution Networks in Great Britain: The Politics of Institutional Change [J]. Environmental Innovation and Societal Transitions, 2016, 18 (3): 111 – 127.

[42] Michele H. , Lang M. User Agreements and Maker Spaces: A Content Analysis [J]. New Library World. 2015, 11: 358 – 368.

[43] Milton M. Internet Governance: Infrastructure and Institutions [J]. Journal of the American Society for Information Science & Technology, 2010, 61 (7): 1511 – 1512.

[44] Minnaert T. Footprint or Fingerprint: International Cultural Policy as Identity Policy [J]. International Journal of Cultural policy, 2014, 20 (1): 99 – 113.

[45] Newsinger J. The Politics of Regional Audio – Visual Policy in England: Or How We Learnt to Stop Worrying and Get "creative" [J]. International Journal of Cultural Policy, 2012, 18 (1): 111 – 125.

[46] Öberg NK. The Role of the Physical Work Environment for Creative Employees a Case Study of Digital Artists [J]. The International Journal of Human Resource Management, 2015, 26 (14): 1889 – 1906.

[47] Olcay G. , Bulu M. Technoparks and Technology Transfer Offices as Drivers of an Innovation Economy: Lessons from Istanbul's Innovation Spaces [J]. Journal of Urban Technology, 2016, 23 (1): 71 – 93.

[48] Paris T. , Patrick L. , David M. Technological Change at the Heart of the Creative Process: Insights from the Videogame Industry [J]. International Journal of Arts Management, 2013, 15 (2): 45 – 59.

[49] Parmentier G. , Mangematin V. Orchestrating Innovation with User Communities in the Creative Industries [J]. Technological Forecasting and Social Change, 2014, 83 (3): 40 – 53.

[50] Pauwelyn J. Squaring Free Trade in Culture with Chinese Censorship: The WTO Appellate Body Report on China – Audiovisuals, [J]. Melbourne Journal of International Law, 2010, 119 (11): 131 – 138 .

［51］Ruan TT & Ouyang YW. Effect Analysis of Cultural Trade Barrier ［J］. International Business，2010（5）．

［52］Tamar G．，Figuerola Carlos G. Ten Years of Science News：A Longitudinal Analysis of Scientific Culture in the Spanish Digital Press．［J］. Public Understanding of Science，2016，25（6）：691－705.

［53］Thomas W. How to Glean Culture from an Evolving Lnternet Richard Rogers，Digital Methods. Technology and Culture ［J］．2016，57（1）：238－241.

［54］Tian ZH，Yang N. Analysis of Sino－US Cultural Trade Deficit ［J］. 7th International Conference on Innovation and Management，Wuhan，China，2010，04－05，1036－1040.

［55］Tornhill S. Capital Visions Scripting Progress and Work in Nicaraguan Free－Trade Zones ［J］．2011，38，（5）：74－92.

［56］Venkatesh Bala & Ngo Van Long. International Trade and Cultural Diversity with Preference Selection ［J］．European Journal of Political Economy，2005，21：143.

［57］Wang J. Framing Policy Research on Chinese "Culture Industry"：Cultural Goods，Market－State Relations，and the International Free Trade Regime ［C］．Workshop on Critical Policy Studies，MIT，2003：1－16.

［58］Ziegler R. Justice and Innovation towards Principles for Creating a Fair Space for Innovation ［J］．Journal of Responsible Innovation，2015，2（2）：184－200.

［59］阿尔温·托夫勒，海勒·托夫勒．创造一个新的文明 ［M］．上海：三联出版社，1996：9.

［60］蔡一帆，童昕．全球价值链下的文化产业升级：以大芬村为例 ［J］．人文地理．2014（3）：115－120.

［61］曾令良．从"中美出版物市场准入案"上诉机构裁决看条约解释的新趋势 ［J］．法学．2010（8）：12－17.

［62］陈庚，傅才武．文化产业财政政策建构：国外经验与中国对策

[J]．理论与改革．2016（1）：169－174.

　　[63] 陈洪，张静，孙慧轩．数字创意产业：实现从无到有的突破 [J]．中国战略新兴产业．2017（1）：45－47.

　　[64] 陈宇翔，郑自立．中国文化产业政策的架构、效能与完善方向 [J]．南京社会科学．2016（1）：143－148.

　　[65] 程丽仙．数字创意成经济增长新动力 [N]．中国文化报，2016－09－30.

　　[66] 池仁勇，邵小芬，吴宝．全球价值链治理、驱动力和创新理论探析 [J]．外国经济与管理，2006（3）：24－30.

　　[67] 戴翔，郑岚．制度质量如何影响中国攀升全球价值链 [J]．国际贸易问题，2015（12）：51－63.

　　[68] 戴翔．创意产品贸易决定因素及对双边总贸易的影响 [J]．世界经济研究，2010（6）：46－56.

　　[69] 杜颖．中国（上海）自由贸易试验区知识产权保护的构想 [J]．法学，2014（1）：36－42

　　[70] 方慧，尚雅楠．基于动态钻石模型的中国文化贸易竞争力研究 [J]．世界经济研究，2012（1）：44－50.

　　[71] 方英，魏婷，虞海侠．中日韩文化创意产品贸易竞争关系的实证分析 [J]．亚太经济，2012（2）：85－88.

　　[72] 冯子标．分工，比较优势与文化产业发展 [J]．中国流通经济，2004（9）：19－22.

　　[73] 傅才武，陈庚．当代中国艺术表演行业的市场适应性问题及其对国家政策环境的特殊要求 [J]．艺术百家，2011（1）：11－16.

　　[74] 顾江．全球价值链视角下文化产业升级的路径选择 [J]．艺术评论，2009（9）：80－86.

　　[75] 关萍萍．我国文化产业政策体系的3P评估 [J]．西南民族大学学报（人文社会科学版），2012（1）：144－149.

　　[76] 郭国峰，郑召锋．我国中部六省文化产业发展绩效评价与研究 [J]．中国工业经济，2009（12）：76－85

［77］郭新茹，顾江，朱文静．中韩文化贸易竞争性和互补性的实证研究［J］．江西社会科学，2010（2）：73 - 77.

［78］郭新茹，刘冀，唐月民．价值链视角下我国文化产业参与国际分工现状的实证研究——基于技术含量的测度［J］．经济经纬，2014（5）：81 - 86.

［79］郭玉军，李华成．欧美文化产业税收优惠法律制度及其对我国的启示［J］．武汉大学学报（哲学社会科学版），2012（1）：5 - 10.

［80］国家文化部对外文化联络局和北京大学文化产业研究院．中国对外文化贸易年度报告（2012）［R］．北京：北京大学出版社，2013：3 - 4.

［81］洪世勤，刘厚俊．中国服务业分行业出口技术复杂度问题研究［J］．江淮论坛，2014（06）：77 - 81.

［82］胡国恒．利益博弈视角下本土企业的价值链升级与能力构建［J］．世界经济研究，2013（09）：10 - 16.

［83］胡环中．自贸区将成艺术品进出国门最佳通道［N］．上海证券报，2014 - 01 - 06（008 版）.

［84］胡惠林．中国文化产业战略力量的发展方向——兼论金融危机下的中国文化产业新政［J］．学术月刊，2009（8）：17 - 24.

［85］花建．上海自贸区：增强文化产业竞争力的集结号［N］．中国文化报，2014 - 01 - 18.

［86］花建．中国对外文化贸易体系构建研究［J］．学习与探索，2013（7）：90 - 95.

［87］黄欣，占绍文．文化产业绩效评估指标体系的构建［J］．统计与决策，2012（19）：41 - 43.

［88］蒋多，杨乔．微笑曲线中的价值链攀升之路——中国自主研发网络游戏"走出去"的第一个十年［J］．国际文化管理，2016（01）：100 - 111.

［89］蒋晓丽，朱亚希．裂变跨界，创新：互联网 + 传媒业的三重图景［J］．新闻爱好者，2015（12）：16 - 20.

［90］解学芳，臧志彭．"互联网 +"背景下的网络文化产业生态治理

［J］. 科研管理, 2016 (02): 80 – 89.

[91] 解学芳. 基于技术和制度协同创新的国家文化产业治理 ［J］. 社会科学研究, 2015 (02): 50 – 57.

[92] 兰相洁, 焦琳. 文化产业财税支持政策的国际比较及启示 ［J］. 中国财政, 2012 (15): 76 – 78.

[93] 李凤亮, 宗祖盼. 科技背景下文化产业业态裂变与跨界融合 ［J］. 学术研究, 2015 (01): 137 – 141.

[94] 李怀亮, 佟雪娜. 数字化条件下国际文化贸易的新趋势 ［J］. 中国文化研究, 2012 (3): 130 – 138.

[95] 李怀亮, 虞海侠. 我国文化产品和文化服务出口结构及竞争力分析 ［J］. 国际贸易, 2013 (9): 59 – 66.

[96] 李建军, 孙慧. 全球价值链分工、制度质量与丝绸之路经济带建设研究 ［J］. 国际贸易问题, 2016 (4): 40 – 49.

[97] 李小牧, 王海文. 文化保税区: 新形势下的实践与理论探索 ［J］. 国际贸易, 2012 (4): 4 – 7.

[98] 李智永, 景维民. 中国文化创意产业的低端锁定困局与突围 ［J］. 现代管理科学, 2015 (7): 88 – 90.

[99] 梁昭. 构建我国文化贸易统计指标体系之研究 ［J］. 国际贸易, 2010 (11): 32 – 38.

[100] 刘奕, 夏杰长. 全球价值链下服务业集聚区的嵌入与升级——创意产业的案例分析 ［J］. 中国工业经济, 2009 (12): 56 – 65.

[101] 刘英基. 高技术产业技术创新、制度创新与产业高端化协同发展研究——基于复合系统协同度模型的实证分析 ［J］. 科技进步与对策, 2015 (02): 66 – 72.

[102] 刘战武. 金融创新支持区域文化产业发展的对策 ［J］. 当代经济, 2012 (19): 8 – 10.

[103] 刘志彪. 从全球价值链转向全球创新链: 新常态下中国产业发展新动力 ［J］. 学术月刊, 2015 (2): 5 – 14.

[104] 吕方. 国际产业分工与中国文化产业 ［J］. 世界经济与政治论

坛，2006（11）：4-11.

［105］马群杰，汪明生. 经济演进趋势下的文化产业发展研究——以台湾台南为基础的分析与比较［J］. 公共管理学报，2009（3）：84-91.

［106］马冉. 论 WTO 自由贸易体制内文化政策的选择空间——兼论中国文化政策措施的建议［J］. 河南省政法管理干部学院学报，2009（02）：68-76.

［107］迈克尔. 波特. 竞争优势［M］. 陈小悦，译. 北京：华夏出版社，2005：168-171.

［108］毛蕴诗，王婕，郑奇志. 重构全球价值链：中国管理研究的前沿领域——基于 SSCI 和 CSSCI（2002-2015 年）的文献研究［J］. 学术研究，2015（11）：85-93.

［109］梅国平，刘珊，封福育. 文化产业的产业关联研究——基于网络交易大数据［J］. 经济管理，2014（11）：25-36.

［110］孟东梅，姜延书，何思浩. 中国服务业在全球价值链中的地位演变——基于增加值核算的研究［J］. 经济问题，2017（1）：79-84.

［111］聂聆. 全球价值链分工地位的研究进展及评述［J］. 中南财经政法大学学报，2016（6）：102-112.

［112］潘嘉玮. 加入世界贸易组织后中国文化产业政策与立法研究［M］. 北京：人民出版社，2006：212-216.

［113］裴长洪. 上海自贸区亟待研究十个问题［N］. 第一财经日报，2014-02-18.

［114］彭纪生，仲为国，孙文祥. 政策测量、政策协同演变与经济绩效：基于创新政策的实证研究［J］. 管理世界，2008（9）：25-36.

［115］彭岳. 贸易与道德：中美文化产品争端的法律分析［J］. 中国社会科学，2009（2）：136-148.

［116］戚骥. 支持文化产业发展的税收政策研究［J］. 财政研究，2013（6）：37-39.

［117］阮婷婷，欧阳有旺. 文化贸易壁垒的效应分析［J］. 国际商务，2010（5）：25-31.

［118］上海财经大学自由贸易区研究院，上海发展研究院．全球 100 个自由贸易区概览（上、下）［M］．上海财经大学出版社，2014.

［119］尚涛，陶蕴芳．我国创意产业中的国际分工研究——基于典型发达国家和发展中国家的比较分析［J］．世界经济研究，2011（2）：40 - 47.

［120］眭纪刚，陈芳．新兴产业技术与制度的协同演化［J］．科学学研究，2016（02）：186 - 193.

［121］谈国新，郝挺雷．科技创新视角下我国文化产业向全球价值链高端跃升的路径［J］．华中师范大学学报（人文社会科学版），2015（2）：54 - 61.

［122］田蕾．价值链视角下的文化产业与科技创新融合分析［J］．新闻界，2013（13）：61 - 65.

［123］田思，高长春．中国创意产品贸易出口技术复杂度变化趋势研究［J］．研究与发展管理，2015（4）：54 - 59.

［124］王飞，郭孟珂．我国纺织服装业在全球价值链中的地位［J］．国际贸易问题，2014（12）：14 - 24.

［125］王红梅，杨燕英，王红．数字创意产业生态环境研究：模型构建及应用［J］．现代传播（中国传媒大学学报），2010（07）：143 - 144.

［126］王缉慈，梅丽霞，谢坤泽．企业互补性资产与深圳动漫产业集群的形成［J］．经济地理，2008（1）：49 - 54.

［127］王娜．全球价值链下文化产业集群升级探析［J］．国际文化管理，2016（6）：177 - 186.

［128］王香茜．税收政策促进文化产业发展的对策研究［J］．未来与发展，2013（2）：65 - 68.

［129］吴承忠，牟阳．从 WTO 与"文化例外"看国际文化贸易规则［J］．国际贸易问题，2013（3）：132 - 142.

［130］夏光富，刘应海．数字创意产业的特征分析［J］．当代传播，2010（03）：70 - 71.

［131］向勇，范颖．中国对外文化贸易的战略方向和政策建议［A］//中国对外文化贸易年度报告（2012）　［R］．北京：北京大学出版社，

2012：29.

[132] 向勇，刘颖．国际文化产业的政策模式及对中国的启示研究 [J]．福建论坛（人文社会科学版），2016（04）：102–110.

[133] 杨吉华．过剩阶段我国文化产业政策的取向 [J]．现代经济探讨，2013（7）：44–48.

[134] 杨吉华．论我国文化产业政策的缺失及完善途径 [J]．南京政治学院学报，2007（3）：55–58.

[135] 杨秀云，郭永．基于钻石模型的我国创意产业国际竞争力研究 [J]．当代经济科学，2010（1）：90–97.

[136] 俞荣建，文凯．揭开 GVC 治理"黑箱"：结构、模式、机制及其影响——基于 12 个浙商代工关系的跨案例研究 [J]．管理世界，2011（08）：142–154.

[137] 占绍文，辛武超．文化差异对文化创意产业双边贸易影响的实证研究 [J]．国际商务研究，2013（1）：76–87.

[138] 张二震．从贸易大国走向贸易强国的战略选择 [J]．世界经济研究，2016（10）：6–8.

[139] 张仁寿，黄小军，王朋．基于 DEA 的文化产业绩效评价实证研究 [J]．中国软科学，2011（2）：183–192.

[140] 张扬．文化金融创新呼唤合理定价机制 [N]．中国文化报，2014–01–04.

[141] 赵振．"互联网＋"跨界经营：创造性破坏视角 [J]．中国工业经济，2015（10）：146–160.

[142] 周城雄，周庆山．我国数字内容产业政策演变及分析 [J]．学习与实践，2013（12）：115–123.

[143] 周升起，张鹏．中国创意服务国际分工地位及其演进 [J]．国际经贸探索，2014（10）：39–50.

[144] 周子学．上海自由贸易区对我国信息产业的影响 [J]．现代产业经济，2013（11）：7–10.

[145] 朱宁．上海自贸区试验改革的风险控制 [N]．第一财经日报，

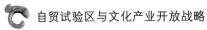

2013 – 10 – 24（A07）.

附　　录

一、全面深化中国（上海）自由贸易试验区改革开放方案

国务院关于印发全面深化中国（上海）
自由贸易试验区改革开放方案的通知

国发〔2017〕23 号

各省、自治区、直辖市人民政府，国务院各部委、各直属机构：

现将《全面深化中国（上海）自由贸易试验区改革开放方案》印发给你们，请认真贯彻执行。

国务院
2017 年 3 月 30 日

全面深化中国（上海）自由贸易试验区改革开放方案

建设中国（上海）自由贸易试验区（以下简称自贸试验区）是党中央、国务院在新形势下全面深化改革和扩大开放的战略举措。自贸试验区建设三年多来取得重大进展，总体达到预期目标。为贯彻落实党中央、国务院决策部署，对照国际最高标准、最好水平的自由贸易区，全面深化自贸试验区改革开放，加快构建开放型经济新体制，在新一轮改革开放中进一步发挥引领示范作用，制定本方案。

一、总体要求

（一）指导思想。全面贯彻党的十八大和十八届三中、四中、五中、六中全会精神，深入贯彻习近平总书记系列重要讲话精神和治国理政新理念新思想新战略，认真落实党中央、国务院决策部署，统筹推进"五位一体"总体布局和协调推进"四个全面"战略布局，坚持稳中求进工作总基调，坚定践行新发展理念，坚持以制度创新为核心，继续解放思想、勇于突破、当好标杆，进一步对照国际最高标准、查找短板弱项，大胆试、大胆闯、自主改，坚持全方位对外开放，推动贸易和投资自由化便利化，加大压力测试，切实有效防控风险，以开放促改革、促发展、促创新；进一步加强与上海国际金融中心和具有全球影响力的科技创新中心建设的联动，不断放大政策集成效应，主动服务"一带一路"建设和长江经济带发展，形成经济转型发展新动能和国际竞争新优势；更大力度转变政府职能，加快探索一级地方政府管理体制创新，全面提升政府治理能力；发挥先发优势，加强改革系统集成，力争取得更多可复制推广的制度创新成果，进一步彰显全面深化改革和扩大开放试验田作用。

（二）建设目标。到 2020 年，率先建立同国际投资和贸易通行规则相衔接的制度体系，把自贸试验区建设成为投资贸易自由、规则开放透明、监管公平高效、营商环境便利的国际高标准自由贸易园区，健全各类市场主体平等准入和有序竞争的投资管理体系、促进贸易转型升级和通关便利的贸易监管服务体系、深化金融开放创新和有效防控风险的金融服务体系、符合市场经济规则和治理能力现代化要求的政府管理体系，率先形成法治化、国际化、便利化的营商环境和公平、统一、高效的市场环境。强化自贸试验区改革同上海市改革的联动，各项改革试点任务具备条件的在浦东新区范围内全面实施，或在上海市推广试验。

二、加强改革系统集成，建设开放和创新融为一体的综合改革试验区

加强制度创新的系统性、整体性、协同性，围绕深化投资管理体制改革、优化贸易监管服务体系、完善创新促进机制，统筹各环节改革，增强各部门

协同，注重改革举措的配套组合，有效破解束缚创新的瓶颈，更大程度激发市场活力。

（三）建立更加开放透明的市场准入管理模式。实施市场准入负面清单和外商投资负面清单制度。在完善市场准入负面清单的基础上，对各类市场主体实行一致管理的，进一步优化、简化办事环节和流程，对业务牌照和资质申请统一审核标准和时限，促进公平竞争。进一步提高外商投资负面清单的透明度和市场准入的可预期性。实施公平竞争审查制度，清理和取消资质资格获取、招投标、权益保护等方面存在的差别化待遇，实现各类市场主体依法平等准入清单之外的行业、领域和业务。

（四）全面深化商事登记制度改革。保障企业登记自主权，尊重企业自主经营的权利。开展企业名称登记制度改革，除涉及前置审批事项或企业名称核准与企业登记不在同一机关外，企业名称不再预先核准。放宽住所（经营场所）登记条件，有效释放场地资源。优化营业执照的经营范围等登记方式。推行全程电子化登记和电子营业执照改革试点。探索建立普通注销登记制度和简易注销登记制度相互配套的市场主体退出制度。开展"一照多址"改革试点。

（五）全面实现"证照分离"。深化"先照后证"改革，进一步加大探索力度。把涉及市场准入的许可审批事项适时纳入改革试点，能取消的全部取消，需要保留审批的，按照告知承诺和加强市场准入管理等方式进一步优化调整，在改革许可管理方式、完善风险防范措施的基础上，进一步扩大实行告知承诺的领域。加强许可管理与企业设立登记管理的衔接，实现统一社会信用代码在各许可管理环节的"一码贯通"。实施生产许可"一企一证"，探索取消生产许可证产品检验。

（六）建成国际先进水平的国际贸易"单一窗口"。借鉴联合国国际贸易"单一窗口"标准，实施贸易数据协同、简化和标准化。纳入海港、空港和海关特殊监管区域的物流作业功能，通过银行机构或非银行支付机构建立收费账单功能，便利企业办理支付和查询。实现物流和监管等信息的交换共享，为进出口货物质量安全追溯信息的管理和查询提供便利。推动将国际贸易"单一窗口"覆盖领域拓展至服务贸易，逐步纳入技术贸易、服务外包、维修服务等，待条件成熟后逐步将服务贸易出口退（免）税申报纳入"单一窗口"管理。与国家层面"单一窗口"标准规范融合对接，推进长江经济带跨区域通关业务办理，加强数据衔接和协同监管。

（七）建立安全高效便捷的海关综合监管新模式。深化实施全国海关通关一体化、"双随机、一公开"监管以及"互联网＋海关"等举措，进一步改革海关业务管理方式，对接国际贸易"单一窗口"，建立权责统一、集成集约、智慧智能、高效便利的海关综合监管新模式。综合应用大数据、云计算、互联网和物联网技术，扩大"自主报税、自助通关、自动审放、重点稽核"试点范围。深化"一线放开""二线安全高效管住"改革，强化综合执法，推进协同治理，探索设立与"区港一体"发展需求相适应的配套管理制度。创新加工贸易出口货物专利纠纷担保放行方式。支持海关特殊监管区域外的企业开展高附加值、高技术、无污染的维修业务。深入实施货物状态分类监管，研究将试点从物流仓储企业扩大到贸易、生产加工企业，具备条件时，在上海市其他符合条件的海关特殊监管区域推广实施。

（八）建立检验检疫风险分类监管综合评定机制。完善进口商品风险预警快速反应机制，加强进口货物不合格风险监测，实施消费品等商品召回制度。建立综合应用合格评定新机制，设立国家质量基础检验检疫综合应用示范园区。在制定发布不适用于第三方检验结果采信目录清单基础上，积极推进扩大商品和项目的第三方检验结果采信。探索扩大检验鉴定结果国际互认的范围。

（九）建立具有国际竞争力的创新产业监管模式。优化生物医药全球协同研发的试验用特殊物品的准入许可，完善准入许可的内容和方式。完善有利于提升集成电路全产业链国际竞争力的海关监管模式。研究制定再制造旧机电设备允许进口目录，在风险可控的前提下，试点数控机床、工程设备、通信设备等进口再制造。探索引入市场化保险机制，提高医药生产等领域的监管效率。

（十）优化创新要素的市场配置机制。完善药品上市许可持有人制度。允许自贸试验区内医疗器械注册申请人委托上海市医疗器械生产企业生产产品。健全完善更加符合社会主义市场经济规律、人才成长规律和人才发展流动规律的人才认定标准和推荐方式，标准统一、程序规范的外国人来华工作许可制度及高效、便捷的人才签证制度，吸引更多外籍高层次人才参与创新创业，为其提供出入境和停居留便利，并按规定享受我国鼓励创新创业的相关政策。根据法律法规规定，支持持有外国人永久居留证的外籍高层次人才创办科技型企业，给予与中国籍公民同等待遇。深化上海股权托管交易中心"科技创新板"试点，完善对科创企业的金融服务。支持外资企业设立联合创新平台，协同本土中小微企业开展创新成果产业化项目推进。深化推进金融中心与科技创新中心建设相结合的科技金融模式创新。

（十一）健全知识产权保护和运用体系。充分发挥专利、商标、版权等知识产权引领作用，打通知识产权创造、运用、保护、管理和服务的全链条，提升知识产权质量和效益。以若干优势产业为重点，进一步简化和优化知识产权审查和注册流程，创新知识产权快速维权工作机制。探索互联网、电子商务、大数据等领域的知识产权保护规则。建立健全知识产权服务标准，完善知识产权服务体系。完善知识产权纠纷多元解决机制。支持企业运用知识产权进行海外股权投资。创新发展知识产权金融服务。深化完善有利于激励创新的知识产权归属制度。

三、加强同国际通行规则相衔接，建立开放型经济体系的风险压力测试区

按照国际最高标准，为推动实施新一轮高水平对外开放进行更为充分的压力测试，探索开放型经济发展新领域，形成适应经济更加开放要求的系统试点经验。

（十二）进一步放宽投资准入。最大限度缩减自贸试验区外商投资负面清单，推进金融服务、电信、互联网、文化、文物、维修、航运服务等专业服务业和先进制造业领域对外开放。除特殊领域外，取消对外商投资企业经营期限的特别管理要求。对符合条件的外资创业投资企业和股权投资企业开展境内投资项目，探索实施管理新模式。完善国家安全审查、反垄断审查等投资审查制度。

（十三）实施贸易便利化新规则。优化口岸通关流程，推进各环节监管方式改革，探索公布涵盖各通关环节的货物平均放行时间。最大限度实现覆盖船舶抵离、港口作业、货物通关等口岸作业各环节的全程无纸化，推进贸易领域证书证明的电子化管理。深化亚太示范电子口岸网络试点。推动实施原产地预裁定制度。根据自由贸易协定规定，推动实施原产地自主声明制度。推进企业信用等级的跨部门共享，对高信用等级企业降低查验率。深化完善安全预警和国际竞争力提升的产业安全保障机制。

（十四）创新跨境服务贸易管理模式。在风险可控的前提下，加快推进金融保险、文化旅游、教育卫生等高端服务领域的贸易便利化。提高与服务贸易相关的货物暂时进口便利，拓展暂时进口货物单证制度适用范围，延长单证册的有效期。探索兼顾安全和效率的数字产品贸易监管模式。大力发展中医药服务贸易，扩大中医药服务贸易国际市场准入，推动中医药海外创新发展。深化国际船舶登记制度创新，进一步便利国际船舶管理企业从事海员外派服务。在合适领域分层次逐步取消或放宽对跨境交付、自然人移动等模式的服务贸易限制措施。探索完善服务贸易统计体系，建立服务贸易监测制度。

（十五）进一步深化金融开放创新。加强与上海国际金融中心建设的联动，积极有序实施《进一步推进中国（上海）自由贸易试验区金融开放创新试点加快上海国际金融中心建设方案》。加快构建面向国际的金融市场体系，建设人民币全球服务体系，有序推进资本项目可兑换试点。加快建立金融监管协调机制，提升金融监管能力，防范金融风险。

（十六）设立自由贸易港区。在洋山保税港区和上海浦东机场综合保税区等海关特殊监管区域内，设立自由贸易港区。对标国际最高水平，实施更高标准的"一线放开""二线安全高效管住"贸易监管制度。根据国家授权实行集约管理体制，在口岸风险有效防控的前提下，依托信息化监管手段，取消或最大程度简化入区货物的贸易管制措施，最大程度简化一线申报手续。探索实施符合国际通行做法的金融、外汇、投资和出入境管理制度，建立和完善风险防控体系。

四、进一步转变政府职能，打造提升政府治理能力的先行区

加强自贸试验区建设与浦东新区转变一级地方政府职能的联动，系统推进简政放权、放管结合、优化服务改革，在行政机构改革、管理体制创新、运行机制优化、服务方式转变等方面改革创新，全面提升开放环境下政府治理能力。

（十七）健全以简政放权为重点的行政管理体制。加快推进简政放权，深化行政审批制度改革。以厘清政府、市场、社会关系为重点，进一步取消和简化审批事项，最大限度地给市场放权。推动实现市场准入、执业资格等领域的管理方式转变。深化大部门制改革，在市场监管、经济发展、社会管理和公共服务、改革和法制、环保和城建五个职能模块，按照精简高效原则形成跨部门的协同机制。

（十八）深化创新事中事后监管体制机制。按照探索建立新的政府经济管理体制要求，深化分类综合执法改革，围绕审批、监管、执法适度分离，完善市场监管、城市管理领域的综合执法改革。推进交通运输综合行政执法改革，加强执法协调。将异常名录信息归集范围扩大到市场监管以外的行政部门，健全跨部门"双告知、双反馈、双跟踪"许可办理机制和"双随机、双评估、双公示"监管协同机制。落实市场主体首负责任制，在安全生产、产品质量、环境保护等领域建立市场主体社会责任报告制度和责任追溯制度。鼓励社会力量参与市场监督，建立健全会计、审计、法律、检验检测认证等第三方专业机构参与市场监管的制度安排。

（十九）优化信息互联共享的政府服务体系。加快构建以企业需求为导向、大数据分析为支撑的"互联网＋政务服务"体系。建立央地协同、条块衔接的信息共享机制，明确部门间信息互联互通的边界规则。以数据共享为基础，再造业务流程，实现市场准入"单窗通办""全网通办"，个人事务"全区通办"，政务服务"全员协办"。探索建立公共信用信息和金融信用信息互补机制。探索形成市场主体信用等级标准体系，培育发展信用信息专业服务市场。

五、创新合作发展模式，成为服务国家"一带一路"建设、推动市场主体走出去的桥头堡

坚持"引进来"和"走出去"有机结合，创新经贸投资合作、产业核心技术研发、国际化融资模式，探索搭建"一带一路"开放合作新平台，建设

服务"一带一路"的市场要素资源配置功能枢纽，发挥自贸试验区在服务
"一带一路"战略中的辐射带动作用。

（二十）以高标准便利化措施促进经贸合作。对接亚太示范电子口岸网
络，积极推进上海国际贸易"单一窗口"与"一带一路"沿线口岸的信息互
换和服务共享。率先探索互联互通监管合作新模式，在认证认可、标准计量
等方面开展多双边合作交流。加快建设门户复合型国际航空枢纽。促进上海
港口与21世纪海上丝绸之路航线港口的合作对接，形成连接国内外重点口岸
的亚太供应链中心枢纽。建立综合性对外投资促进机构和境外投资公共信息
服务平台，在法律查明和律师服务、商事纠纷调解和仲裁、财务会计和审计
服务等方面开展业务合作。打造"一带一路"产权交易中心与技术转移平
台，促进"一带一路"产业科技合作。积极推进能源、港口、通信、高端装
备制造等领域的国际产能合作和建设能力合作。

（二十一）增强"一带一路"金融服务功能。推动上海国际金融中心与
"一带一路"沿线国家和地区金融市场的深度合作、互联互通。加强与境外
人民币离岸市场战略合作，稳妥推进境外机构和企业发行人民币债券和资产
证券化产品，支持优质境外企业利用上海资本市场发展壮大，吸引沿线国家
央行、主权财富基金和投资者投资境内人民币资产，为"一带一路"重大项
目提供融资服务。大力发展海外投资保险、出口信用保险、货物运输保险、
工程建设保险等业务，为企业海外投资、产品技术输出、承接"一带一路"
重大工程提供综合保险服务。支持金砖国家新开发银行的发展。

（二十二）探索具有国际竞争力的离岸税制安排。适应企业参与国际竞
争和服务"一带一路"建设的需求，在不导致税基侵蚀和利润转移的前提
下，基于真实贸易和服务背景，结合服务贸易创新试点工作，研究探索服务
贸易创新试点扩围的税收政策安排。

六、服务全国改革开放大局，形成更多可复制推广的制度创新成果

紧紧把握自贸试验区的基本定位，坚持先行先试，充分发挥各方面的改革
创新主动性和创造性，为全面深化改革和扩大开放，取得更多制度创新成果。

（二十三）加快形成系统性的改革经验和模式。把理念创新、体制机制

创新、政策创新和加强风险防控等方面的改革试点经验作为重点，加强试点经验的总结和系统集成。对于市场准入、贸易便利化、创新发展体制机制等领域的改革，加快形成可以在全国复制推广的经验。对于进一步扩大开放、对接高标准国际经贸规则等压力测试事项，积极探索经验，为国家推进构建多双边经贸合作新格局做好政策储备。对于政府管理模式创新等改革事项，在改革理念和组织推进等方面总结形成可供其他地区借鉴的改革经验。

七、抓好工作落实

在国务院自由贸易试验区工作部际联席会议统筹协调下，充分发挥地方和部门的积极性，抓好改革措施的落实。按照总体筹划、分步实施、率先突破、逐步完善的原则，各有关部门要大力支持，及时制定实施细则或办法，加强指导和服务；对涉及法律法规调整的改革事项，及时强化法制保障，做好与相关法律立改废释的衔接，共同推进相关体制机制创新，并注意加强监管、防控风险。上海市要把握基本定位，强化使命担当，创新思路、寻找规律、解决问题、积累经验，完善工作机制，系统推进改革试点任务的落实，继续当好全国改革开放排头兵、创新发展先行者。重大事项要及时向国务院请示报告。

二、自由贸易试验区外商投资准入特别管理措施（2017年版）

国务院办公厅关于印发自由贸易试验区
外商投资准入特别管理措施（负面清单）
（2017年版）的通知
国办发〔2017〕51号

各省、自治区、直辖市人民政府，国务院各部委、各直属机构：

《自由贸易试验区外商投资准入特别管理措施（负面清单）（2017年

版)》已经国务院同意，现印发给你们。此次修订进一步放宽外商投资准入，是实施新一轮高水平对外开放的重要举措。各地区、各部门要认真贯彻执行，增强服务意识，提高监管水平，有效防控风险。实施中的重大问题，要及时向国务院请示报告。

《自由贸易试验区外商投资准入特别管理措施（负面清单）（2017 年版）》自 2017 年 7 月 10 日起实施。2015 年 4 月 8 日印发的《自由贸易试验区外商投资准入特别管理措施（负面清单）》同时废止。

国务院办公厅
2017 年 6 月 5 日

自由贸易试验区外商投资准入特别管理措施（负面清单）（2017 年版）
说　明

一、《自由贸易试验区外商投资准入特别管理措施（负面清单）（2017 年版）》（以下简称《自贸试验区负面清单》）依据现行有关法律法规制定，已经国务院批准，现予以发布。负面清单列明了不符合国民待遇等原则的外商投资准入特别管理措施，适用于自由贸易试验区（以下简称自贸试验区）。

二、《自贸试验区负面清单》依据《国民经济行业分类》（GB/T 4754—2011）划分为 15 个门类、40 个条目、95 项特别管理措施，与上一版相比，减少了 10 个条目、27 项措施。其中特别管理措施包括具体行业措施和适用于所有行业的水平措施。

三、《自贸试验区负面清单》中未列出的与国家安全、公共秩序、公共文化、金融审慎、政府采购、补贴、特殊手续、非营利组织和税收相关的特别管理措施，按照现行规定执行。自贸试验区内的外商投资涉及国家安全的，须按照《自由贸易试验区外商投资国家安全审查试行办法》进行安全审查。

四、《自贸试验区负面清单》之内的非禁止投资领域，须进行外资准入许可。《自贸试验区负面清单》之外的领域，在自贸试验区内按照内外资一致原则实施管理。

五、香港特别行政区、澳门特别行政区、台湾地区投资者在自贸试验区内投资参照《自贸试验区负面清单》执行。内地与香港特别行政区、澳门特别行政区关于建立更紧密经贸关系的安排及其补充协议，《海峡两岸经济合作框架协议》，我国签署的自贸协定中适用于自贸试验区并对符合条件的投资者有更优惠的开放措施的，按照相关协议或协定的规定执行。

自由贸易试验区外商投资准入特别管理措施（负面清单）（2017 年版）

序号	领域	特别管理措施
一、农、林、牧、渔业		
（一）	种业	1. 禁止投资中国稀有和特有的珍贵优良品种的研发、养殖、种植以及相关繁殖材料的生产（包括种植业、畜牧业、水产业的优良基因）。 2. 禁止投资农作物、种畜禽、水产苗种转基因品种选育及其转基因种子（苗）生产。 3. 农作物新品种选育和种子生产须由中方控股。 4. 未经批准，禁止采集农作物种质资源。
（二）	渔业	5. 在中国境内及其管辖水域从事渔业活动，须经中国政府批准；不得注册登记中国籍渔业船舶。
二、采矿业		
（三）	专属经济区、大陆架和其他管辖海域勘探开发	6. 对中国专属经济区、大陆架和其他管辖海域的勘查、钻探、开发活动，须经中国政府批准。
（四）	石油和天然气开采及开采辅助活动	7. 投资石油、天然气、煤层气的勘探、开发，须通过与中国政府批准的具有对外合作专营权的油气公司签署产品分成合同方式进行。

续表

序号	领域	特别管理措施
（五）	有色金属矿和非金属矿采选和开采辅助活动	8. 禁止投资稀土勘查、开采及选矿；未经允许，禁止进入稀土矿区或取得矿山地质资料、矿石样品及生产工艺技术。 9. 禁止投资钨、钼、锡、锑、萤石的勘查、开采。 10. 禁止投资放射性矿产的勘查、开采、选矿。
（六）	金属矿及非金属矿采选	11. 石墨的勘查、开采。
三、制造业		
（七）	航空制造	12. 干线、支线飞机设计、制造与维修，须由中方控股；6吨9座（含）以上通用飞机设计、制造与维修，限于合资、合作；地面、水面效应飞机制造及无人机、浮空器设计与制造，须由中方控股。
（八）	船舶制造	13. 船舶（含分段）修理、设计与制造须由中方控股。
（九）	汽车制造	14. 汽车整车、专用汽车制造，中方股比不低于50%；同一家外商可在国内建立两家以下（含两家）生产同类（乘用车类、商用车类）整车产品的合资企业，如与中方合资伙伴联合兼并国内其他汽车生产企业可不受两家的限制。
（十）	通信设备制造	15. 卫星电视广播地面接收设施及关键件生产。
（十一）	有色金属冶炼和压延加工及放射性矿产冶炼、加工	16. 钨冶炼。 17. 稀土冶炼、分离限于合资、合作。 18. 禁止投资放射性矿产冶炼、加工。
（十二）	中药饮片加工及中成药生产	19. 禁止投资中药饮片的蒸、炒、炙、煅等炮制技术的应用及中成药保密处方产品的生产。
（十三）	核燃料及核辐射加工	20. 核燃料、核材料、铀产品以及相关核技术的生产经营和进出口由具有资质的中央企业实行专营。 21. 国有或国有控股企业才可从事放射性固体废物处置活动。
（十四）	其他制造业	22. 禁止投资象牙雕刻、虎骨加工、宣纸和墨锭生产等民族传统工艺。

序号	领域	特别管理措施
四、电力、热力、燃气及水生产和供应业		
（十五）	核力发电	23. 核电站的建设、经营须由中方控股。
（十六）	管网设施	24. 城市人口50万以上的城市燃气、热力和供排水管网的建设、经营须由中方控股。 25. 电网的建设、经营须由中方控股。
五、批发和零售业		
（十七）	专营及特许经营	26. 禁止投资烟叶、卷烟、复烤烟叶及其他烟草制品的生产、批发、零售、进出口。 27. 对中央储备粮（油）实行专营制度。中国储备粮管理总公司具体负责中央储备粮（油）的收购、储存、经营和管理。 28. 对免税商品销售业务实行特许经营和集中统一管理。 29. 对彩票发行、销售实行特许经营，禁止在中华人民共和国境内发行、销售境外彩票。
六、交通运输、仓储和邮政业		
（十八）	铁路运输	30. 铁路干线路网的建设、经营须由中方控股。 31. 铁路旅客运输公司须由中方控股。
（十九）	水上运输	32. 水上运输公司（上海自贸试验区内设立的国际船舶运输企业除外）须由中方控股，且不得经营或以租用中国籍船舶或者舱位等方式变相经营国内水路运输业务及其辅助业务（包括国内船舶管理、国内船舶代理、国内水路旅客运输代理和国内水路货物运输代理业务等）。 33. 水路运输经营者不得使用外国籍船舶经营国内水路运输业务，但经中国政府批准，在国内没有能够满足所申请运输要求的中国籍船舶，并且船舶停靠的港口或者水域为对外开放的港口或者水域的情况下，水路运输经营者可以在中国政府规定的期限或者航次内，临时使用外国籍船舶经营中国港口之间的海上运输和拖航。 34. 国际、国内船舶代理企业外资股比不超过51%。

序号	领域	特别管理措施
（二十）	航空客货运输	35. 公共航空运输企业须由中方控股，单一外国投资者（包括其关联企业）投资比例不超过 25%。企业法定代表人须由中国籍公民担任。只有中国公共航空运输企业才能经营国内航空服务（国内载运权），并作为中国指定承运人提供定期和不定期国际航空服务。
（二十一）	通用航空服务	36. 通用航空企业限于合资，除专门从事农、林、渔作业的通用航空企业以外，其他通用航空企业须由中方控股。企业法定代表人须由中国籍公民担任。外籍航空器或者外籍人员使用中国航空器在中国境内进行通用航空飞行活动须取得批准。
（二十二）	机场与空中交通管理	37. 禁止投资和经营空中交通管制系统。 38. 民用机场的建设、经营须由中方相对控股。
（二十三）	邮政业	39. 禁止投资邮政企业和经营邮政服务。 40. 禁止投资经营信件的国内快递业务。
七、信息传输、软件和信息技术服务业		
（二十四）	电信	41. 电信公司限于从事中国入世承诺开放的电信业务，其中：增值电信业务（电子商务除外）外资比例不超过 50%，基础电信业务经营者须为依法设立的专门从事基础电信业务的公司，且公司国有股权或股份不少于 51%（上海自贸试验区原有区域〔28.8 平方公里〕按既有政策执行）。
（二十五）	互联网和相关服务	42. 禁止投资互联网新闻信息服务、网络出版服务、网络视听节目服务、网络文化经营（音乐除外）、互联网公众发布信息服务（上述服务中，中国入世承诺中已开放的内容除外）。 43. 禁止从事互联网地图编制和出版活动（上述服务中，中国入世承诺中已开放的内容除外）。 44. 互联网新闻信息服务单位与外国投资者进行涉及互联网新闻信息服务业务的合作，应报经中国政府进行安全评估。

序号	领域	特别管理措施
八、金融业		
（二十六）	银行服务	45. 境外投资者投资银行业金融机构，应为金融机构或特定类型机构。具体要求： （1）外商独资银行股东、中外合资银行外方股东应为金融机构，且外方唯一或者控股/主要股东应为商业银行； （2）投资中资商业银行、信托公司的应为金融机构； （3）投资农村商业银行、农村合作银行、农村信用（合作）联社、村镇银行的应为境外银行； （4）投资金融租赁公司的应为金融机构或融资租赁公司； （5）消费金融公司的主要出资人应为金融机构； （6）投资货币经纪公司的应为货币经纪公司； （7）投资金融资产管理公司的应为金融机构，且不得参与发起设立金融资产管理公司； （8）法律法规未明确的应为金融机构。 46. 境外投资者投资银行业金融机构须符合一定数额的总资产要求，具体要求如下： （1）取得银行控股权益的外国投资者，以及投资中资商业银行、农村商业银行、农村合作银行、村镇银行、贷款公司和其他银行的外国投资者，提出申请前1年年末总资产应不少于100亿美元； （2）投资农村信用（合作）联社、信托公司的外国投资者，提出申请前1年年末总资产应不少于10亿美元； （3）拟设分行的外国银行，提出申请前1年年末总资产应不少于200亿美元； （4）在中国境外注册的具有独立法人资格的融资租赁公司作为金融租赁公司发起人，最近1年年末总资产应不低于100亿元人民币或等值的可自由兑换货币； （5）法律法规未明确不适用的其他银行业金融机构的境外投资者，提出申请前1年年末总资产应不少于10亿美元。 47. 境外投资者投资货币经纪公司须从事货币经纪业务20年以上，并具有从事货币经纪业务所必需的全球机构网络和资讯通信网络等特定条件。

续表

序号	领域	特别管理措施
（二十六）	银行服务	48. 单个境外金融机构及被其控制或共同控制的关联方作为发起人或战略投资者向单个中资商业银行、农村商业银行、农村合作银行、农村信用（合作）联社、金融资产管理公司等银行业金融机构投资入股比例不得超过20%，多个境外金融机构及被其控制或共同控制的关联方作为发起人或战略投资者向单个中资商业银行、农村商业银行、农村合作银行、农村信用（合作）联社、金融资产管理公司等银行业金融机构投资入股比例合计不得超过25%。 49. 除符合股东机构类型要求和资质要求外，外资银行还受限于以下条件： （1）外国银行分行不可从事《中华人民共和国商业银行法》允许经营的"代理收付款项""从事银行卡业务"，除可以吸收中国境内公民每笔不少于100万元人民币的定期存款外，外国银行分行不得经营对中国境内公民的人民币业务； （2）外国银行分行应当由总行无偿拨付不少于2亿元人民币或等值的自由兑换货币，营运资金的30%应以指定的生息资产形式存在，以定期存款形式存在的生息资产应当存放在中国境内3家或3家以下的中资银行； （3）外国银行分行营运资金加准备金等项之和中的人民币份额与其人民币风险资产的比例不可低于8%。
（二十七）	资本市场服务	50. 期货公司外资比例不超过49%。 51. 证券公司外资比例不超过49%。 52. 单个境外投资者持有（包括直接持有和间接控制）上市内资证券公司股份的比例不超过20%；全部境外投资者持有（包括直接持有和间接控制）上市内资证券公司股份的比例不超过25%。 53. 证券投资基金管理公司外资比例不超过49%。 54. 不得成为证券交易所的普通会员和期货交易所的会员。 55. 除中国政府另有规定的情况外，不得申请开立A股证券账户以及期货账户。

序号	领域	特别管理措施
（二十八）	保险业	56. 寿险公司外资比例不超过 50%；境内保险公司合计持有保险资产管理公司的股份不低于 75%。 57. 向保险公司投资入股，全部外资股东出资或者持股比例占公司注册资本不足 25% 的，全部外资股东应为境外金融机构（通过证券交易所购买保险公司股票的除外），提出申请前 1 年年末总资产不少于 20 亿美元。 申请设立外资保险公司的外国保险公司，应当具备下列条件： （1）经营保险业务 30 年以上； （2）在中国境内已经设立代表机构 2 年以上； （3）提出设立申请前 1 年年末总资产不少于 50 亿美元。
九、租赁和商务服务业		
（二十九）	法律服务	58. 外国律师事务所只能以代表机构的方式进入中国，在华设立代表机构、派驻代表，须经中国司法行政部门许可。 59. 禁止从事中国法律事务，不得成为国内律师事务所合伙人。 60. 外国律师事务所驻华代表机构不得聘用中国执业律师，聘用的辅助人员不得为当事人提供法律服务。
（三十）	咨询与调查	61. 禁止投资社会调查。 62. 市场调查限于合资、合作，其中广播电视收听、收视调查须由中方控股。
十、科学研究和专业技术服务		
（三十一）	专业技术服务	63. 禁止投资大地测量、海洋测绘、测绘航空摄影、行政区域界线测绘，地形图、世界政区地图、全国政区地图、省级及以下政区地图、全国性教学地图、地方性教学地图和真三维地图编制，导航电子地图编制，区域性的地质填图、矿产地质、地球物理、地球化学、水文地质、环境地质、地质灾害、遥感地质等调查。 64. 测绘公司须由中方控股。 65. 禁止投资人体干细胞、基因诊断与治疗技术的开发和应用。 66. 禁止设立和运营人文社会科学研究机构。

续表

序号	领域	特别管理措施
十一、水利、环境和公共设施管理业		
(三十二)	野生动植物资源保护	67. 禁止投资国家保护的原产于中国的野生动植物资源开发。 68. 禁止采集或收购国家重点保护野生动植物和微生物资源。
十二、教育		
(三十三)	教育	69. 外国教育机构、其他组织或者个人不得单独设立以中国公民为主要招生对象的学校及其他教育机构（不包括非学制类职业技能培训）。 70. 外国教育机构可以同中国教育机构合作举办以中国公民为主要招生对象的教育机构，中外合作办学者可以合作举办各级各类教育机构，但是： （1）不得举办实施义务教育机构； （2）外国宗教组织、宗教机构、宗教院校和宗教教职人员不得在中国境内从事合作办学活动，中外合作办学机构不得进行宗教教育和开展宗教活动；不得在中国境内投资宗教教育机构； （3）普通高中教育机构、高等教育机构和学前教育须由中方主导（校长或者主要行政负责人应当具有中国国籍，在中国境内定居；理事会、董事会或者联合管理委员会的中方组成人员不得少于1/2；教育教学活动和课程教材须遵守中国相关法律法规及有关规定）。
十三、卫生和社会工作		
(三十四)	卫生	71. 医疗机构限于合资、合作。
十四、文化、体育和娱乐业		
(三十五)	广播电视播出、传输、制作、经营	72. 禁止投资设立和经营各级广播电台（站）、电视台（站）、广播电视频率频道和时段栏目、广播电视传输覆盖网（广播电视发射台、转播台〔包括差转台、收转台〕、广播电视卫星、卫星上行站、卫星收转站、微波站、监测台〔站〕及有线广播电视传输覆盖网等），禁止从事广播电视视频点播业务和卫星电视广播地面接收设施安装服务。 73. 禁止投资广播电视节目制作经营公司。 74. 对境外卫星频道落地实行审批制度。禁止投资电影及广播电视节目的引进业务，引进境外影视剧和以卫星传送方式引进其他境外电视节目由新闻出版广电总局指定的单位申报。 75. 对中外合作制作电视剧（含电视动画片）实行许可制度。

序号	领域	特别管理措施
（三十六）	新闻出版、广播影视、金融信息	76. 禁止投资设立通讯社、报刊社、出版社以及新闻机构。 77. 外国新闻机构在中国境内设立常驻新闻机构、向中国派遣常驻记者，须经中国政府批准。 78. 外国通讯社在中国境内提供新闻的服务业务须由中国政府审批。 79. 禁止投资经营图书、报纸、期刊、音像制品和电子出版物的编辑、出版、制作业务；禁止经营报刊版面。但经中国政府批准，在确保合作中方的经营主导权和内容终审权并遵守中国政府批复的其他条件下，中外出版单位可进行新闻出版中外合作项目。 80. 中外新闻机构业务合作须中方主导，且须经中国政府批准。 81. 出版物印刷须由中方控股。 82. 未经中国政府批准，禁止在中国境内提供金融信息服务。 83. 境外传媒（包括外国和港澳台地区报社、期刊社、图书出版社、音像出版社、电子出版物出版公司以及广播、电影、电视等大众传播机构）不得在中国境内设立代理机构或编辑部。未经中国政府批准，不得设立办事机构，办事机构仅可从事联络、沟通、咨询、接待服务。
（三十七）	电影制作、发行、放映	84. 禁止投资电影制作公司、发行公司、院线公司，但经批准，允许中外企业合作摄制电影。 85. 电影院的建设、经营须由中方控股。放映电影片，应当符合中国政府规定的国产电影片与进口电影片放映的时间比例。放映单位年放映国产电影片的时间不得低于年放映电影片时间总和的2/3。
（三十八）	文物及非物质文化遗产保护	86. 禁止投资和经营文物拍卖的拍卖企业、文物购销企业。 87. 禁止投资和运营国有文物博物馆。 88. 禁止不可移动文物及国家禁止出境的文物转让、抵押、出租给外国人。 89. 禁止设立与经营非物质文化遗产调查机构。 90. 境外组织或个人在中国境内进行非物质文化遗产调查和考古调查、勘探、发掘，应采取与中国合作的形式并经专门审批许可。
（三十九）	文化娱乐	91. 禁止设立文艺表演团体。 92. 演出经纪机构须由中方控股（为设有自贸试验区的省市提供服务的除外）。

续表

序号	领域	特别管理措施
十五、所有行业		
（四十）	所有行业	93. 不得作为个体工商户、个人独资企业投资人、农民专业合作社成员，从事经营活动。 94.《外商投资产业指导目录》中的禁止类以及标注有"限于合资""限于合作""限于合资、合作""中方控股""中方相对控股"和有外资比例要求的项目，不得设立外商投资合伙企业。 95. 境内公司、企业或自然人以其在境外合法设立或控制的公司并购与其有关联关系的境内公司，涉及外商投资项目和企业设立及变更事项的，按现行规定办理。

自由贸易试验区外商投资准入特别管理措施（负面清单）（2017 年版）比上一版减少的措施

大类	领域	比上一版减少的特别管理措施
采矿业	金属矿及非金属矿采选	1. 贵金属（金、银、铂族）勘查、开采，属于限制类。
		2. 锂矿开采、选矿，属于限制类。
制造业	航空制造	3. 3 吨级及以上民用直升机设计与制造需中方控股。
		4. 6 吨 9 座以下通用飞机设计、制造与维修限于合资、合作。
	船舶制造	5. 船用低、中速柴油机及曲轴制造，须由中方控股。
		6. 海洋工程装备（含模块）制造与修理，须由中方控股。
	汽车制造	7. 新建纯电动乘用车生产企业生产的产品须使用自有品牌，拥有自主知识产权和已授权的相关发明专利。
	轨道交通设备制造	8. 轨道交通运输设备制造限于合资、合作（与高速铁路、铁路客运专线、城际铁路配套的乘客服务设施和设备的研发、设计与制造，与高速铁路、铁路客运专线、城际铁路相关的轨道和桥梁设备研发、设计与制造，电气化铁路设备和器材制造，铁路客车排污设备制造等除外）。
		9. 城市轨道交通项目设备国产化比例须达到 70% 及以上。
	通信设备制造	10. 民用卫星设计与制造、民用卫星有效载荷制造须由中方控股。
	矿产冶炼和压延加工	11. 钼、锡（锡化合物除外）、锑（含氧化锑和硫化锑）等稀有金属冶炼属于限制类。
	医药制造	12. 禁止投资列入《野生药材资源保护管理条例》和《中国稀有濒危保护植物名录》的中药材加工。

续表

大类	领域	比上一版减少的特别管理措施
交通 运输业	道路运输	13. 公路旅客运输公司属于限制类。
	水上运输	14. 外轮理货属于限制类，限于合资、合作。
信息技术 服务业	互联网和 相关服务	15. 禁止投资互联网上网服务营业场所。
金融业	银行服务	16. 外国银行分行不可从事《中华人民共和国商业银行法》允许经营的"代理发行、代理兑付、承销政府债券"。
		17. 外资银行获准经营人民币业务须满足最低开业时间要求。
		18. 境外投资者投资金融资产管理公司须符合一定数额的总资产要求。
	保险业务	19. 非经中国保险监管部门批准，外资保险公司不得与其关联企业从事再保险的分出或者分入业务。
租赁和商 务服务业	会计审计	20. 担任特殊普通合伙会计师事务所首席合伙人（或履行最高管理职责的其他职务），须具有中国国籍。
	统计调查	21. 实行涉外调查机构资格认定制度和涉外社会调查项目审批制度。
		22. 评级服务属于限制类。
	其他商务服务	23. 因私出入境中介机构法定代表人须为具有境内常住户口、具有完全民事行为能力的中国公民。
教育	教育	24. 不得举办实施军事、警察、政治和党校等特殊领域教育机构。
文化、体育 和娱乐业	新闻出版、 广播影视、 金融信息	25. 禁止从事美术品和数字文献数据库及其出版物等文化产品进口业务（上述服务中，中国入世承诺中已开放的内容除外）。
	文化娱乐	26. 演出经纪机构属于限制类，须由中方控股（由"为本省市提供服务的除外"调整为"为设有自贸试验区的省份提供服务的除外"）。
		27. 大型主题公园的建设、经营属于限制类。

　　*注：《自由贸易试验区外商投资准入特别管理措施（负面清单）（2017年版）》与上一版相比，共减少了10个条目、27项措施。其中，减少的条目包括轨道交通设备制造、医药制造、道路运输、保险业务、会计审计、其他商务服务等6条，同时整合减少了4条。

三、上海自贸试验区（文化服务）开放创新调查问卷

尊敬的先生/女士：

您好！首先非常感谢您的大力支持！

为了更好地了解上海自贸试验区文化服务领域的政策开放与制度创新状况，做好相关课题理论研究，并为完善自贸试验区文化服务开放提供有有价值的意见建议，特开展本次调研工作。

本问卷为匿名填写，除非特别说明，每个问题只选一项，请在您认为最合适的选项中打"√"。您所填写的信息将严格保密，并仅用于统计分析和理论研究，请您放心填写。

您的真实意见对本次调研非常重要，希望得到您的支持，非常感谢！

一、基本信息

1-1 贵公司的单位类型属于：

□A 国有企业 □B 民营企业 □C 外商独资企业 □D 中外合资企业 □E 中外合作企业 □F 其他（请填写）：_____

1-2 贵公司主要从事的行业是：

□A 文化体育娱乐业 □B 金融/保险业 □C 贸易/批发零售业 □D 计算机/互联网/通信业 □E 制造业 □F 咨询/广告/商务服务业 □G 交通运输物流 □H 教育科研 □I 卫生医疗 □J 建筑/房地产业 □K 住宿餐饮 □L 农林牧渔/采矿/能源 □M 其他（请注明）：_____

1-2-1 如果是"文化体育娱乐业"，请您继续选择细分行业：

□A 新闻出版发行 □B 广播电视电影 □C 文化艺术表演 □D 网络信息服务 □E 游戏动漫娱乐 □F 文化创意设计（广告、设计等）□G 艺术品 □H 文化旅游 □I 文化会展 □J 体育 □K 印刷 □L 文化用品（玩具、文具、纸等）□M 文化专用设备 □N 其他（请填写）：_____

1-3 贵公司注册资本规模（单位：人民币元）是：

□A10 万及以下 □B10 万～100 万（含）□C100 万～1000 万（含）

□D1000 万～1 亿（含）□E1 亿～10 亿元（含）□F10 亿元以上

1－4 贵公司的人员规模是：

□A10 人及以下 □B11－100 人 □C101－300 人 □D301－1000 □E1001
人及以上

二、总体认识

2－1 贵公司最看重上海自贸试验区哪方面的优势？（单选）

□A 政府办事效率高 □B 投资开放度高 □C 开办企业成本低 □D 贸易开
放与便利化 □E 金融市场化与自由度高 □F 税收政策优惠 □G 国际企业多
□H 发展机会多 □I 国家大力支持 □J 其他（请填写）：＿＿＿＿＿＿＿

2－2 贵公司对目前上海自贸试验区目前的总体建设情况满意吗？

□A 非常满意 □B 比较满意 □C 基本满意 □D 不太满意 □E 很不满意

2－3 贵公司认为上海自贸试验区目前的开放政策与制度创新吸引力大吗？

□A 非常大 □B 比较大 □C 不清楚 □D 不太大 □E 非常小

2－4 贵公司认为目前上海自贸试验区与国外境外（如美国、新加坡、中
国香港等）相比差距大吗？

□A 差距甚远 □B 差距较大 □C 不清楚 □D 差距较小 □E 没有差距

2－5 贵公司认为目前上海自贸试验区的开放创新与预想状态相比如何？

□A 差距甚远 □B 差距较大 □C 不清楚 □D 差距较小 □E 没有差距

2－6 贵公司认为目前上海自贸试验区存在的主要问题是：（可多选）

□A 政府办事效率不够高 □B 投资不够开放、限制还是太多 □C 开办企
业成本仍较高 □D 贸易仍不够便利 □E 金融开放度不够高 □F 税收政策不够
优惠 □G 上层管理体制机制不顺畅 □H 很多政策没落地或与预想不一样
□I 其他（请填写）：

2－7 贵公司认为上海自贸试验区制度创新是否实现了可复制、可推广的目标？

□A 完全实现 □B 大部分实现 □C 不清楚 □D 小部分实现 □E 没有实现

2－8 贵公司对上海自贸试验区的未来发展有信心吗？

□A 非常有信心 □B 比较有信心 □C 不清楚 □D 不太有信心 □E 完全

没有信心

三、具体评价

（一）投资开放创新评价

序号	评价内容	非常不满意	不太满意	一般	比较满意	非常满意	不清楚
3－1	审批时间	□A	□B	□C	□D	□E	□F
3－2	审批流程环节	□A	□B	□C	□D	□E	□F
3－3	开办企业成本	□A	□B	□C	□D	□E	□F
3－4	投资领域开放度	□A	□B	□C	□D	□E	□F
3－5	2014版负面清单	□A	□B	□C	□D	□E	□F
3－6	内资外资公平性	□A	□B	□C	□D	□E	□F

（二）贸易开放创新评价

序号	评价内容	非常不满意	不太满意	一般	比较满意	非常满意	不清楚
3－7	进出口开放度	□A	□B	□C	□D	□E	□F
3－8	通关速度与便利性	□A	□B	□C	□D	□E	□F
3－9	仓储物流	□A	□B	□C	□D	□E	□F
3－10	展览展示	□A	□B	□C	□D	□E	□F
3－11	贸易结算	□A	□B	□C	□D	□E	□F
3－12	电子商务	□A	□B	□C	□D	□E	□F
3－13	贸易规则国际化	□A	□B	□C	□D	□E	□F

（三）金融开放创新评价

序号	评价内容	非常不满意	不太满意	一般	比较满意	非常满意	不清楚
3－14	金融服务	□A	□B	□C	□D	□E	□F
3－15	货币兑换自由度	□A	□B	□C	□D	□E	□F
3－16	跨境融资/投资	□A	□B	□C	□D	□E	□F
3－17	利率市场化	□A	□B	□C	□D	□E	□F
3－18	资本项目开放	□A	□B	□C	□D	□E	□F
3－19	人民币跨境使用	□A	□B	□C	□D	□E	□F
3－20	融资租赁	□A	□B	□C	□D	□E	□F
3－21	保险服务	□A	□B	□C	□D	□E	□F

附　录

（四）税收开放创新评价

序号	评价内容	非常不满意	不太满意	一般	比较满意	非常满意	不清楚
3－22	税率政策	□A	□B	□C	□D	□E	□F
3－23	出口退税政策	□A	□B	□C	□D	□E	□F
3－24	税收返还、减免政策	□A	□B	□C	□D	□E	□F
3－25	关税政策	□A	□B	□C	□D	□E	□F
3－26	所得税政策	□A	□B	□C	□D	□E	□F
3－27	增值税政策	□A	□B	□C	□D	□E	□F
3－28	总体税收负担	□A	□B	□C	□D	□E	□F

（五）政府服务与监管创新评价

序号	评价内容	非常不满意	不太满意	一般	比较满意	非常满意	不清楚
3－29	政策落地执行情况	□A	□B	□C	□D	□E	□F
3－30	政府服务效率	□A	□B	□C	□D	□E	□F
3－31	政府服务专业水平	□A	□B	□C	□D	□E	□F
3－32	政府服务公平性	□A	□B	□C	□D	□E	□F
3－33	政府跨部门协作	□A	□B	□C	□D	□E	□F
3－34	政府服务态度	□A	□B	□C	□D	□E	□F
3－35	政府服务廉洁度	□A	□B	□C	□D	□E	□F
3－36	事后监管有效性	□A	□B	□C	□D	□E	□F
3－37	诚信体系建设	□A	□B	□C	□D	□E	□F
3－38	法律法规制度保障	□A	□B	□C	□D	□E	□F
3－39	知识产权保护	□A	□B	□C	□D	□E	□F
3－40	自贸试验区营商环境建设	□A	□B	□C	□D	□E	□F

四、文化服务开放创新评价

4－1 您是否了解上海自贸试验区在文化服务领域的制度创新与开放政策？

□A 非常了解 □B 了解较多 □C 基本了解 □D 不太了解 □E 完全不了解

4－2 您认为上海自贸试验区文化服务领域开放政策宣传到位吗？

□A 非常到位 □B 基本到位 □C 不清楚 □D 不太到位 □E 非常不到位

4－3 您认为上海自贸试验区文化领域哪项开放政策最具有吸引力？（最多选三项）

□A 允许外资企业从事游戏游艺设备的生产和销售

□B 允许设立外商独资的娱乐场所

□C 取消外资演出经纪机构的股比限制，允许设立外商独资演出经纪机构

□D 有条件开放外商投资出版物印刷和只读类光盘复制业务

□E 有条件开放外商投资卫星电视广播地面接收设施及关键件生产

□F 有条件开放外商投资音像制品的分销和出租

□G 有条件开放外商投资图书、报纸、期刊连锁经营

□H 有条件开放外商投资电信、广播电视和卫星传输服务

□I 有条件开放外商投资出境旅游业务的旅行社

□J 有条件开放外商投资电影院的建设、经营

□K 有条件开放外商投资广播电视节目、电影的制作业务

□L 有条件开放外商投资文化艺术业（文艺创作与表演、艺术表演场馆、图书馆与档案馆、博物馆、纪念馆等）

□M 有条件开放外商投资大型主题公园的建设、经营

□N 其他（请注明）＿＿＿＿＿＿＿＿＿＿＿＿＿＿＿＿＿

4－4 您认为上海自贸试验区在文化服务领域的开放是否会威胁到国家文化安全？

□A 完全没有威胁 □B 有少部分威胁 □C 不清楚 □D 威胁较大 □E 威

胁非常大

4-5 您是否支持上海自贸试验区在文化服务领域的对外开放？

□A 完全支持 □B 支持 □C 不清楚 □D 不太支持 □E 完全不支持

4-6 您认为国家和上海市有关部门对文化服务领域的开放创新的重视程度如何？

□A 非常重视 □B 比较重视 □C 不清楚 □D 不够重视 □E 很不重视

4-7 您认为上海自贸试验区文化服务领域的开放是否会促进中国文化产业的发展？

□A 不会促进且会阻碍 □B 有少部分促进 □C 不清楚 □D 较大促进 □E 极大促进

4-8 您认为上海自贸试验区还需要在哪些文化及相关领域继续加大开放力度？（最多选三项）

□A 开放投资文物拍卖和文物商店

□B 开放投资各级广播电台、电视台、广播电视频道、广电传输网等

□C 开放投资新闻网站、新闻机构、网络视听节目服务

□D 开放投资互联网上网服务营业场所、互联网文化经营

□E 开放从事和参与网络游戏运营服务

□F 开放投资图书、报纸、期刊出版

□G 开放投资音像制品和电子出版物出版、制作

□H 开放投资广播电视制作、电影制作公司、发行公司、院线公司

□I 开放投资高尔夫球场

□J 其他（请注明）_____

4-9 如果要在上海自贸试验区增加投资，您会考虑文化服务领域的投资项目吗？

□A 肯定会 □B 很可能会 □C 不清楚 □D 不太会 □E 肯定不会

4-10 您认为上海自贸试验区在文化服务领域的开放创新是否可以推广、复制到其他地区？

□A 完全可以 □B 可以 □C 不清楚 □D 不太行 □E 完全不行

五、您认为上海自贸试验区还需要在哪些方面改进优化（特别是文化服务领域）？请您提出宝贵意见建议：

_____

_____

问卷到此结束，非常感谢您的大力支持！

四、自贸试验区设立后文化产业对外贸易发展变化数据①

附录表–1　自贸试验区设立后全国文化产品进出口变化

（单位：亿美元，%）

年份	进出口总额	出口额	进口额	贸易差额	增长		
					进出口总额	出口额	进口额
2013	1070.8	898.6	172.2	726.4	20.6	17.2	42.3
2014	1273.7	1118.3	155.4	962.9	19.0	24.5	-9.8
2015	1013.1	871.2	141.9	729.3	-20.5	-22.1	-8.7

附录表–2–1　2013年全国文化产品进出口及变化趋势

（单位：亿美元，%）

项目	进出口			贸易差额	增长	
	总额	出口额	进口额		出口额	进口额
合计	274.08	251.33	22.76	228.57	-3.0	46.4
文化遗产	0.97	0.26	0.71	-0.45	507.4	28.3
印刷品	36.49	29.93	6.56	23.37	5.1	6.5
图书	20.56	17.96	2.60	15.36	0.7	27.1
报纸和期刊	2.52	0.22	2.30	-2.08	0.4	-3.4
其他印刷品	13.41	11.75	1.67	10.08	12.7	-4.2
声像制品	5.44	2.33	3.11	-0.78	240.4	89.9
视觉艺术品	151.30	143.18	8.12	135.06	0.7	561.3
绘画	7.30	4.72	2.57	2.15	86.6	2727.4
其他视觉艺术品	144.00	138.45	5.55	132.91	-0.8	387.9

---

① 数据来源于国家统计局历年发布的《中国文化及相关产业统计年鉴》。

续表

项目	进出口			贸易差额	增长	
	总额	出口额	进口额		出口额	进口额
视听媒介	63.57	61.02	2.54	58.48	−15.9	−41.5
摄影	0.24	0.03	0.21	−0.19	1.9	−35.0
电影	0.03	0.00	0.03	−0.02	−62.8	−47.4
新型媒介	63.30	61.00	2.30	58.69	−15.9	−41.9
其他	16.32	14.61	1.71	12.91	−3.3	4.9

附录表 – 2 – 2　2014 年全国文化产品进出口及变化趋势

（单位：亿美元,%）

项目	进出口			贸易差额	增长	
	总额	出口额	进口额		出口额	进口额
合计	1273.70	1118.32	155.38	962.94	24.5	−9.8
出版物	49.73	36.49	13.23	23.26	0.5	−6.8
图书、报纸、期刊	24.21	19.00	5.21	13.79	4.2	5.3
音像制品及电子出版物	3.35	1.23	2.12	−0.89	−47.9	−36.7
其他出版物	22.18	16.27	5.91	10.36	3.4	−0.1
工艺美术品及收藏品	699.10	674.83	24.26	650.57	32.4	24.2
工艺美术品	697.69	674.57	23.13	651.44	32.5	23.1
收藏品	1.40	0.26	1.14	−0.87	−3.8	51.6
文化用品	303.43	288.92	14.50	274.42	37.6	88.0
文具	1.40	1.38	0.02	1.37	6.1	−28.4
乐器	20.29	17.11	3.18	13.93	3.0	8.8
玩具	144.94	141.37	3.57	137.80	14.2	13.0
游艺器材及娱乐用品	136.80	129.06	7.74	121.32	89.0	380.2
文化专用设备	221.45	118.07	103.38	14.70	−17.2	−20.9
印刷专用设备	30.28	14.53	15.75	−1.23	16.1	−11.0
广播电视电影专用设备	191.17	103.55	87.63	15.92	−20.4	−22.5

附录表 - 2 - 3 2015 年全国文化产品进出口及变化趋势

（单位：亿美元,%）

项目	进出口			贸易差额	增长	
	总额	出口额	进口额		出口额	进口额
合计	1013.12	871.22	141.90	729.33	-22.1	-8.7
出版物	47.44	36.15	11.28	24.87	-0.9	-14.7
图书、报纸、期刊	23.67	18.24	5.44	12.80	-4.0	4.3
音像制品及电子出版物	3.61	1.21	2.40	-1.19	-1.3	13.3
其他出版物	20.15	16.71	3.45	13.26	2.7	-41.6
工艺美术品及收藏品	394.44	374.66	19.78	354.89	-44.5	-18.5
工艺美术品	391.87	373.99	17.88	356.10	-44.6	-22.7
收藏品	2.57	0.68	1.90	-1.22	156.8	66.4
文化用品	347.37	332.72	14.65	318.07	15.2	1.0
文具	1.48	1.47	0.02	1.45	6.2	-0.7
乐器	20.33	16.94	3.39	13.56	-1.0	6.4
玩具	161.61	156.64	4.97	151.67	10.8	39.3
游艺器材及娱乐用品	163.95	157.66	6.28	151.38	22.2	-18.8
文化专用设备	223.87	127.68	96.18	31.50	8.1	-7.0
印刷专用设备	27.12	13.98	13.13	0.85	-3.7	-16.6
广播电视电影专用设备	196.75	113.70	83.05	30.65	9.8	-5.2

附录表 - 3 自贸试验区设立后全国版权引进和输出变化趋势 （单位：项）

项目	2013	2014	2015
引进合计	18167	16695	16467
图书	16625	15542	15458
录音制品	378	208	133
录像制品	538	451	90
电子出版物	72	120	292
软件	169	46	34
电影	—	8	324
电视节目	381	316	136
其他	4	4	—

输出合计	10401	10293	10471
图书	7305	8088	7998
录音制品	300	139	217
录像制品	193	73	—
电子出版物	646	433	650
软件	20	5	2
电视节目	1937	1555	1511
其他	—	—	93

附录表－4　自贸试验区设立后全国电视节目进出口变化趋势

（单位：万元）

年份	电视节目进口额	#电视剧	#动画电视	电视节目出口额	#电视剧	#动画电视
2013	58658.06	24497.67	4432.38	18165.57	9249.77	4894.24
2014	209023.51	169807.3	11027.99	27225.71	20795.49	3190.02
2015	99397.6	29465.61	44472.16	51331.91	37704.63	10059.23

附录表－5　2015年自贸试验区所在省市电视节目进出口变化趋势

（单位：万元）

地区	全年电视节目进口总额（万元）	#电视剧	#动画电视	全年电视节目进口量（小时）	#动画电视	进口电视剧 部	进口电视剧 集	全年电视节目出口总额（万元）	电视剧	动画电视	全年电视节目出口量（小时）	#动画电视	出口电视剧 部	出口电视剧 集
全国	99398	29466	44472	31109	12690	126	2340	51332	37705	10059	25352	3091	381	15902
上海	23199	13689	5487	6294	3487	28	797	3504	2322	41	7253	40	20	722
浙江	1689	1689	—	143	—	5	196	27655	22416	4191	6701	1335	191	7138
福建	—	—	—	—	—	—	—	266	265	1	59	27	1	43
湖北	—	—	—	—	—	—	—	158	152	6	1248	24	6	272
广东	1306	112	—	1080	—	—	—	2209	18	1851	698	633	1	44
重庆	—	—	—	—	—	—	—	606	—	606	54	54	—	—

附录表－6　自贸试验区设立后全国图书、期刊、报纸变化趋势

年份	进口		出口	
	数量（万册、份）	金额（万美元）	数量（万册、份）	金额（万美元）
2013	2361.54	28048.63	1992.86	6012.40
2014	2538.85	28381.57	1689.42	5649.66
2015	2811.75	30557.53	1552.63	5726.74

附录表－7　自贸试验区设立后全国音像制品、电子出版物与数字出版物进出口变化趋势

年份	进口		出口	
	数量（盒、张）	金额（万美元）	数量（盒、张）	金额（万美元）
2013	285070	20022.34	34136	122.43
2014	134380	21000.13	20692	156.46
2015	116213	24207.67	9409	136.76

附录表－8　自贸试验区设立后国际旅游外汇收入变化趋势

（单位：百万美元）

地区	2013	2014	2015
天津	2591.3	2992.1	3298.1
辽宁	3477.1	1618.0	1636.5
上海	5244.7	5601.9	5860.4
浙江	5392.9	5753.5	6788.5
福建	4573.4	4911.8	5561.4
河南	660.0	538.4	623.6
湖北	1218.9	1238.5	1671.9
广东	16278.1	17106.4	17884.7
重庆	1268.3	1354.4	1468.6
四川	764.8	857.7	1180.9
陕西	1676.2	1768.7	2000.2
全国（单位：亿美元）	516.6	569.1	1136.5

　　本书系上海市哲学社会科学规划青年课题（批准号：2014EGL003）"中国（上海）自贸试验区文化产业对外开放制度创新研究：基于三种国际政策取向的路径选择"研究成果。

　　本书受华东政法大学传播学院（原人文学院）专项资助出版。